铁路科技图书出版基金资助出版

大断面黄土隧道建设技术

王晓州 等/编著
朱永全 /主审

中国铁道出版社

2009年·北京

内 容 简 介

本书是郑西铁路客运专线黄土隧道众多研究和建设成果的集成，反映了黄土隧道设计、施工和管理的认识与经验。书中归纳总结了黄土围岩工程特性，提出了黄土围岩的细化分级、围岩荷载特征、锚杆和支护结构受力特征、隧道结构设计方法等关键设计技术；阐述了黄土隧道稳定性、施工变形控制和下穿构既有铁路、公路等建筑物快速安全施工技术；揭示了黄土隧道施工地表裂缝的形成机理与裂缝规律，提出了防止有害地表裂缝的施工控制标准、地表裂缝控制与处理技术等。

图书在版编目（CIP）数据

大断面黄土隧道建设技术/王晓州等编著．—北京：中国铁道出版社，2009.4

ISBN 978-7-113-09266-5

Ⅰ．大… Ⅱ．王… Ⅲ．黄土-横断面-铁路隧道-隧道工程-工程技术 Ⅳ．U455.49

中国版本图书馆 CIP 数据核字（2008）第 184059 号

书　　名：大断面黄土隧道建设技术
作　　者：王晓州等 编著

策划编辑：田京芬
责任编辑：傅希刚　洪学英　　**电话：**路(020)73656，市(010)51873656
封面设计：冯龙彬
责任校对：张玉华
责任印制：郭向伟

出版发行：中国铁道出版社（100054，北京市宣武区右安门西街 8 号）
网　　址：http://www.tdpress.com
印　　刷：北京捷迅佳彩印刷有限公司
版　　次：2009 年 4 月第 1 版　2009 年 4 月第 1 次印刷
开　　本：787 mm×960 mm　1/16　印张：13.75　字数：254 千
书　　号：ISBN 978-7-113-09266-5/TU·967
定　　价：60.00 元

编委会名单

序

我国是黄土覆盖面积最大的国家之一，在这片古老的大地上，我们祖先很早就利用黄土特性开挖窑洞。黄土具有不同方向的原生与构造节理，特别是垂直节理发育，并具有多孔性，结构疏松、密度低；黄土粒间结构使黄土遇水易崩解、剥落，多具湿陷性。过去已建的铁路黄土隧道多为小断面隧道，建设中出现了较为普遍的地面沉降、地面裂缝和坍塌、渗漏水、衬砌开裂等问题；大断面黄土隧道在施工时对土体扰动区域大，极易产生突然性坍塌和大面积的地面开裂等灾害。如何建成大断面黄土隧道是郑西铁路客运专线面临的重大技术难题。

铁道部组织建设管理、设计、施工和科研院所等部门联合攻关，采用了理论分析、室内试验、现场试验等综合手段，对黄土围岩工程特性、设计理念、施工技术等众多技术难题进行了深入研究，取得了“郑西铁路客运专线大断面黄土隧道施工方法与监控技术”、“郑西铁路客运专线大断面黄土隧道合理支护参数及地表沉降控制技术”和“郑西铁路客运专线大断面黄土隧道地表裂缝控制技术”等一批研究成果。《大断面黄土隧道建设技术》即是这些众多研究成果的集成，系统分析了黄土围岩工程特性，揭示大跨黄土隧道施工时地表开裂及变形机理，提出了黄土围岩的细化分级、断面形式、锚杆作用特点、施工方法及变形控制、湿陷性黄土隧道基底处理等综合技术，并对大断面黄土隧道下穿既有铁路、公路等建筑物的施工控制关键、塌方处理以及建设管理等进行了详细的介绍。上述成果指导了郑西铁路客运专线黄土隧道的成功建设，丰富和发展了我国黄土隧道建设技术，推动了我国乃至世界隧道建设技术的进步。

《大断面黄土隧道建设技术》的著写人员具有丰富的隧道工程实践经验，都是郑西铁路客运专线大断面黄土隧道建设的设计、施工和科学研究一线工作者，为客运专线大断面黄土隧道的成功建设作出了积极贡献。

《大断面黄土隧道建设技术》反映了大断面黄土隧道设计、施工和管理的认识与经验，理论与实践并重，内容丰富、信息量大、知识结构较系统，是隧道建设工作者在教学、科研和工程建设中很有参考价值的一本专著。

梁文灏

二〇〇八年十二月

前　言

我国黄土以分布广、厚度大、地层层序完整、古土壤清楚而著称于世。尤其是在西起乌鞘岭，东到太行山，北起长城，南抵秦岭的黄河中游地区，地表几乎完全为黄土所覆盖，连续分布面积达 44 万 km^2，形成了地层连续、厚度大、面积广、蔚为壮观的黄土高原地貌景观，为世界所罕见。

黄土常具有不同方向的原生与构造节理，特别是垂直节理发育，并具有一定的延续性、多孔性，结构疏松、松散、密度低；黄土粒间结构使黄土遇水易崩解、剥落，多具湿陷性，大断面黄土隧道施工时，土体破坏区域大，较难形成通常的承载拱，极易坍塌且塌方前无明显先兆；隧道埋深较浅时，极易产生施工地表裂缝。在隧道工程领域，视黄土为隧道不良地质问题之一。

高速铁路是铁路现代化的重要标志。面对郑西铁路客运专线黄土隧道带来的技术问题与挑战，铁道部组织建设管理、设计、施工和科研院所等部门联合攻关，采用理论分析、室内试验、现场试验等综合手段，在黄土围岩工程特性、设计理念、施工技术和众多科学问题方面取得了重大进步，获得了“郑西铁路客运专线大断面黄土隧道施工方法与监控技术”、“郑西铁路客运专线大断面黄土隧道合理支护参数及地表沉降控制技术”和“郑西铁路客运专线大断面黄土隧道地表裂缝控技术”等一批研究成果。大断面黄土隧道建设中探索出的一系列研究成果、施工技术和建设管理方法，为郑西铁路客运专线黄土隧道的成功建设作出了积极贡献，丰富和发展了我国黄土隧道建设技术，推动了我国乃至世界隧道建设技术的进步。

本书归纳总结了黄土围岩工程特性；提出了黄土围岩的细化分级；满足 350 km/h 高速铁路和隧道结构合理性要求的隧道断面大小、形式和参数，黄土隧道围岩荷载特征、锚杆作用特点和隧道稳定性控制方法等关键设计技术。总结了黄土隧道洞口施工、超前支护、开挖方法、支护、防水、衬砌和湿陷性黄土隧道基底处理等系统的安全施工技术;大断面黄土隧道下穿构既有铁路、公路等建筑物的施工变形控制技术。揭示了黄土隧道施工洞内环境污染特点和黄土隧道施工地表裂缝的形成机理与裂缝规律;提出了防止有害地表裂缝的施工控制标准、地表裂缝控制与处理技术等。介绍了黄土隧道建设管理技术与经验,以及黄土隧道施工塌方处理技术方法。该书系统反映了黄土隧道设计、施工和管理的认识与经验,理论与实践并重,内容丰富、信息量大、知识结构系统。

本书编著人员都具有丰富的隧道工程实践经验。参加编写的人员和分工如下:朱永全、王晓州(绪论),李国良、李雷、王新东、宋冶、李德武、王明年、谭忠盛、李宁(第一章、第二章),丁维利、赵永明、初厚永(第三章),赖涤泉、朱永全(第三章第八节),苏杰、王许雄(第四章第一节),王庆林、孟飞彪、石新桥、谢福明(第四章第二、三节),朱华平、马中海(第五章),朱永全、高新强、叶朝良、朱正国(第六章),王晓州、王庆林、孟飞彪、谢福明、王永玺、杜立新、汪海峰(第七章),贾晓云(前言和目录英文翻译),由王晓州负责统稿、朱永全负责审定。

本书是郑西铁路客运专线黄土隧道众多研究成果的集成,收集、借鉴和参考了相关研究、设计、施工和管理成果。在此,对参加郑西科研专线隧道建设并作出贡献的有关管理和技术人员、专家及提供资料的人员表示感谢。

由于时间仓促,水平有限,书中难免有不少错误和不足,恳请专家和读者批评指正。

作 者

二〇〇八年十二月

目　　录

Contents

绪　论

第一节　黄土隧道建设技术背景

一、黄土隧道建设技术现状

(一)我国黄土地区分布情况

黄土广泛分布在我国秦岭、伏牛山以北的华北、西北、东北等广大地域,呈东西走向、带状分布的特征,是我国北方铁路建设中经常遇到的特殊土。

根据黄土形成的年代,一般将黄土分成为老黄土(包括 Q_1、Q_2)和新黄土(包括 Q_3、Q_4)两种。新黄土具有浸水湿陷性,对工程极为不利。中更新世(Q_2)黄土一般无湿陷性,但在高压下仍具一定的湿陷性。我国湿陷性黄土约占黄土分布面积的60%左右。早更新世(Q_1)黄土,质地密实,强度大,压缩小,几乎不遗水,无湿陷性,对工程比较有利。

(二)黄土隧道建设技术现状

100年来,在我国黄土分布地区修建了大量的铁路干线、支线和专用线,如横贯东西的陇海线、兰新线、京包线、京承线、京原线、石太线、邯长线、大秦线、侯月线;纵穿南北的北同蒲线、南同蒲线,包兰线、西延线、太焦线、宝中线等。铁路穿越黄土塬、梁的边缘,由于下伏基岩的起伏,黄土层厚度不一,铁路隧道有全部为黄土,有仅在隧道上部或在进口、出口部分为黄土。铁路黄土隧道主要集中在河南、山西、陕西、甘肃等省的铁路线上,其修建和分布情况统计见表0—1—1。

表0—1—1　黄土隧道修建和分布情况

顺　号	线　别	隧道座数	单线隧道		双线隧道		修建年代
			座数	长度(m)	座数	长度(m)	
1	石太线	5	5	529.8			1904,1959
2	陇海线	50	36	14608.6	14	7720.13	1904～1952～1960

续上表

顺　号	线　别	隧道座数	单线隧道		双线隧道		修建年代
			座数	长度(m)	座数	长度(m)	
3	兰银线	6	6	919			1956
4	铜王线	1	1	460			1957～1958
5	南－陇联络线	7	7	3 653.9			1967～1969
6	良陈线	1	1	136.2			1970～1972
7	侯西线	7	7	2 061.6			1970～1972
8	京原线	2	2	2 375.2			1971
9	丰沙线	4	4	735.2			1971
10	太焦线	5	5	1 674.5			1974～1976
11	京通线	2	2	140.0			1975～1976
12	太岚线	4	4	689.5			1974～1979
13	西延线	9	9	2 239			1973～1978
14	邯长线	8	8	2 813.6			1979～1981
15	南同蒲线	1	1	40.0			1985
16	大秦线	2			2	905	1986～1988
17	侯月线	26	15	4 344.7	11	2 576.5	1992～1995
18	宝中线	18	18	12 999.0			1992～1993
19	神朔线	10	8	1 841.0	2	427.0	1992～1993
20	司古联络线	1	1	430.0			1994
21	丰准线	1	1	436.0			1994
22	三门峡水电专用铁路	3	3	840.0			1959～1960
合　计		173	144	53 979.8	29	11 628.63	

1950 年前黄土隧道施工方法采用单工序，先拱后墙法，全依靠人工开挖、背运。隧道拱圈衬砌用白灰砂浆筑砌青砖，边墙用石料砌筑。施工中，洞内经常发生坍方，坠土伤人事故多。

20 世纪 50～70 年代，黄土隧道的施工采用上导坑法、上下导坑法。开挖以手工工具为主，用铣、镐开挖。支撑主要是木支撑，导坑采用框架式，扩大采用扇形支撑形式，洞内运输主要用人力推轻轨土斗车、架子车、手推车等。黄土隧道没有标准设计图，而是套用一般土质隧道的衬砌断面，其结构形式不完全适应黄土的物理力学性质，衬砌厚度偏大而且不完全合理。

20 世纪 80 年代成功地将新奥法应用于铁路黄土隧道，大秦铁路的军都山隧道黄土地段、神朔线的蛇口峁隧道的黄土地段就是应用新奥法原则完成该地段施工的例证。军都山黄土地段设计为近似圆形的蛋形断面的复合式衬砌结构，采用非爆破大断面长台阶开挖，断面分为上、中、下三个台阶，上而下开挖，上、中层台阶开挖采用平行作业，下台阶则与上、中台阶开挖采用交替作业。

20 世纪 90 年代是铁路建设高潮期之一，新干线及路网建设快，这一时期在黄土地区修建的铁路有侯月线、宝中线、神朔线、神延线、朔黄线等。

我国铁路黄土隧道施工技术随着我国生产力水平不断发展而发展。通过对中国黄土特性的不断研究，各个时期在黄土隧道施工中进行的试验以及对运营隧道现状的调查分析，建立了黄土隧道衬砌的设计理论和标准图；黄土隧道施工方法也从单工序的施工到多工序施工，从小断面开挖发展到全断面、大断面开挖，隧道施工的机械化水平不断提高。

二、黄土隧道建设技术特点

过去已建黄土隧道多为中、小断面隧道，施工建设中也出现不少地面沉降过大、宽大地面裂缝、渗漏水、衬砌开裂等问题。

浅层黄土一般为 Q_3 和 Q_4 新黄土，竖向节理发育，土质松软，土壤颗粒间粘结性差，空隙率较大，降雨后受雨水浸润，引起自身土体湿陷收缩，同时空隙水下渗，软化隧道围岩。大断面浅埋隧道施工，开挖对土体扰动一般易达地表，隧道施工变形大，宜产生地表沉降槽和地表裂缝，洞内塌方易形成直达地表的破裂面漏斗。

黄土隧道大部分进、出口段采用明洞形式，一般明洞较长，拉槽边坡较高。进入雨季以后，受地表降雨影响，水渗透到边坡土体造成边坡不稳定。

隧道通过的黄土丘陵区及山前倾斜平原，一般冲沟发育，沟底分布大量陷穴和人为坑洞，受季节水冲刷，多处形成错落、滑坍等不良地质现象。在这种复杂地形和地貌的黄土地区，雨季隧道施工中易引发坍塌安全问题。

郑西铁路客运专线隧道地表多有高速公路、铁路、厂区、村庄等构筑物，对沉降控制要求较高，施工中洞内、地表安全风险大。其中高桥隧道下穿南同蒲铁路，巩义隧道下穿 310 国道和厂区，函谷关隧道下穿连霍高速公路，盘东隧道下穿 310 国道，黄龙村隧道下穿张三公路，观音堂隧道下穿连霍高速公路，南山口隧道下穿巩义市水源地等。

面对大断面、地质差、浅埋、沉降控制要求高、工期紧等特点，如何在确保安全质量的前提下加快施工进度，是摆在建设者面前的重大问题。

三、软弱围岩隧道施工方法

软弱围岩隧道施工方法主要有明挖法(盖挖法)、暗挖法和盾构法。

(一)明挖法

明挖方法是将地面挖开,形成露天的基坑,然后在基坑中修筑隧道衬砌,最后回填土石,恢复地面。明挖法的优点是施工方法简单,技术成熟;工程进度快,根据需要可以分段同时作业;浅埋时工程造价和运营费用均较低,且耗能较少。缺点是外界气象条件对施工影响较大;施工对地面环境影响较大,深基坑开挖引起的地面沉降较难控制,且坑内土坡的稳定常常会成为威胁工程安全的重大问题。

明挖法又可分为敞口明挖和有围护结构的明挖。敞口明挖也称为无围护结构基坑明挖,适用于地面开阔,周围建筑物稀少,地质条件好,土质稳定且在基坑周围无较大荷载,对基坑周围的位移和沉降无严格要求的情况。而具有围护结构的明挖适用于施工场地狭窄,土质自立性较差,地层松软,地下水丰富,建筑物密集的地区。采用该方法施工时可以较好地控制基坑周围的变形和位移,同时可以满足基坑开挖深度大的要求。

(二)盖挖法

盖挖法的施工程序是:先筑边墙→开挖顶部土体并修顶盖→回填并恢复路面→在顶盖保护下开挖下部土体→修筑底板及内部结构,即先盖后挖。盖挖法施工按其施工流程可分为盖挖顺作法和盖挖逆作法。

(三)暗挖法

在我国目前的地隧道修建中,使用本方法较多,已经积累了比较成熟的施工经验,工程质量也可以得到较好的保证。对于土质地层,一般需对地层进行预支护或加固后再开挖、支护、衬砌。

(四)盾构法

盾构施工法是“使用盾构机在地下掘进,在护盾的保护下,在机内安全地进行开挖和衬砌作业,从而构筑成隧道的施工方法”,盾构法也是隧道暗挖施工法的一种。近年来盾构机械设备和盾构法施工工艺不断发展,适应不同工程地质和水文地质条件的能力大为提高。常用盾构机形式有土压平衡式和泥水平衡式,同时各种断面形式和具有特殊功能的盾构机械(急转变盾构、扩大盾构法、地下对接盾构等)的相继出现,其应用在不断扩大。由于盾构法施工具有作业在地下进行,不影响地面交通,减少对附近居民的噪声和振动影响;施工费用不受埋深的影响,有较高的技术经济优越性;盾构推进、出土、拼装衬砌等主要工序循环进行,易于管理,施工人员较少;穿越江、河、海时,不影响航运;施工不受风雨等气候条件影响等有利特点,将对软弱围岩隧道施工技术的发展起到有力的推进作用。

四、大断面黄土隧道建设技术的意义

我国隧道建设者和科技工作者结合郑西铁路客运专线黄土工程开展了多项专题

研究，运用各种先进技术，勇于试验、大胆创新，积累了成套的大断面黄土隧道建设经验，总结了黄土隧道工程中的一些科学问题。

大断面黄土隧道建设技术揭示了黄土围岩工程特性，提出了黄土围岩的细化分级，形成了大断面黄土隧道合理断面形式、支护结构参数和安全施工技术，提出了大断面黄土隧道下穿构既有铁路、公路等建筑物的施工变形控制技术。该技术与其他施工方法相比，适用于松软地层条件，通过多分部开挖和辅助施工方法可适合各种断面形式，与盾构法相比较经济，与明挖法相比可以极大地减轻对地面环境的干扰。该技术为郑西铁路客运专线黄土隧道的成功建设作出了积极贡献，推动了我国乃至世界隧道建设技术的进步。

随着国家基本建设规模的扩大，建设标准不断提高，建设环境条件更加复杂。浅埋、软弱不良地质隧道工程数量越来越多，隧道工程建设将面对更大技术挑战。大断面黄土隧道建设技术反映了当前黄土隧道设计、施工及管理新理念、新技术和新方法，实现了大断面黄土隧道的安全快速施工，不仅为郑西铁路客运专线黄土隧道的成功建设作出了积极贡献，也积极推动了浅埋、软弱围岩隧道建设的技术进步。

第二节　大断面黄土隧道建设的主要成果

一、黄土工程特性的深化认识

我国以西北地区为主的黄土覆盖连续分布面积达44万km^2，陕甘高原黄土层厚度可达100～200 m，地层层序完整，形成黄土塬、黄土梁、黄土峁、河谷阶地和冲积洪积平原等黄土地貌。黄土以粉粒（0.075～0.005 mm）为主，质地均匀，多孔、松散性结构，柱状和垂直节理发育、直立性强，上更新统马兰（Q_3）黄土及全新统的新近堆积黄土（Q_4），一般都具有湿陷性，土的承载力较低。

郑西客运专线隧道穿越的黄土地层主要为Q_1黄土（占黄土隧道穿越的黄土地层总长14.8%）、Q_2黄土（60.0%）和Q_3黄土（25.1%）。

通过大量室内与现场试验，统计提出了Q_1、Q_2和Q_3黄土物理力学指标及统计特征，现场载荷试验和统计分析提出了黄土围岩弹性指标，填补了现行铁路隧道设计规范关于黄土隧道设计参数的空白。

围岩分级是工程类比法设计、施工方法选择和各种定额应用的基础，现行《铁路隧道设计规范》（TB 10003—2005）仅将黄土按照时代成因定性划分为Ⅳ级（老黄土Q_1、Q_2）和Ⅴ级（新黄土Q_3、Q_4）。随着黄土工程项目的增加，出现大量工程性质差异极大的黄土地层，现行规范不能充分反映这些差异对隧道工程的影响，为完善现有黄土围岩分级，在现有铁路隧道围岩分级基础上，按照黄土物理力学参数统计特征，对规范中针对黄土的Ⅳ、Ⅴ级围岩进行亚级细分，增加了Ⅵ级饱和黄土的围岩分级，并给出具体的设计指标。

二、大断面黄土隧道设计理念

（一）隧道衬砌

客运专线铁路建筑限界，控制因素是高速列车隧道内的空气动力学效应。设计最高时速 350km 条件下，设计标准规定客运专线隧道轨面以上最小净空横断面积单线不应小于 70 m^2，双线不应小于 100 m^2。

郑西客专线路按上、下行线分开，设计为复线，为能充分缓解高速行车时隧道内的空气动力学效应和节省投资，采用了双线隧道方案。

根据黄土隧道围岩压力的特性和已建成黄土隧道经验与教训，大断面黄土隧道衬砌内轮廓采用平拱、曲墙并设置仰拱的形式。经论证最终确定双线大断面黄土隧道内轮廓，在轨面以上按单心圆、边墙与仰拱采用圆顺连接、隧底结构设置仰拱的断面形式。

复合式衬砌结构具有防水性能好、能适应围岩变形和充分发挥围岩自身的承载能力、结构安全高的特点，大断面黄土隧道应采用复合式衬砌。

根据初期支护承担施工阶段全部荷载，二次衬砌承担由于初期支护劣化、地层蠕变、环境条件变化等引起的附加荷载以及作为安全储备的设计原则，经过大量论证和工程试验，确定了大断面黄土隧道较大刚度的支护、衬砌参数，支护喷射混凝土中掺加合成纤维，隧道均采用有仰拱结构，且仰拱厚度较拱墙衬砌大，二次衬砌均采用钢筋混凝土结构，提高了支护、衬砌结构的安全、可靠性。

（二）拱部系统锚杆作用

黄土隧道中系统锚杆拱部锚杆的锚固效果如何，是一个有争议的问题。通过系统的黄土隧道锚杆作用试验，在浅埋隧道拱顶上方的破裂棱体呈整体下沉趋势，上方土体内部未发生相对变形，拱部锚杆未充分发挥作用；由于黄土隧道垂直节理发育，在深埋隧道拱部系统锚杆起不到悬吊、组合梁或加固土体作用，无法改善围岩的应力状态。因此，大断面黄土隧道可取消拱部系统锚杆，边墙锚杆仍须施作，更应加强拱脚锚杆。

（三）湿陷性黄土地基处理

铁路客运专线隧道内铺设无砟轨道，要求隧道内线路有高度的平顺性，工后沉降要求不大于 15 mm，不同结构物间的差异沉降不应大于 5 mm，沉降控制标准高，因此应对隧道基底的湿陷性黄土进行处理。

湿陷性黄土地基处理，在隧道外土木工程中已有各种有效的方法。隧道内湿陷性黄土地基处理，则应内外兼顾，先保护后加固，即首先要做好隧道工程防、排水系统，再通过地基处理减少土壤的渗透性、压缩性，控制湿陷性。为确保基底湿陷性土层得到有效处理,同时保证隧道施工安全,采用冲击挤密水泥土桩法,施工方便、经济适用、质量可控性强。

(四)围岩压力及深浅埋分界

因黄土自身的特性和大断面隧道特点,铁路隧道规范规定的深浅埋分界值和围岩压力都明显偏小。研究建议以新黄土厚度为极浅埋分界;隧道深浅埋分界值为 60 m。极浅埋时仍采用全土柱理论公式,浅埋时仍采用规范建议的谢家烋理论公式,深浅埋分界不用突变锯齿方式,而用平顺过渡,深埋时适当提高地层压力,按埋深 60 m 时谢家烋理论公式荷载值。

三、大断面黄土隧道安全施工技术

(一)不同施工方法的围岩变形特征和支护力学特性

客运专线黄土隧道开挖断面积超过 160 m^2,开挖宽度和高度分别达到 15 m 和 13 m。根据黄土本身工程特性,考虑隧道埋深、含水量及新老黄土地层差异,综合考虑郑西客专隧道的工期要求和工法的经济合理性,大断面黄土隧道可采用弧形导坑法、CD 法、CRD 法及双侧壁导坑法。其中新黄土地段、洞口浅埋偏压地段主要采用 CRD 工法或双侧壁导坑法,而在洞身长大段落的老黄土地段采用弧形导坑法,洞身含水量较大或浅埋地段必要时采用 CD 法。

通过试验及测试,揭示出四种工法在不同类型黄土条件下的力学特性和变形特征主要为:

(1)浅埋地段弧形导坑净空位移以竖向位移为主,水平收敛仅及前者 30% ~60%(其中砂质黄土为小值)。弧形导坑拱部下沉中以拱脚下沉尤为显著,浅埋时接近或达到拱顶下沉水平,随埋深增加逐渐超过拱顶下沉,当埋深达到 170 m 时拱脚下沉已显著超过拱顶下沉 50% 以上。弧形导坑水平收敛最大部位出现于中台阶墙腰位置。

(2)双侧壁及带中隔墙的 CRD、CD 断面的水平收敛与拱顶下沉相近。

(3)四种工法净空位移趋于稳定的距离取决于仰拱及横撑的跟进距离。其中,弧形导坑法净空位移主要发生在仰拱封闭前(达到 80% 以上),CD 法也主要与仰拱封闭有关,双侧壁法、CRD 法则与横撑跟进的距离有关。

(4) 大断面黄土隧道在开挖初期和台阶通过前后往往伴随位移急剧增长,最大速率达到 35 ~40 mm/d,呈显著变形速率控制特征。浅埋砂质黄土的净空位移在开挖面到达时可发生 1/4 ~1/3,地表下沉可发生 15% ~20%,其中弧形导坑法较大,双侧壁法较小。

(5)四种工法钢架均显著承载,其中初期支护钢架以受压为主,最大压应力采用型钢时达到或超过(深埋时)Q235 钢屈服强度。而临时内壁和中壁则呈明显压弯状态,呈显著强度控制特征。四种工法开挖阶段初期支护钢架均呈受压为主的特性尤其是仰拱以上部分，反映支护结构轴线在围岩压力作用下比较接近于压力拱轴线。

(6)锁脚锚杆承压显著，受力明显大于系统锚杆，较长的锁脚锚杆受压也较大。

(7)弧形导坑大拱脚承压显著，明显大于同断面上的围岩压力。其极值主要发生在中台阶开挖阶段，表明大拱脚在中台阶开挖后起到支撑拱部结构的作用，超前支护特性显著。同时大拱脚压力具有深埋大于浅埋、相同埋深下黏质黄土大于砂质黄土的特性。

(二)隧道安全施工技术原则

(1)早支护：预支护是较好的解决方法，包括超前小导管、大拱脚、锁脚锚杆、大管棚、掌子面或地表注浆预加固等。缩短开挖与支护的衔接时间，尽量将暴露土体控制在两个小时内，尽量将喷混凝土工序前移至出渣前，对浅埋砂质新黄土尤其强调开挖后掌子面应立即进行初喷。

(2)短进尺：一方面可减小一次暴露土体的长度，提高空间效应；另一方面可减少一次开挖量和出渣量，缩短开挖与支护间的衔接时间，达到早支护的目的。

(3)短台阶：采用短台阶开挖，有利于上台阶及时出渣，加快进度，并有利于缩短仰拱封闭距离。实践表明，短台阶与弧形导坑相结合是一种行之有效的控制黄土围岩变形的施工方法。

(4)快封闭：包括开挖后对掌子面立即进行初喷(浅埋砂质新黄土)、及时跟进横撑(双侧壁、CRD)和仰拱(弧形导坑)以及及时封闭基底(CD)。其中，针对双侧壁、CRD 工法中由于采用挖掘机开挖致使上撑难以及时跟进的难题，采取底撑紧跟是可行的解决方案。

(三)施工监测标准

根据黄土本身的特性、黄土隧道围岩变形特点、隧道开挖方法、开挖断面大小，可将洞内外观察、土工试验、拱顶下沉、拱脚下沉、水平收敛、地表沉降等项目作为监测的重点。

(1)黄土大断面隧道变形控制指标见表 0—2—1。

表 0—2—1 大断面黄土隧道变形控制指标

项目 / 状态	拱顶下沉(mm)		净空收敛(mm)	中隔壁拆除变形增量(mm)
	上、下台阶施工	仰拱施工		
安全	130	160	50	6
注意	180	210	80	12
危险	230	260	120	24

注：安全状态为正常施工；注意状态为预警情况，调整支护参数后继续施工；危险状态为应停止施工，并拿出切实可行的初期支护加强措施后方可恢复施工。

(2)根据位移变化速度，当拱脚水平相对净空变化速度大于 10 ~ 20 mm/d 时，表明围岩处于急剧变形状态；当变化速度小于 0.2 mm/d 时，可认为围岩达到基本稳定。

(3)根据回归后位移时态曲线的形态,当围岩位移速度不断下降时表示围岩趋于稳定状态;当位移速度保持不变时表示围岩不稳定;当位移速度不断上升时表示围岩进入危险状态。

(4)根据量测结果,提出了变形管理等级。

四、大断面黄土隧道下穿构(建)筑物安全施工技术

郑西铁路客运专线黄土隧道多次下穿既有铁路和公路,隧道埋置深度不同,黄土地层性质不同,为保证既有铁路运营安全和快速施工需要,分别采取不同技术、方法实现了安全施工,取得了良好效果。

浅埋黄土隧道下穿既有铁路段,采用 ϕ159 大管棚超前预支护、双层钢架喷混凝土支护、弧形导坑法施工、及时对线路整道的综合施工技术,使下穿施工既有线轨道一次沉降最大为 8 mm,平均为 3.35 mm。隧道拱顶下沉平均为 69 mm,最大为 109 mm。四个月完成 90 m 下穿段施工,对比采用双侧壁导坑法开挖则需要 11 个月,即保证了新建隧道施工工期,又缩短了施工对既有线铁路运营的影响时间。

浅埋黄土隧道下穿既有高速公路段,采用 ϕ89 大管棚超前支护,CRD 法开挖施工,施工中隧道拱顶下沉平均 5 cm、最大下沉量 6.9 cm,净空收敛平均 3 cm、最大收敛 4 cm,公路路面下沉平均 4 cm、最大下沉量 5.9 cm。

深埋黄土隧道下穿既有公路段,采用拱部 135°范围内采用 ϕ159 双层大管棚超前加强支护,台阶法开挖,双层钢拱架进行初期支护。施工实测路面最大下沉量 29 mm,拱顶下沉 30 mm,收敛 19.94 mm,仰拱最大下沉 5 mm。

黄土管棚钻孔施工不能采用给水钻孔工艺,否则易塌孔和黄土湿陷软化而导致管棚下挠侵限,故下穿段采用“风动导向跟管钻进”一次成孔的施工方法进行管棚施工,即将 ϕ159 mm 钢管加工成每节 6 m 的钻杆,利用水平导向钻机将 ϕ159 mm 的钻杆分节钻入。钻孔时利用空气压缩机产生的高压空气将钻渣吹出孔外,利用有线导向仪器控制钢管的打设精度。

五、施工地表裂缝形成机理与处理技术

黄土隧道施工所出现的地表裂缝,危及施工和隧道运营安全,一直是隧道建设的重大问题。通过对郑西铁路客运专线大断面黄土隧道施工现场调查、综合物探、坑探测试、理论分析和模型试验等综合方法,研究分析了黄土隧道施工地表裂缝的形成机理与裂缝规律。

(一)地表裂缝出现时间

在黄土隧道洞口浅埋段,进洞开挖在洞口仰坡喷混凝土面就常出现纵向裂缝;洞顶地表平坦没有偏压的,15 ~ 30 天在隧道中线两侧地表各出现平行隧道中线的纵向

裂缝,随着开挖的推进,裂缝也向前发展;同时掌子面前方,地表处会出现垂直隧道中线的横向裂缝,并与纵向裂缝连通,形成怀抱式横向裂缝。

(二)地表裂缝与隧道埋深

大断面黄土隧道出现地表裂缝,现场调查多在60 m覆土埋深以内,在倾斜地形条件下可出现在大于60 m覆土埋深;数值理论分析多在50 m覆土埋深以内;室内模型试验分析多在57 m以内。因此,认为大断面黄土隧道施工出现地表裂缝的隧道覆土埋深多在60 m以内。

(三)地表裂缝位置

大断面黄土隧道地表裂缝出现的位置,现场调查统计平均57.1°(地表裂缝与隧道外墙脚连线的倾角),均质体有限元理论分析65.2°,离散体理论分析57.7°,模型试验分析45.5°,综合统计平均值56.4°。它与出现地面最大水平位移、地表沉降曲线反弯点的位置基本相对应。

(四)地表裂缝的发展过程和可见深度

黄土隧道施工地层裂缝是因楔形滑动体滑动面剪裂或拉裂,并且首先开裂是从隧道周边开始逐渐向外或向上发展。地表裂缝随楔形滑动体变形而张开,在地层内部主要表现为错动。其中横向裂缝在开挖面前先张开,在开挖面到达和通过后随地层变形裂缝又闭合。

地表测试可见裂缝深度为3~15 m,除极浅埋黄土隧道外,可见地表裂缝深度一般不会到达隧道顶部。

(五)地表裂缝与隧道变形

地表出现可见或宽大裂缝对应的隧道施工最大地表沉降变形,现场调查多在80 mm以上;数值理论分析在95~128 mm,浅埋隧道(30 m覆土埋深以内)模型试验值50~104 mm,深埋隧道(覆土埋深50 m)模型试验130 mm。

(六)地表裂缝与坍塌漏斗

在支护不及时时,黄土隧道开挖中易发生围岩坍塌并可到地表,而坍塌面多为沿隧道最大开挖跨度的近乎直立面,少见由地表裂缝面的坍塌。

(七)控制有害地表裂缝形成与处理方法

采用“快开挖、强支护、快封闭”施工原则,使支护封闭距离小于一倍隧道跨度,施工地表沉降变形小于80 mm,可有效防止出现施工地表裂缝。支护封闭距离小于两倍隧道跨度,施工地表沉降变形小于100 mm,可防止出现宽大施工地表裂缝。

为了防止地表水沿裂缝下渗,对已形成的裂缝采用注浆或回填灰土的方法进行及时封闭。

第三节　黄土隧道施工技术展望

一、盾构(TBM)法

盾构(TBM)施工相对于传统矿山法具有高效、快速、优质、安全等优点,其掘进速度一般是传统矿山法的4~10倍,在减少施工对围岩的扰动、控制施工地表沉降方面明显好于传统矿山法,经过半个世纪的发展,其技术已比较成熟,被广泛应用于世界各国能源、交通、水利、国防等部门的地下工程建设,在我国城市地下铁道建设中也已创造了辉煌成就。

随着我国城市地下铁道的快速发展,盾构法施工的区间隧道数量比例越来越大,其中上海、杭州、成都等城市的地铁区间隧道以盾构法施工为主,在建的北京地铁盾构施工区间的隧道数量比例也在增大。盾构法施工不仅适应于松软的淤泥质地层、黏土地层、砂土地层、卵石地层,而且还适用于岩石地层,如在广州地铁成功应用的复合式盾构。

正在施工的下穿南京长江的越江隧道,盾构直径达15 m,武汉越江隧道、上海越江隧道盾构直径均在14 m以上,采用管片衬砌。广深港客运专线狮子洋河水下铁路隧道长10 490 m,采用四台外径10.8 m泥水平衡式盾构同时施工,管片衬砌厚度50 cm。

早在20世纪70年代,中铁一局就在腰砚河隧道中使用了自行研制的黄土隧道掘进机,并实现了每工班进尺9.8 m;在甘肃和山西的输水黄土隧道中使用国外护盾式掘进机实现了快速施工。虽然高速铁路隧道断面大,但TBM黄土掘进动力消耗小于硬岩。另外悬臂式掘进机也可发挥其施工对地层扰动影响小、施工进度快的优点,都值得研究应用。

二、隧道围岩变形控制分析工法

黄土隧道传统施工方法都将产生较大的地层变形,引起施工地表裂缝。在不能采用盾构法施工时,也需在设计理念和施工方法上有所改进,隧道围岩变形控制分析工法就是有效控制施工变形的方法之一。

隧道围岩变形控制分析工法(A. DE. CO – RS)是20世纪80年代由意大利Pietro Lunardi教授在隧道预支护工艺基础上,将隧道开挖过程中的变形状况按三维空间进行考虑,结合大量理论和试验研究,形成的此工法。该工法用于隧道设计与施工,适应各种围岩条件,特别是浅埋松软地层、变形环境控制要求高的隧道工程。过去十余年中,意大利铁路、公路及大型地下工程建设项目将此工法纳入设计规范并且广泛采用。

该工法认为,隧道开挖扰动后,周边及前方围岩所产生的变形分为掌子面围岩挤压变形、掌子面前方围岩预收敛变形及开挖后洞室围岩收敛变形三类。上述三种情况下隧道的失稳表现也不一样,各种变形及失稳表现均直接或间接与掌子面前方围岩的强度有关;变形反应从掌子面前方围岩变形开始,逐渐沿隧道向后发展,形成预收敛、挤压和收敛变形,收敛变形只是错综复杂应力~应变过程中最后阶段;可以通过控制超前围岩的变形(挤压变形、预收敛变形)来控制隧道总变形,措施是采取相应超前预支护及超前预加固掌子面土体。

众所周知,新奥法是隧道施工理念的一大进步,它的成就是将围岩也视为支护承载体系的一部分;采用锚喷等简单积极的支护技术以控制隧道的收敛变形;强调系统监控量测以了解围岩的变形反应。但在最初新奥法原理阐述中将注意力集中到隧道开挖后收敛变形上,忽视了前方核心土变形的重要性,也没有对预支护技术的作用给以足够的认识。新奥法在处理低度至中度困难应力~强度条件下隧道开挖是成功的,但对恶劣的地层,浅埋地面环境控制要求高的条件下,新奥法就体现了它的局限性。

隧道围岩变形控制分析工法是归纳了大量施工实践经验,通过近代岩土力学三维分析和实验研究加以升华提炼出来的,它对隧道施工中围岩变形控制较新奥法更为全面。这种工法能在极为宽广的围岩类型及各种应力~应变条件下成功运用,特别是在浅埋软弱地层和变形控制要求严格条件下,不仅可施工安全,还能保证一定的进度。可以认为,围岩变形控制分析工法是继新奥法之后隧道修建理念的又一新进展。

三、大断面少分步工法

隧道工程工作面少,往往长大隧道修建工期成为工程控制因素之一。国外隧道钻爆法施工采用方法大部分是全断面法和台阶法,很少采用多分部法施工,使用施工装备一般以大型机械为主,每个工作面的人数一般不超过 10 人,施工效率高。

我国在软弱围岩大断面隧道施工中多采用台阶法、预留核心土环形开挖法和多分部法等,而多分部法又变化有 CD 法、CRD 法、双侧壁导坑法等,将注意力多集中到隧道开挖后洞室收敛变形控制上,忽视了隧道掌子面变形和前方围岩变形控制的重要性,这不仅限制了大型隧道施工设备的使用,人海战术、进度慢、安全性差,在遇到松软、破碎软岩或浅埋条件时,往往还不能实现变形控制要求。

因此,虽在黄土地质隧道实践中积累了丰富的经验,但对大断面黄土隧道也应积极开展少分部快速施工方法研究,研究提出适应掌子面稳定的支护措施或预加固技术,相应合理的支护结构形式及施作时机,控制隧道预变形、掌子面变形和收敛变形,实现施工少分部和安全快速施工。

第一章
黄土的特征及隧道围岩分级

我国黄土分布区域大，各地区厚度不一，形成年代、成因各不相同，工程特性相差较大。黄土具多孔性，垂直节理发育，黄土隧道易沿垂直节理面产生坍塌。针对郑西铁路客运专线大跨黄土隧道，须对黄土的特性、主要物理力学指标进行深入的研究，以便进行针对性设计。另外，目前《铁路隧道设计规范》中对黄土隧道分级以形成年代划分，对物理特性考虑较少，难以适应大跨黄土隧道的设计、施工需要，故针对郑西铁路客运专线黄土地层隧道，考虑其成因、形成年代、主要物理力学参数等采用数理统计方法对本线黄土隧道围岩分级设置亚级细化，以满足设计施工需要。

第一节　我国黄土的分布及特征

一、黄土地区分布情况

我国黄土以分布广、厚度大、地层层序完整、古土壤清楚而著称于世。自西向东主要分布在新疆、青海、甘肃、宁夏、陕西、山西、河南、河北、山东、内蒙古、辽宁、吉林等地，分布面积63.5万km^2，约占全国陆地面积的6.6%。尤其是在西起乌鞘岭，东到太行山，北起长城，南抵秦岭的黄河中游地区，地表几乎完全为黄土所覆盖，连续分布面积达44万km^2，形成了地层连续、厚度大、面积广、蔚为壮观的黄土高原地貌景观，为世界所罕见。

各地区黄土总厚度不一，一般来说，高原地区较厚，而以陕甘高原最厚，可达100～200 m，而其他高原地区一般可达30～100 m，河谷地区的黄土总厚度一般只有几米到30 m，且主要是新黄土，老黄土常缺失。

二、黄土的特征

黄土是第四纪干旱、半干旱气候条件下，陆相沉积的一种特殊土。《铁路工程地质技术规范》(TB J12—96)根据成因将黄土分为黄土、黄土质土两大类，按形成时代并结合工程建设的特点，又将黄土分为老黄土、新黄土、非湿陷性黄土和湿陷性黄土。

黄土在一定压力作用下受水浸湿后，土的结构受到破坏而发生显著下沉现象的，称为湿陷性黄土；受水浸湿后在自重压力作用下发生湿陷的，称为自重湿陷性黄土；在自重压力下浸湿不发生湿陷，但在附加压力下发生湿陷的，称为非自重湿陷性黄土。

（一）黄土的基本特征

（1）基本色调是黄色，通常为黄褐、褐黄、灰黄、棕黄或棕红等颜色。

（2）具有多孔性，有肉眼能看到的大孔隙，孔隙比一般为0.7～1.1，呈松散结构状态，密度低。

（3）质地均匀，以颗粒成分的粉粒（0.005～0.075 mm）为主，占50%～75%，几乎没有大于0.25 mm的颗粒。

（4）碳酸钙含量多在10%～30%，部分含钙质结核，并含有少量中溶盐和易溶盐。

（5）一般无明显层理，有堆积间断的剥蚀面和埋藏的古土壤层。

（6）具有柱状节理，垂直节理发育，直立性强。

（7）天然状态下，含水率低，遇水易崩解，剥蚀。

（8）表层多具湿陷性，易产生潜蚀，形成陷穴。

（二）黄土地貌

黄土地貌一般分为“塬、梁、峁”三大类型以及河谷阶地、冲积洪积平原等。

（1）黄土塬：具有面积较大的平坦高地，有陡峻边缘，通常由黄土所构成，在黄土塬顶部表层广泛分布着黄土质土。

（2）黄土梁：地形呈长条状的垄岗，两旁夹以深谷，垄岗高度大体保持一致，也是由黄土所构成，但也有少数上更新统和全新统新近堆积的黄土质土，如陇中、陇东、陕北、晋南、柴达木盆地香日德附近等地区。

（3）黄土峁：指个体独立或连续的黄土丘陵，由于地形严重切割，沟谷斜坡地带往往分布着新近堆积的湿陷性大的黄土质土。

（4）河谷阶地：包括现代河流的河漫滩、超漫滩、低级阶地、高级阶地及河谷范围内的各种斜坡地带以及河谷两侧的一些沟谷等地貌。

（5）冲积、洪积平原：分布着全新统的黄土质土，一般具有较弱的湿陷性，当含黏土颗粒较多时，湿陷性较小或无湿陷性。如关中、河南、河北等黄土冲积、洪积平原。

（三）不同地质时代黄土及特征

黄土堆积时代主要在第四系，包括老黄土和新黄土。老黄土是早更新统的午城黄土（Q_1）和中更新统的离石黄土（Q_2）的统称，其大孔结构多经压密，一般没有湿陷性或仅在Q_2黄土的上部有轻微湿陷性，土的承载力较高。覆盖在老黄土上部及阶地上的上更新统马兰（Q_3）黄土及全新统的新近堆积黄土（Q_4）称为新黄土，其土质均匀，较疏松，大孔和虫孔发育，具有垂直节理，一般都具有湿陷性，土的承载力较低。不同地质时代黄土及特征见表1—1—1。

表1—1—1　不同地质时代黄土的特征

地层及时代				颜色	土层特征及包含物	古土壤层	沉积环境	开　挖
全新统 Q_4	近期 Q_4^2	新近堆积黄土	新黄土	浅褐至深褐色，或黄至黄褐色	土质松软不均，多虫孔，最大孔径0.5～2 cm，孔壁分布较多虫屎，多植物根孔，孔壁常有白色粉末状碳酸盐结晶，在深色土中呈菌丝状或条纹状，含少量小砾石、钙质结合，有时有砖瓦碎块及朽木等人类活动遗物	无	河漫滩低级阶地，山间洼地的表面，黄土塬、梁、峁的坡脚，洪积扇或山前坡积地带，老河道及已填塞的沟槽、洼地的上部	锹挖极为容易，进度很快
	早期 Q_4^1	一般湿陷性黄土		褐黄至黄褐色	具有大孔、虫孔及植物根孔，含少量小的钙质结核，小砾石，有时有人类活动遗物，土质较均匀，稍密至中密	无	河流的低阶地和高阶地的上部，Q_4^2 的下部	锹挖容易，但进度稍慢
上更新统 Q_3	马兰黄土			浅黄、灰黄及黄褐色	土质均匀，大孔发育，具垂直节理，有虫孔及植物根孔，易产生天桥及陷穴，有少量小的钙质结核，呈零星分布，稍密至中密	一般无古土壤，局部地区浅部有薄层土壤	较高的河岸阶地，塬坡、梁峁的上部，以及黄土高原与河谷平原的过渡地带，下为 Q_2 黄土	锹、镐挖不困难
中更新统 Q_2	离石黄土		老黄土	深黄、棕黄及微红	有少量大孔，土质紧密，具柱状节理，抗侵蚀力强，土质较均匀，不见层理，上部钙质结核少而小，古土壤层下钙质结核粒径为5～20 cm，且成层分布，或成钙质胶结层，下部有砂砾及小石子分布	有数层至十余层古土壤，上部间距2～4 m，下部1～2 m，每层厚约1 m	常出露于山西高原，豫西山前高地，渭北高原，陕甘和陇西高原的梁峁丘陵地形深切冲沟的两侧，上覆 Q_3，下伏 Q_1 黄土或第三系红黏土或砂砾层	锹、镐挖困难
早更新统 Q_1	午城黄土			微红及棕红等	无大孔，土质紧密至坚硬，颗粒均匀，柱状节理发育，不见层理，钙质结核含量较 Q_2 内少，成层或零星分布于土层内，粒径1～3 cm，有时夹砂及砾石等粗粒土夹层	古土壤层不多，呈棕红及褐红色	位于 Q_2 黄土之下，其底部与第三系红黏土或砂砾层接触	锹、镐挖很困难

第二节　郑西铁路客运专线隧道黄土工程特征

一、沿线黄土隧道黄土分布情况

郑西铁路客运专线全长484 km，全线合计新建隧道38座，隧道总长76 848 m，其中黄土隧道 52 956 m，占全线隧道总长 68.9%。郑西铁路客运专线河南境内隧道全长 63 050 m，其中黄土隧道 39 158 m，占其全长 62.1%；陕西境内隧道全长 13 798 m，均为黄土隧道。

沿线黄土隧道通过区地貌单元主要为黄土丘陵及黄土台塬区，地势总体表现为西高东低，南高北低，地下水类型主要为孔隙、裂隙潜水，地下水位埋深大，多数黄土隧道地下水不发育，个别隧道如张茅、秦东隧道等局部地段含少量地下水，地下水水质良好，对混凝土无侵蚀性。

调查显示，郑西铁路客运专线黄土隧道穿越的黄土地层主要为 Q_1 黄土（占黄土隧道穿越黄土地层总长的 14.8%）、Q_2 黄土（60.0%）和 Q_3 黄土（25.1%）。可以看出，全线黄土隧道大部分从老黄土地层通过。其中，陕西境内黄土隧道以 Q_1 黄土为主，河南境内以 Q_2 黄土为主，如图 1—2—1 所示。

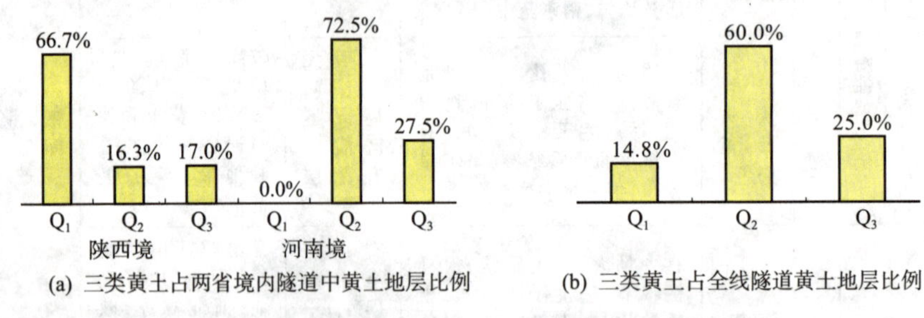

(a) 三类黄土占两省境内隧道中黄土地层比例　(b) 三类黄土占全线隧道黄土地层比例

图 1—2—1　郑西铁路客运专线黄土隧道黄土地质年代分布统计

调查还显示，沿线路自东向西，黄土中黏粒成分渐少。其中，大致以河南境内黄龙村隧道（DK244 + 200 ~ DK244 + 580）为界，以东以黏质黄土为主，以西至陕西境内则以砂质黄土为主，如图 1—2—2 所示。总体上，自东向西，郑西铁路客运专线黄土隧道围岩稳定性逐渐变差。

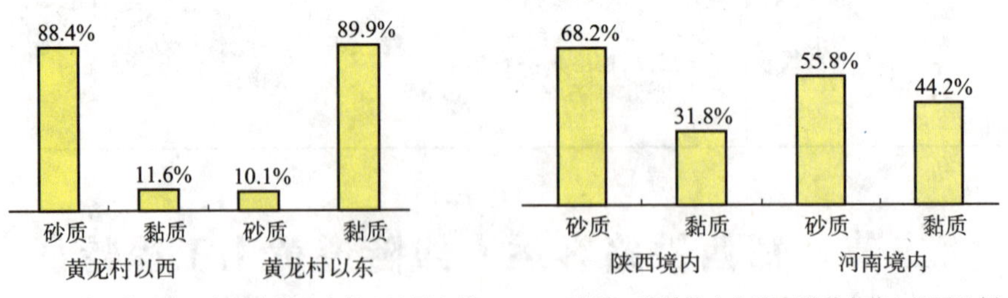

(a) 砂质、黏质黄土占段内隧道中黄土地层比例　(b) 砂质、黏质黄土占段内隧道中黄土地层比例

图 1—2—2　郑西铁路客运专线黄土隧道砂质及黏质黄土分布统计

二、黄土物理力学特性

(一)围岩物理力学参数统计

根据郑西铁路客运专线20座黄土隧道土工试验资料的调查收集以及现场取样，对郑西铁路客运专线黄土隧道不同地质时代黄土围岩的物理力学参数进行了统计，其结果见表1—2—1～表1—2—6。

统计共涉及三种地质时代黄土：Q_1 砂质和黏质黄土（总样本数 $n=42$ 组），Q_2 砂质和黏质黄土（$n-366$ 组），Q_3 砂质和黏质黄土（$n=601$ 组）。其中，砂、黏质按塑性指数分类：$I_p<10$ 为砂质黄土，$10\leqslant I_p<17$ 为黏质黄土。统计参数中物理参数共9项：含水率 w、天然密度 ρ、干密度 ρ_d、孔隙比 e、饱和度 S_r、液限 w_L、塑限 w_p、塑性指数 I_p 和液性指数 I_L；力学参数共6项：压缩系数 a_{1-2}、压缩模量 E_s、黏聚力 c、内摩擦角 ϕ 以及根据摩尔—库伦准则计算的单轴抗压强度 R_b 和抗拉强度 R_t。

表1—2—1　郑西铁路客运专线 Q_1 砂质黄土物理力学参数统计值

黄土物理及力学参数		样本组数 n	最大值	最小值	平均值 $\bar{x}$	标准差 s	变异系数 C_v	标准值 x_s
物理参数	含水率 w(%)	27	20.8	4.8	14.1	3.7	0.26	12.9
	天然密度 ρ(g/cm^3)	27	2.08	1.42	1.80	0.21	0.116	1.73
	干密度 ρ_d(g/cm^3)	27	1.75	1.25	1.57	0.16	0.100	1.52
	孔隙比 e	27	1.158	0.543	0.733	0.184	0.252	0.671
	饱和度 S_r(%)	27	99.0	14.2	56.3	22.1	0.39	48.9
	液限 w_L(%)	27	29.0	23.7	26.6	1.0	0.04	27.0
	塑限 w_p(%)	27	19.4	16.3	17.7	0.8	0.05	17.4
	塑性指数 I_p	27	9.7	5.7	8.9	0.8	0.09	8.7
	液性指数 I_L	27	0.49	-1.37	-0.38	0.44	-1.135	-0.53
力学参数	压缩系数 a_{1-2}(1/MPa)	18	0.87	0.09	0.31	0.25	0.824	0.20
	压缩模量 E_s(MPa)	18	17.3	2.3	8.6	4.7	0.55	6.6
	黏聚力 c(kPa)	7	92.5	17.8	34.0	28.8	0.85	12.7
	内摩擦角 ϕ(°)	7	25.4	15.8	21.1	3.3	0.16	18.7
	单轴抗压强度 R_b(kPa)	7	292.6	50.5	100.6	90.6	0.90	33.6
	抗拉强度 R_t(kPa)	7	194.9	40.8	88.7	70.2	0.79	36.8

注：(1)由于样本数较少，未按界限含水率分别统计；

(2)变异系数 $C_v=s/\bar{x}$，标准值 $x_s=\left[1-C_v\left(1.704/\sqrt{n}+4.678/n^2\right)\right]\bar{x}$，后同；

(3)单轴抗压强度 $R_b=2c\times\cos\phi/(1-\sin\phi)$，抗拉强度 $R_t=c/\tan\phi$，后同。

表 1—2—2　郑西铁路客运专线 Q_1 黏质黄土物理力学参数统计值

黄土物理及力学参数		样本组数 n	最大值	最小值	平均值 $\bar{x}$	标准差 s	变异系数 C_v	标准值 x_s
物理参数	含水率 w(%)	15	24.7	5.2	14.6	4.4	0.30	12.6
	天然密度 ρ(g/cm^3)	15	2.16	1.46	1.88	0.23	0.123	1.77
	干密度 ρ_d(g/cm^3)	15	1.85	1.37	1.64	0.16	0.096	1.56
	孔隙比 e	15	0.969	0.458	0.666	0.173	0.259	0.586
	饱和度 S_r(%)	15	100	14.8	65.2	27.9	0.43	52.3
	液限 w_L(%)	15	32.0	27.0	29.1	1.6	0.06	28.3
	塑限 w_p(%)	15	19.6	16.2	17.8	1.0	0.06	17.3
	塑性指数 I_p	15	12.7	10.2	11.3	0.8	0.07	10.9
	液性指数 I_L	15	0.41	-1.08	-0.29	0.36	-1.227	-0.46
力学参数	压缩系数 a_{1-2}(1/MPa)	8	0.35	0.09	0.21	0.10	0.464	0.15
	压缩模量 E_s(MPa)	8	18.8	5.5	9.6	4.7	0.49	6.4
	黏聚力 c(kPa)	5	64.2	20.5	37.3	21.3	0.57	17.0
	内摩擦角 ϕ(°)	5	25.8	17.9	22.4	3.3	0.15	19.3
	单轴抗压强度 R_b(kPa)	5	204.6	61.8	114.3	71.2	0.62	46.7
	抗拉强度 R_t(kPa)	5	132.9	48.3	86.4	37.8	0.44	50.5

表 1—2—3　郑西铁路客运专线 Q_2 砂质黄土物理力学参数统计值

黄土物理及力学参数		样本组数 n	最大值	最小值	平均值 $\bar{x}$	标准差 s	变异系数 C_v	标准值 x_s
物理参数	含水率 w(%)	20	27.4	18.3	21.8	2.7	0.12	20.7
		12	17.7	10.7	14.4	2.4	0.17	13.2
	天然密度 ρ(g/cm^3)	20	2.06	1.82	1.95	0.08	0.039	1.92
		12	2.16	1.77	1.93	0.14	0.070	1.86
	干密度 ρ_d(g/cm^3)	20	1.72	1.51	1.60	0.07	0.043	1.58
		12	1.88	1.56	1.69	0.11	0.067	1.63
	孔隙比 e	20	0.789	0.580	0.689	0.070	0.102	0.662
		12	0.738	0.444	0.611	0.104	0.170	0.557
	饱和度 S_r(%)	20	96.4	70.0	86.1	10.3	0.12	82.0
		12	91.9	43.5	65.8	16.2	0.25	57.3
	液限 w_L(%)	20	30.6	25.6	28.0	1.3	0.05	27.5
		12	29.3	25.6	27.1	1.0	0.04	26.6

续上表

黄土物理及力学参数		样本组数 n	最大值	最小值	平均值 $\bar{x}$	标准差 s	变异系数 C_v	标准值 x_s
物理参数	塑限 w_p(%)	20	21.7	17.1	18.7	1.4	0.07	18.2
		12	19.3	16.8	17.5	0.8	0.05	17.1
	塑性指数 I_p	20	9.8	8.5	9.3	0.4	0.04	9.1
		12	10.0	8.8	9.6	0.4	0.04	9.4
	液性指数 I_L	20	0.94	0.00	0.32	0.26	0.810	0.22
		12	-0.07	-0.68	-0.32	0.22	-0.692	-0.44
力学参数	压缩系数 a_{1-2}(1/MPa)	20	0.27	0.06	0.13	0.06	0.434	0.11
		12	0.22	0.06	0.122	0.06	0.46	0.09
	压缩模量 E_s(MPa)	20	24.84	6.21	15.61	6.00	0.384	13.26
		12	26.44	7.43	15.93	6.66	0.418	12.43
	黏聚力 c(kPa)	17	66.6	14.6	30.2	12.4	0.41	24.8
		8	57.1	14.5	28.1	13.7	0.49	18.8
	内摩擦角 ϕ(°)	17	33.8	18.5	28.0	4.1	0.15	26.3
		8	32.0	25.1	27.9	2.1	0.07	26.5
	单轴抗压强度 R_b(kPa)	17	236.4	48.7	100.1	40.9	0.41	82.5
		8	179.6	52.3	92.4	42.1	0.46	63.9
	抗拉强度 R_t(kPa)	17	145.9	27.1	59.7	31.4	0.53	46.2
		8	122.2	23.2	54.5	30.7	0.56	33.8

注：(1)每项参数第一行为 $w>18.1\%$ 的统计值，第二行为 $w\leq18.1\%$ 的统计值；

(2)样本中仅有 3 组含水率大于饱和含水率 25.6%；

(3)18.1% 为 $I_L=0$ 时 Q_2 砂质黄土的界限含水率，25.6% 为其饱和含水率。

表 1—2—4　郑西铁路客运专线 Q_2 黏质黄土物理力学参数统计值

黄土物理及力学参数		样本组数 n	最大值	最小值	平均值 $\bar{x}$	标准差 s	变异系数 C_v	标准值 x_s
物理参数	含水率 w(%)	229	26.3	18.5	21.3	1.9	0.09	21.1
		101	18.4	10.5	16.6	1.8	0.11	16.3
	天然密度 ρ(g/cm³)	229	2.19	1.77	1.98	0.08	0.042	1.97
		101	2.16	1.67	1.94	0.12	0.061	1.92
	干密度 ρ_d(g/cm³)	229	1.83	1.44	1.64	0.08	0.046	1.63
		101	1.83	1.44	1.67	0.10	0.058	1.65

续上表

黄土物理及力学参数		样本组数 n	最大值	最小值	平均值 $\overline{x}$	标准差 s	变异系数 C_v	标准值 x_s
物理参数	孔隙比 e	229	0.880	0.484	0.665	0.077	0.115	0.657
		101	0.893	0.477	0.637	0.099	0.155	0.620
	饱和度 S_r(%)	229	111.7	63.8	87.7	9.5	0.11	86.7
		101	101.4	37.4	72.6	13.3	0.18	70.4
	液限 w_L(%)	229	38.9	26.6	31.5	3.2	0.10	31.2
		101	35.5	26.6	30.0	2.1	0.07	29.7
	塑限 w_p(%)	229	23.5	14.6	18.9	1.8	0.09	18.7
		101	21.2	15.6	18.0	1.2	0.07	17.9
	塑性指数 I_p	229	17.7	10.1	12.7	2.0	0.16	12.4
		101	17.0	10.1	11.9	1.5	0.13	11.7
	液性指数 I_L	229	0.80	-0.30	0.20	0.19	0.957	0.18
		101	0.18	-0.69	-0.13	0.19	-1.43	-0.16
力学参数	压缩系数 a_{1-2}(1/MPa)	144	0.39	0.05	0.15	0.08	0.524	0.14
		62	0.37	0.05	0.15	0.08	0.503	0.13
	压缩模量 E_s(MPa)	144	34.78	4.57	13.76	6.02	0.437	12.91
		62	29.77	4.71	13.39	6.05	0.452	12.07
	黏聚力 c(kPa)	96	101.5	19.0	49.7	20.5	0.05	46.1
		37	91.8	20.8	48.7	16.5	0.34	44.0
	内摩擦角 ϕ(°)	96	35.7	8.7	23.8	6.3	0.27	22.7
		37	41.9	12.0	27.2	5.6	0.21	25.6
	单轴抗压强度 R_b(kPa)	96	357.6	44.2	155.6	72.2	0.46	143.0
		37	327.2	82.1	161.0	59.0	0.37	144.3
	抗拉强度 R_t(kPa)	96	259.4	32.0	117.2	46.0	0.39	109.2
		37	56.4	46.7	52.7	1.8	0.04	52.2

注：(1)每项参数第一行为 $w>18.4\%$ 的统计值，第二行为 $w\leq18.4\%$ 的统计值；
(2)样本中仅有6组含水率大于饱和含水率25.6%；
(3)18.4%为 $I_L=0$ 时 Q_2 黏质黄土的界限含水率，25.6%为其饱和含水率。

表 1—2—5　郑西铁路客运专线 Q_3 砂质黄土物理力学参数统计值

黄土物理及力学参数		样本组数 n	最大值	最小值	平均值 $\bar{x}$	标准差 s	变异系数 C_v	标准值 x_s
物理参数	含水率 w(%)	60	21.4	17.1	18.9	1.1	0.06	18.7
		435	17.0	3.2	10.4	3.2	0.31	10.2
	天然密度 ρ(g/cm^3)	61	1.97	1.50	1.72	0.15	0.085	1.69
		435	1.95	1.3	1.57	0.12	0.077	1.56
	干密度 ρ_d(g/cm^3)	60	1.67	1.28	1.44	0.12	0.084	1.42
		435	1.77	1.21	1.42	0.10	0.073	1.41
	孔隙比 e	60	1.110	0.610	0.880	1.151	0.171	0.848
		435	1.238	0.529	0.909	0.134	0.148	0.898
	饱和度 S_r(%)	60	85.9	41.8	59.7	11.8	0.20	57.1
		435	69.2	10.8	31.6	10.8	0.34	30.7
	液限 w_L(%)	61	29.9	25.0	26.6	1.2	0.05	26.3
		435	29.7	23.6	26.3	1.2	0.05	26.2
	塑限 w_p(%)	61	20.8	16.0	17.5	1.4	0.08	17.2
		435	20.7	15.2	17.3	1.0	0.06	17.2
	塑性指数 I_p	61	10.0	7.5	9.1	0.6	0.06	8.9
		435	10.0	7.4	9.1	0.5	0.06	9.0
	液性指数 I_L	60	0.51	-0.32	0.15	0.21	1.380	0.10
		435	0.10	-1.65	-0.76	0.39	-0.510	-0.77
力学参数	压缩系数 a_{1-2}(1/MPa)	22	1.00	0.08	0.27	0.21	0.76	0.19
		345	1.10	0.04	0.21	0.20	0.918	0.19
	压缩模量 E_s(MPa)	22	21.98	2.08	9.29	4.68	0.504	7.55
		345	45.90	1.81	14.35	7.96	0.555	13.62
	黏聚力 c(kPa)	32	48.0	8.1	18.8	10.4	0.55	15.6
		233	56.7	3.0	21.0	12.3	0.584	19.7
	内摩擦角 ϕ(°)	32	32.7	18.4	24.2	4.7	0.19	22.8
		233	36.4	19.4	26.8	3.8	0.14	26.4
	单轴抗压强度 R_b(kPa)	32	163.0	23.0	60.6	37.2	0.61	49.2
		233	182.8	9.7	68.8	39.7	0.58	64.3
	抗拉强度 R_t(kPa)	32	86.6	21.8	39.5	16.0	0.41	34.6
		233	157.0	6.0	42.5	27.9	0.66	39.4

注:(1)每项参数第一行为 $w>17.3\%$ 的统计值,第二行为 $w\leq17.3\%$ 的统计值;

(2)17.3% 为 $I_L=0$ 时 Q_3 砂质黄土的界限含水率。

表 1—2—6　郑西铁路客运专线 Q_3 黏质黄土物理力学参数统计值

黄土物理及力学参数		样本组数 n	最大值	最小值	平均值 $\bar{x}$	标准差 s	变异系数 C_v	标准值 x_s
物理参数	含水率 w(%)	111	18.3	5.1	11.1	2.7	0.24	10.7
	天然密度 ρ(g/cm^3)	111	1.90	1.30	1.58	0.11	0.071	1.56
	干密度 ρ_d(g/cm^3)	111	1.70	1.17	1.45	0.10	0.068	1.40
	孔隙比 e	111	1.303	0.584	0.914	0.133	0.146	0.892
	饱和度 S_r(%)	111	67.4	18.2	33.5	9.7	0.29	31.9
	液限 w_L(%)	111	31.1	26.4	28.9	1.0	0.03	28.8
	塑限 w_p(%)	111	20.2	16.0	18.2	0.7	0.04	18.1
	塑性指数 I_p	111	12.3	10.1	10.7	0.5	0.05	10.6
	液性指数 I_L	111	0.13	-1.22	-0.66	0.26	-0.393	-0.71
力学参数	压缩系数 a_{1-2}(1/MPa)	96	0.44	0.07	0.17	0.10	0.567	0.15
	压缩模量 E_s(MPa)	96	23.3	4.6	14.1	5.3	0.38	13.1
	黏聚力 c(kPa)	53	55.9	7.1	31.1	11.4	0.37	28.4
	内摩擦角 ϕ(°)	53	32.8	15.4	25.1	3.6	0.15	24.3
	单轴抗压强度 R_b(kPa)	53	188.6	22.2	98.0	36.7	0.37	89.4
	抗拉强度 R_t(kPa)	53	130.3	15.3	68.1	28.2	0.41	61.4

注：样本中仅有 2 组含水率大于 $I_L=0$ 时的界限含水率 18.1%。

（二）黄土围岩弹性参数统计

1. 根据平板载荷试验统计的弹性参数

根据秦东隧道 1 号和 3 号斜井工区现场平板载荷试验得出的黄土围岩弹性参数（弹性模量 E、弹性抗力系数 K，均为水平方向）见表 1—2—7。本次试验共做了 3 组共 9 个试验点的水平方向平板载荷试验，承压板面积为 0.25 m^2，黄土类型为 Q_1 砂质黄土、Q_2 砂质黄土和 Q_3 砂质黄土。

表 1—2—7　根据平板载荷试验统计的弹性参数

黄土类型	弹性模量 E		弹性抗力系数 K (MPa/m)
	应力水平(kPa)	弹性模量(MPa)	
Q_1 砂质黄土	<200	50～100	126.2
	300～800	150～200	
	1 000～1 800	230～320	

续上表

黄土类型	弹性模量 E		弹性抗力系数 K (MPa/m)
	应力水平(kPa)	弹性模量(MPa)	
Q_2 砂质黄土	<200	50	119.9
	300 ~ 700	100 ~ 150	
	800 ~ 1 600	170 ~ 210	
	1 700 ~ 1 900	250 ~ 330	
Q_3 砂质黄土	<100	50	55.3
	≥100	100 ~ 150	

2. 根据位移反分析统计的弹性参数

根据秦东和潼洛川隧道净空位移测试资料,对黄土围岩弹性参数(弹性模量 E、泊松比 μ)进行位移反分析,结果见表 1—2—8 ~ 表 1—2—11。

本次反分析包括两座隧道共 11 个断面测试资料,涉及双侧壁法(2 个断面)、CRD 法(2 个断面)和弧形导坑法(7 个断面)三种施工方法,断面埋深 16 ~ 176 m,实测含水率 8% ~17%,所处黄土类型为 Q_1 砂质和黏质黄土以及 Q_3 砂质黄土。计算引用的地层参数(密度 ρ、黏聚力 c、内摩擦角 ϕ)取自本工程黄土围岩物理力学参数统计值。

表 1—2—8　秦东隧道进口双侧壁工法围岩弹性参数位移反分析结果

测试断面	E(MPa)		μ		平均含水率(%)	埋深(m)	地层描述
	Q_3 砂 1	Q_3 砂 2	Q_3 砂 1	Q_3 砂 2			
DK333 +450	44	34	0.44	0.41	8.4	16	浅埋 Q_3 砂质黄土
DK333 +460	45	44	0.42	0.43	11.2	19	
平均	42	0.43	9.8	18			

注:根据以下两组 Q_3 砂质黄土参数统计值进行计算,Q_3 砂 1:$\rho = 1.72\ g/cm^3$,$c = 18.8$ kPa,$\phi = 24.2°$;Q_3 砂 2:$\rho = 1.57\ g/cm^3$,$c = 21.0$ kPa,$\phi = 26.8°$。

表 1—2—9　秦东隧道 3 号斜井弧形导坑法围岩弹性参数位移反分析结果

测试断面	E(MPa)		μ		平均含水率(%)	埋深(m)	地层描述
	Q_1 砂	Q_1 黏	Q_1 砂	Q_1 黏			
DK339 +387	471	540	0.36	0.35	14.6	176	深埋 Q_1 砂质黄土中,基底衔接粉质黏土
DK339 +409	486	536	0.33	0.30	15.7	176	
DK339 +453	486	538	0.32	0.33	14.3	176	
DK339 +490	471	529	0.34	0.36	16.8	175	
DK339 +497	517	544	0.32	0.32	16.7	175	
平均	486	537	0.33	0.33	15.6	176	

注:根据以下两组 Q_1 黄土参数统计值进行计算,Q_1 砂:$\rho = 1.77\ g/cm^3$,$c = 30.8$ kPa,$\phi = 22.0°$;Q_1 黏:$\rho = 1.88\ g/cm^3$,$c = 37.3$ kPa,$\phi = 22.4°$。

表 1—2—10 秦东隧道出口 CRD 工法围岩弹性参数位移反分析结果

测试断面	E(MPa)			μ			平均含水率(%)	埋深(m)	地层描述
	Q_1 砂 1	Q_1 砂 2	Q_3 砂	Q_1 砂 1	Q_1 砂 2	Q_3 砂			
DK340 +845	325	280	72	0.35	0.35	0.38	9.4	35	位于从 Q_3 砂进入 Q_1 砂的浅埋地段
DK340 +855	200	200	65	0.34	0.35	0.38	9.3	30	
DK340 +845	303		68	0.35		0.38	9.3	≤35	
DK340 +855	200			0.35					

注:根据以下三组砂质黄土参数统计值进行计算,Q_1 砂 1:$\rho = 1.77\ g/cm^3$,$c = 30.8\ kPa$,$\phi = 22.0°$;Q_1 砂 2:$\rho = 1.77\ g/cm^3$,$c = 25.0\ kPa$,$\phi = 23.5°$;Q_3 砂:$\rho = 1.57\ g/cm^3$,$c = 21.0\ kPa$,$\phi = 26.8°$。

表 1—2—11 潼洛川隧道进口弧形导坑工法围岩弹性参数位移反分析结果

测试断面	E(MPa)		μ		平均含水率(%)	埋深(m)	地层描述
	Q_1 砂	Q_1 黏	Q_1 砂	Q_1 黏			
DK341 +508	186	233	0.35	0.33	9.4	30	浅埋、偏压 Q_1 黏质黄土
DK341 +606	180	188	0.34	0.34	8.3	30	
平　均	197	0.34	8.9	30			

注:根据以下两组 Q_1 参数统计值进行计算,Q_1 砂:$\rho = 1.65\ g/cm^3$,$c = 30.0\ kPa$,$\phi = 20.0°$;Q_1 黏:$\rho = 1.88\ g/cm^3$,$c = 37.3\ kPa$,$\phi = 22.4°$。

第三节 郑西铁路客运专线隧道黄土围岩分级

一、黄土隧道围岩分级的意义及分级原则

目前,针对黄土隧道围岩分级的研究成果及相关资料比较少。现行《铁路隧道设计规范》(TB 10003—2005)也仅是将黄土按照时代成因定性划分为Ⅳ级(老黄土 Q_1、Q_2)和Ⅴ级(新黄土 Q_3、Q_4),没有给出具体的设计指标,实际应用还需要补充实测的黄土物理力学参数,从设计角度看其适用性有待完善。其他规范的情况也基本类似。因此,从设计角度应对现行规范较为粗略的黄土围岩分级进行细化使之达到适用的要求。

从完善现有黄土围岩分级角度考虑,本工程黄土围岩分级原则是在现有铁路隧道围岩分级基础上,按照黄土物理力学参数统计特征对规范中针对黄土的Ⅳ、Ⅴ级围岩进行亚级细分,并给出具体的设计指标。分级设置如表 1—3—1 所示(表中Ⅵ级主要考虑饱和黄土情况)。

表 1—3—1　郑西铁路客运专线黄土隧道围岩分级设置

现有铁路隧道黄土围岩分级设置	Ⅳ		Ⅴ		
郑西铁路客运专线黄土隧道围岩分级设置	$Ⅳ_a$	$Ⅳ_b$	$Ⅴ_a$	$Ⅴ_b$	Ⅵ

二、围岩物理力学指标统计分析

(一)变 异 性

统计显示,郑西铁路客运专线不同地质时代的黄土围岩物理力学参数中,干密度 ρ_d、液限 w_L、塑限 w_p 的变异性很小($C_v<0.1$),天然密度 ρ、孔隙比 e、塑性指数 I_p、内摩擦角 ϕ 的变异性小到中等($0.1\leqslant C_v<0.3$),液性指数 I_L、压缩系数 a_{1-2}、黏聚力 c、压缩模量 E_s、单轴抗压强度 R_b 和抗拉强度 R_t 等 6 个参数的变异性很大($C_v\geqslant 0.3$),而饱和度 S_r 和含水率 w 的变异性则因黄土地质时代而各有不同,其中 Q_2 黄土中两者变异性均小,Q_1 和 Q_3 黄土中变异性则较大。总体而言,物理性质参数相对于力学性质参数,变异性较小。因此,宜选择变异性较小的物理参数作为确定黄土性质变化的定量指标。

(二)相 关 性

相关性分析显示,郑西铁路客运专线不同类型黄土围岩的主要物理参数如密度、含水率等,与其他物理参数(如孔隙比、饱和度、塑性和液性指数等)和力学参数以及埋深均具有一定的相关性。其中,含水率是最为敏感的参数项。因此,对于较容易获取的含水率等物理参数可作为分级时重点考虑的指标。

1. 界限埋深(根据物性随埋深变化统计)

统计显示,郑西铁路客运专线不同类型黄土围岩的主要物理参数如密度、含水率、孔隙比和饱和度等随埋深变化均表现出一定规律性,其物理性质发生明显改变的大致界限为:Q_1、Q_2 老黄土为 30 m,Q_3 新黄土为 40 m。当埋深大于该界限深度时,基本上土体密度 $>1.9\ g/cm^3$、含水率 $>15\%$、孔隙比 <0.6、饱和度 $>80\%$。从黄土围岩工程性质发生改变的角度出发,根据物理参数随埋深变化统计得出的界限埋深可作为黄土围岩分级时的参考依据。

2. 界限含水率

根据回归分析,郑西铁路客运专线不同类型黄土围岩的饱和含水率、由脆性进入塑性($I_L=0$)的界限含水率以及由塑性进入流塑性($I_L=1$)的界限含水率,见表1—3—2。

表 1—3—2 郑西铁路客运专线黄土围岩界限含水率统计

黄土类型		样本数	饱和含水率(%)	$I_L=0$ 时含水率(%)	$I_L=1$ 时含水率(%)
Q_1	砂质	27	22.6	17.5	26.4
	黏质	15	20.5	18.3	30.9
Q_2	砂质	32	25.6	18.1	29.6
	黏质	330	25.6	18.4	32.8
Q_3	砂质	496	32.6	17.3	26.4
	黏质	111	33.3	18.1	28.6

注:满足显著性水平 $\alpha=0.05$。

老黄土由塑性进入流塑性的界限含水率远大于饱和含水率,表明老黄土进入饱和状态后仍可处于塑性状态。因此老黄土分级时的界限含水率应考虑选择脆塑性转折点($I_L=0$)的含水率和饱和含水率。

而新黄土恰与老黄土相反,其饱和含水率远大于由塑性进入流塑性的界限含水率,表明新黄土在未达到饱和状态时就已进入流塑性状态。因此新黄土分级时的界限含水率应选择脆塑性转折点的含水率和由塑性进入流塑性($I_L=1$)的含水率。

三、黄土隧道围岩分级

(一)分级思路及分级指标的确定

基于对现有铁路隧道围岩分级关于黄土的认识,从影响围岩力学性质的程度以及参数的变异性和获取的难易性等方面综合考虑,对黄土各项参数进行筛选和比较,确定郑西铁路客运专线黄土隧道黄土围岩的分级思路及分级指标:以黄土的时代成因为基础,重点选择塑性指数和含水率两个指标,并对埋深影响进行修正,然后给出主要设计指标,如图 1—3—1 所示。

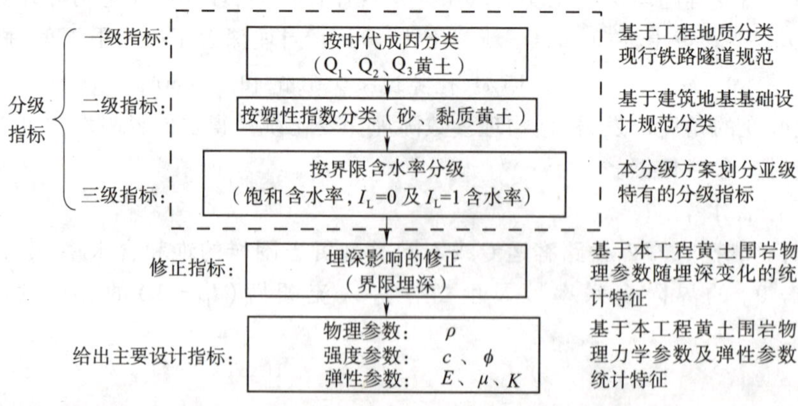

图 1—3—1 郑西铁路客运专线黄土隧道黄土围岩分级思路及分级指标

（1）时代成因：是基于黄土的工程地质分类的主要指标，也是现行铁路隧道设计规范对黄土围岩分级的主要依据，作为本工程黄土围岩分级的第一级指标。按工程地质分类，本工程黄土围岩共有 Q_1、Q_2 和 Q_3 三种地质年代的黄土，其分级参照现行《铁路隧道设计规范》执行，见表 1—3—3。

表 1—3—3　黄土围岩按时代成因的分级设置

围岩分级	Ⅳ	Ⅴ
现行铁路隧道设计规范	Q_1、Q_2 老黄土	Q_3、Q_4 新黄土
郑西铁路客运专线黄土隧道围岩分级	Q_1、Q_2 老黄土	Q_3 新黄土

注：郑西铁路客运专线工程黄土围岩没有 Q_4 黄土。

（2）塑性指数与黄土的含黏土量、变形强度有密切关系，同时变异性较小，是较容易准确获取的参数，在建筑地基基础设计规范中是黄土分类的主要指标，设为本工程黄土围岩分级的第二级指标，用于砂、黏质黄土分类的依据。依据相关规范，黄土围岩按塑性指数分类为：砂质黄土 $I_p<10$，黏质黄土 $10 \leqslant I_p<17$。

（3）含水率：含水率的大小以及饱和程度是隧道开挖后影响围岩稳定性的重要因素，在黄土各项参数中是影响黄土物理、力学性质最为活跃的参数，也是黄土所有物理参数中较容易获取的参数，设为黄土围岩分级的第三级指标，也是郑西铁路客运专线黄土围岩分级进行亚级细分所特有的划分指标，具体考虑如下：

对老黄土，选择脆塑性转折点（$I_L=0$）的含水率 $w_{IL=0}$ 和饱和含水率 $w_{Sr=100}$ 作为分级的界限含水率，当 $w<w_{IL=0}$ 为 a 级，$w_{IL=0} \leqslant w<w_{Sr=100}$ 则减弱一个亚级为 b 级。

对新黄土，选择脆塑性转折点的含水率和由塑性进入流塑性（$I_L=1$）的含水率作为分级的界限含水率，当 $w<w_{IL=0}$ 为 a 级，$w_{IL=0} \leqslant w<w_{IL=1}$ 减弱一个亚级为 b 级，见表 1—3—4。

表 1—3—4　郑西铁路客运专线黄土围岩考虑界限含水率的亚级设置

围岩分级	Ⅳ		Ⅴ		Ⅵ
现行铁路隧道设计规范	Q_1、Q_2 老黄土		Q_3、Q_4 新黄土		
郑西铁路客运专线黄土隧道围岩分级方案	Q_1、Q_2 老黄土		Q_3 新黄土		饱和黄土
	$Ⅳ_a$	$Ⅳ_b$	$Ⅴ_a$	$Ⅴ_b$	
	$w<\omega_{IL=0}$	$w_{IL=0} \leqslant w<w_{Sr=100}$	$w<w_{IL=0}$	$w_{IL=0} \leqslant w<w_{IL=1}$	

（4）考虑埋深影响的修正：浅埋隧道能利用的围岩自承能力有限，其围岩稳定性不如深埋隧道，因此在围岩分级上按现行规范减弱 1 ~ 2 级修正。一般而言，深、浅埋隧道分界深度与地层条件、隧道宽度以及施工方法有关。对于黄土隧道，从黄土物理

性质随埋深变化角度，统计得出了郑西铁路客运专线黄土隧道围岩物理性质发生明显改变的界限埋深。显然，黄土围岩工程性质的改变，对其自承能力的影响具有内在的联系。从这一角度出发，上述根据物性变化统计的界限埋深可作为考虑埋深影响对黄土围岩分级进行修正时的一个参考依据。具体考虑：对 Q_1、Q_2 老黄土当埋深≤30 m、对 Q_3 新黄土当埋深≤40 m 时，可视情况将黄土围岩分级减弱一个亚级。

(5)给出设计指标：根据上述三项分级指标和黄土围岩物理力学参数统计值，即可给出郑西铁路客运专线适用的设计指标，如天然密度 ρ、强度指标 c 和 ϕ、弹性指标 E、μ 和 K 等。

(二)黄土隧道围岩分级

综上所述，对郑西铁路客运专线黄土隧道黄土围岩的分级及对应的设计指标确定见表1—3—5。该方案中，Ⅳ$_a$ 级 Q_1 黄土的设计指标天然密度 ρ、黏聚力 c、内摩擦角 ϕ 为未考虑界限含水率的综合统计值，Ⅵ级为考虑饱和黄土而设置的围岩分级，目前没有试验资料。

表1—3—5 郑西铁路客运专线黄土隧道围岩分级

<table>
<tr><th>围岩分级</th><th>黄土类型</th><th>含水率(%)</th><th>天然密度(g/cm³)</th><th>黏聚力(kPa)</th><th>内摩擦角(°)</th><th>弹性模量 E(MPa)</th><th>泊松比 μ</th><th>弹性抗力系数(MPa/m)</th></tr>
<tr><td rowspan="4">Ⅳ$_a$</td><td>Q_1 黏质黄土</td><td><18.3</td><td>1.88±0.23</td><td>37.3±21.3</td><td>22.4±3.3</td><td rowspan="4">450±100</td><td rowspan="4">0.30±0.05</td><td rowspan="8">砂质黄土：120±10</td></tr>
<tr><td>Q_1 砂质黄土</td><td><17.5</td><td>1.77±0.20</td><td>30.8±15.1</td><td>22.0±2.5</td></tr>
<tr><td>Q_2 黏质黄土</td><td><18.4</td><td>1.94±0.12</td><td>48.7±16.5</td><td>27.2±5.6</td></tr>
<tr><td>Q_2 砂质黄土</td><td><18.1</td><td>1.93±0.14</td><td>28.1±13.7</td><td>27.9±2.1</td></tr>
<tr><td rowspan="4">Ⅳ$_b$</td><td>Q_1 黏质黄土</td><td>18.3~20.5</td><td></td><td></td><td></td><td rowspan="4">300±100</td><td rowspan="4">0.35±0.05</td></tr>
<tr><td>Q_1 砂质黄土</td><td>17.5~22.6</td><td></td><td></td><td></td></tr>
<tr><td>Q_2 黏质黄土</td><td>18.4~25.6</td><td>1.98±0.08</td><td>50.2±20.7</td><td>23.7±6.3</td></tr>
<tr><td>Q_2 砂质黄土</td><td>18.1~25.6</td><td>1.95±0.08</td><td>30.1±1.36</td><td>28.8±4.2</td></tr>
<tr><td rowspan="2">Ⅴ$_a$</td><td>Q_3 黏质黄土</td><td><18.1</td><td>1.58±0.11</td><td>30.4±11.1</td><td>25.2±3.7</td><td rowspan="2">150±50</td><td rowspan="2">0.40±0.05</td><td rowspan="4">砂质黄土：55</td></tr>
<tr><td>Q_3 砂质黄土</td><td><17.3</td><td>1.57±0.12</td><td>21.0±12.3</td><td>26.8±3.8</td></tr>
<tr><td rowspan="2">Ⅴ$_b$</td><td>Q_3 黏质黄土</td><td>18.1~28.6</td><td></td><td></td><td></td><td rowspan="2">80±50</td><td rowspan="2">0.45±0.05</td></tr>
<tr><td>Q_3 砂质黄土</td><td>17.3~26.4</td><td>1.72±0.15</td><td>18.8±10.4</td><td>24.2±4.7</td></tr>
<tr><td>Ⅵ</td><td>饱和黄土</td><td></td><td></td><td></td><td></td><td></td><td></td><td></td></tr>
</table>

注：(1)当 Q_1、Q_2 黄土埋深≤30 m、Q_3 黄土埋深≤40 m 时，可视情况将黄土围岩分级减弱一个亚级；

(2)弹性模量及泊松比适用条件：对于 E，砂质黄土取中至小值，黏质黄土取中至大值；对于 μ 则相反，黏质黄土取中至小值，砂质黄土取中至大值。

第二章 大断面黄土铁路隧道设计关键技术

在郑西铁路客运专线前期方案研究和设计中，尚无衬砌内轮廓标准；针对如此大跨度的黄土隧道，采用什么样支护参数可保证结构安全可靠；采用哪种施工方法能保证安全建成大跨黄土隧道以及深厚湿陷地基处理方案等，均是需要研究的问题。经科研院校、设计、施工、建设等单位的共同努力和辛勤攻关，确定了大跨黄土隧道的衬砌结构参数；经四种工法的现场对比试验，确定了不同工程特性的大跨黄土隧道的相应施工方法；并提出适合郑西铁路客运专线的湿陷性地基处理方法。一系列科研成果的采用保证了郑西铁路客运专线黄土隧道的顺利建成。

第一节 隧道衬砌内轮廓设计

一、隧道衬砌内轮廓控制因素

确定高速铁路隧道衬砌内轮廓需考虑的主要因素有隧道建筑限界、轨道数量和线间距、考虑缓解空气动力学效应所需的空间、应预留的空间（如安全空间、避难和救援空间、养护维修及工程技术作业空间、其他使用要求所需的空间）、设备安装空间、轨道结构形式等。其中建筑限界采用客运专线铁路建筑限界，而决定隧道净空断面大小的控制因素则是高速列车进入隧道时诱发的空气动力学效应（行车阻力、瞬变压力、微压波）问题，根据《新建时速 300 ~ 350 公里客运专线铁路设计暂行规定》，设计最高时速 350 km 条件下，客运专线隧道轨面以上最小净空横断面积单线不应小于 70 m^2，双线不应小于 100 m^2。

二、单洞双线和双洞单线方案选择

郑西铁路客运专线铁路按上、下行线分开，设计为复线，隧道工程需进行一座双线隧道（单洞双线）和两座单线隧道（双洞单线）的方案比较。

日本新干线上的隧道，考虑到空气动力学的特性，几乎全部采用单洞双线隧道断面。在一座双线隧道方案和两座单线隧道方案比较中，采用两座单线隧道时横断面积总和要比一座双线隧道横断面积大，这是日本新干线隧道采用一座双线隧道断面结构的主要原因。

在欧洲，当隧道长度大于 20 km 时考虑防灾救援等因素，一般采用两座单线隧道方案，两座隧道设置横通道用做作救援通道；当隧道长度较短时，采用单洞双线隧道较为普遍。如德国高速铁路在隧道设计时重点考虑高速列车进入隧道所诱发的空气动力学效应，很注意考虑隧道横断面的形状，特别是隧道的有效净空面积。

在隧道方案设计时，选择两座单线隧道方案还是一座双线隧道方案时应从地质条件、建设工期、施工难度和方法、运营通风、防灾救援和人员疏散问题、工程投资等多方面综合考虑，尤其要考虑高速列车在隧道内的空气动力学效应。从地质条件上，在软弱破碎围岩地段，考虑施工难度和风险，以考虑跨度较小的两座单线隧道方案为宜；从防灾救援方面，两座单线隧道可以互为救援疏散通道，较为有利；从缓解高速列车在隧道内的空气动力学效应方面，一座双线隧道方案，由于其净空断面大，可有效缓解空气动力学效应，对旅客的乘车舒适感为好；从运营通风方面，两座单线隧道方案可以充分利用活塞风，而一座双线隧道方案难以利用活塞风；从工程投资而言，两座单线隧道方案较一座双线隧道方案贵 10% ~30%，一座双线隧道方案具明显的价格优势。故在选择隧道方案时，应结合本线的隧道和隧道前后引线情况，综合考虑，具体比较见表 2—1—1。

表 2—1—1　两座单线隧道和一座双线隧道方案比较

工程项目	一座双线隧道	两座单线隧道
施工难度及风险	断面大，在软弱地层中发生坍塌的机会较大，容易发生变形。风险较大	断面较小，发生坍塌、变形的机会相对较小。风险性较低
运营通风	难以利用活塞风	可以充分利用活塞风
防灾救援	当隧道内发生火灾时，消防灭火难度大，救援难度大，线路中断运营	当隧道内发生火灾时，可通过另一条隧道帮助灭火，可利用横通道进行紧急人员疏散，只中断一条线运营
施工通风	隧道断面大，施工通风难度大	隧道断面小，施工通风难度小
缓解空气动力学效应	好	一般
工程投资	较低	高

郑西铁路客运专线全线黄土隧道总长约 55 km，如采用双线隧道，施工难度将会大大增加，对施工队伍的施工水平要求也相应会提高，但是在设计时由于我国没有高速铁路隧道修建的成功实例，类比国外高速铁路隧道的成功经验，为能充分缓解高速行车时隧道内的空气动力学效应和节省投资，郑西铁路客运专线决定采用双线隧道方案。

三、衬砌内轮廓的设计

隧道衬砌内轮廓应采用能尽量改善衬砌结构受力状况的结构形式,隧道衬砌内轮廓的设计主要根据黄土隧道围岩压力的特性和已建成黄土隧道的病害统计分析综合确定。

(一)黄土隧道围岩压力特性研究成果

(1)西延线崾岘河隧道(单线),《黄土隧道减薄衬砌试验研究》研究成果中围岩压力的测试结果:衬砌荷载分布不均匀,基本上呈马鞍形分布,当拱腰与拱顶径向荷载之比大于3:1时,拱腰内缘拉应力与拱顶内缘压应力同时剧增。边墙基底压力的大小与边墙混凝土和土体之间的摩擦力有关,摩擦力越大,基底压力就越小。因此应将隧道边墙外轮廓线设计为曲线形,以便尽量减小基底应力。

(2)侯月线百家垣隧道(双线),《双线铁路老黄土隧道衬砌设计与施工研究试验》研究成果中围岩压力的测试结果:实测拱部径向压力呈马鞍形分布,压力峰值位于拱腰处,拱顶处最小;边墙所受的压力值较大;墙脚压力值较大;在仰拱后修建的工况下,墙基是整个隧道受力的重点。

(二)已建黄土隧道病害情况

陇海线三门峡~潼关段13座黄土双线隧道建于1959~1960年,均采用三心圆曲墙式尖拱衬砌断面,上下导坑木支撑先拱后墙法施工。建成后,衬砌开裂严重,危及行车安全,后采用钢筋混凝土套拱加固。该段与郑西铁路客运专线处于同一地区、同一黄土地层,非常具有借鉴价值。

根据铁道部成立的黄土双线隧道现场设计研究组的研究结果:黄土双线隧道垂直地层压力在墙背和起拱线处较大,向拱顶逐渐递减;隧道衬砌拱部压力具有拱顶小、起拱线大的特征,差距越大,衬砌开裂越严重;隧道衬砌开裂与结构形式有密切的关系,采用半圆拱的隧道均未发现严重的纵向裂缝,陇海线三门峡~潼关段双线隧道采用尖拱形式,在拱腰部分均出现了纵向裂缝。双线隧道拱部衬砌产生裂缝的原因主要为尖拱形衬砌形式不利于承受实际土压力的大小与分布。

根据对以往黄土隧道围岩压力分布的测试情况和已建成黄土隧道的病害统计分析,大断面黄土隧道衬砌内轮廓宜采用平拱、曲墙并设置仰拱的形式。经工程类比、专家论证,最终确定郑西铁路客运专线衬砌内轮廓轨面以上按单心圆设计;考虑到大断面黄土隧道土质一般较松散,稳定性较差,而且高速铁路列车通过时对隧道底部承受的振动荷载也比较大,为确保隧道结构安全,隧底结构设置仰拱进行加强。为避免边墙与仰拱连接处产生应力集中,边墙与仰拱采用圆顺连接。350 km/h 黄土隧道建设限界及内轮廓如图 2—1—1 所示。

(三)郑西铁路客运专线大断面黄土隧道围岩压力现场测试验证情况

1. 老黄土的围岩压力

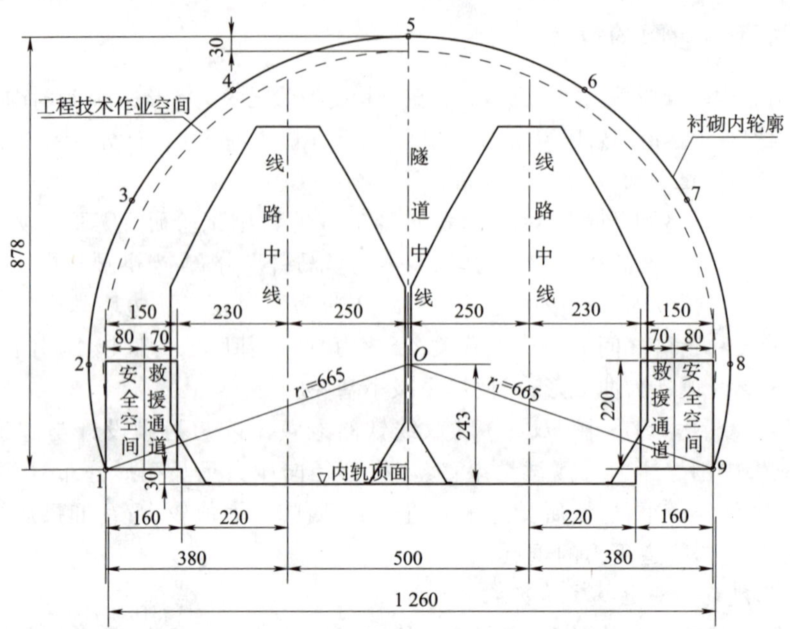

图 2—1—1 350 km/h 双线黄土隧道建筑限界及内轮廓(单位:cm)

根据郑西铁路客运专线深浅埋老黄土围岩压力的分布统计结果(二衬施做 5 个月后),数据取自秦东 3 号深埋 Q_1 砂质黄土试验段和潼洛川进口浅埋 Q_1 黏质黄土试验段,每段各取两个断面平均进行统计,如图 2—1—2 所示。

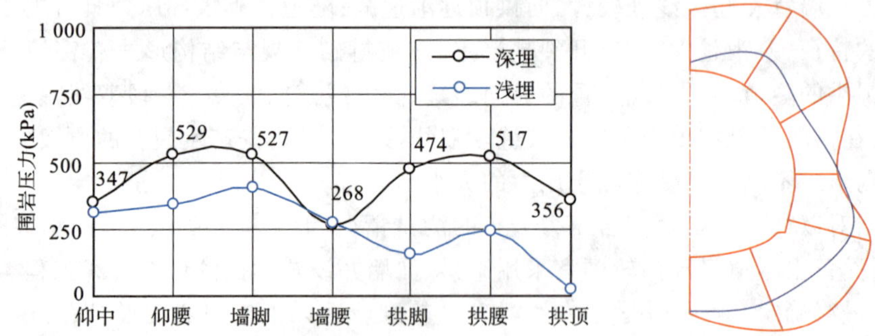

图 2—1—2 不同埋深老黄土围岩压力分布统计结果(二衬施做后包络线)

其特点如下:

(1)深埋老黄土拱部范围的压力以拱腰最显著,而拱顶最小。

(2)不论深埋还是浅埋,测试的边墙范围水平荷载均大于拱部竖向荷载:浅埋时垂直荷载为 0.4 ~ 0.45 倍水平荷载,深埋时垂直荷载为 0.9 ~ 1.0 倍水平荷载,见

表 2—1—2。

表 2—1—2 老黄土围岩拱部垂直荷载与边墙水平荷载的关系

埋 深	拱部垂直荷载(kPa)	边墙水平荷载(kPa)	垂直荷载/水平荷载
浅埋	83	207	0.40
	102	231	0.44
深埋	342	367	0.93

注：拱部荷载统计部位包括拱脚、拱腰和拱顶，边墙统计部位包括墙脚、墙腰、拱脚和拱腰。上述荷载均按平均统计。

(3)不论深埋还是浅埋，仰拱均承受较大荷载。其中，浅埋时仰拱荷载明显大于拱部荷载，深埋时两者较为接近。

2. 新黄土的围岩压力

图 2-1-3 为郑西铁路客运专线浅埋砂质新黄土围岩压力的分布统计结果(二衬施做一个月及以上)，数据分别取自秦东隧道进口以及高桥隧道进口浅埋 Q_3 砂质黄土试验段。

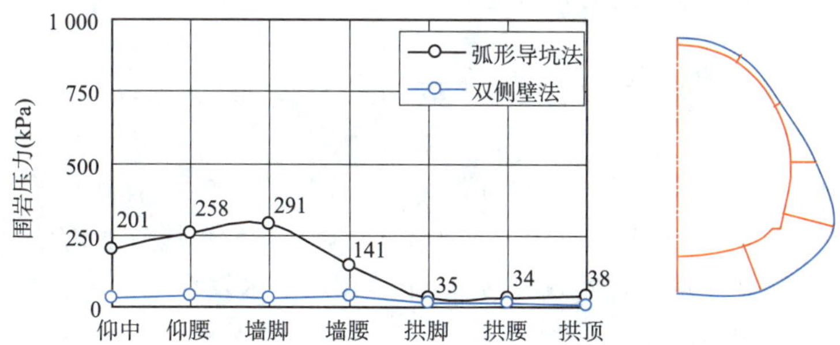

图 2—1—3 浅埋砂质新黄土围岩压力分布统计结果(二衬施做后)

其特性如下：

(1)拱部垂直荷载与边墙范围水平荷载规律与浅埋老黄土相似，但水平荷载相对更显著：拱部垂直荷载为 0.25 ~ 0.35 倍边墙水平荷载，见表 2—1—3。

表 2—1—3 浅埋新黄土围岩拱部垂直荷载与边墙水平荷载的关系

试 验 段	拱部垂直荷载(kPa)	边墙水平荷载(kPa)	垂直荷载/水平荷载
弧形导坑法	28	118	0.24
双侧壁法	8	23	0.35

注：拱部荷载统计部位包括拱脚、拱腰和拱顶，边墙统计部位包括墙脚、墙腰、拱脚和拱腰。上述荷载均按平均统计。

(2)仰拱荷载较大，与老黄土相同。

第二节 隧道衬砌支护参数设计

一、衬砌结构类型选择

隧道衬砌结构必须满足几个方面的要求。

(一)运营安全要求

高速铁路隧道运营安全要求包括强度、变形和耐久性等三个方面,也就是在其使用年限内,隧道结构应能可靠地承受各种可能的荷载而不破坏,且不应出现影响正常使用的变形、裂缝等。此外,由于隧道内运行的是高速列车,其振动作用大,列车风大,空气压力波动频繁,在长期的运营过程中局部细微的裂缝可能出现疲劳破坏,进而引起混凝土掉块,对行车安全构成威胁,因此,结构的抗裂性能尤其重要。

(二)防水要求

高速铁路隧道防水等级要求达到一级,衬砌表面无湿渍。为保证隧道的防水效果,隧道结构自身应具有一定的防水能力。

(三)美观要求

所谓美观要求,也就是结构表面应平整、光滑,整体形状应满足"稳重、安全"的表观感觉。

高速铁路山岭隧道常用的衬砌结构类型主要有单层衬砌(整体式模筑混凝土、喷锚永久衬砌或砌体衬砌)和复合式衬砌。而复合式衬砌结构较单层衬砌具有以下优点:

(1)防水性能好。从工程实践经验看,尤其在地下水发育地段复合式衬砌结构的防水性能明显优于单层衬砌;

(2)外层结构采用喷锚支护,能适应围岩变形和充分发挥围岩自身的承载能力,具有良好的经济性;

(3)内层结构采用模筑混凝土,既可以保证隧道内表面光滑平整,又进一步提高了结构的安全性。

目前复合式衬砌已成为世界各国高速铁路山岭隧道衬砌结构主流,我国也明确规定客运专线铁路隧道衬砌结构类型必须采用复合式衬砌,不得采用喷锚衬砌、砌体衬砌或整体式模筑混凝土衬砌。因此,郑西铁路客运专线大断面黄土隧道确定采用复合式衬砌。

二、复合式衬砌结构设计

鉴于以往大断面黄土隧道的修建经验较少,因此郑西铁路客运专线大断面黄土隧道衬砌结构设计以工程类比法设计为主。为了解结构设计参数的可靠性、安全性,同时对各种结构断面采用相应的理论计算方法进行分析。

（一）以往修建的黄土隧道衬砌结构支护参数

1. 侯月线百家垣双线黄土隧道衬砌支护参数见表2—2—1

表2—2—1　侯月线百家垣隧道衬砌支护参数

衬砌类型	初期支护										预留变形量(cm)	二次衬砌	
	喷层(cm)	砂浆锚杆						ϕ6 mm钢筋网		钢架			
		位置	长度(m)	间距(m)	位置	长度(m)	间距(m)	位置	间距(cm)	钢架类型	间距(m)		拱墙(cm)	仰拱(cm)
甲式	15	拱部			边墙	3	1×1	拱墙	25×25	格栅钢架	1	20	45	40
乙式	15	拱部	3	1×1	边墙	3	1×1	拱墙	25×25	格栅钢架	1	20	55	50

2. 神延线单线黄土隧道支护参数见表2—2—2

表2—2—2　神延线单线黄土隧道衬砌支护参数

围岩级别	初期支护						预留变形量(cm)	二次衬砌	
	喷层厚度(cm)	ϕ22 mm锚杆		ϕ6 mm钢筋网	钢架				
		长度(m)	间距(m)	间距(cm)	钢架类型	间距(m)		拱墙(cm)	仰拱(cm)
Ⅱ	15	3	1	20×20	I_{16}	0.5～1	10	35	40
Ⅲ	10	2.5	1	25×25	I_{16}	0.5～1	10	30	35
Ⅳ	8	2	1.2		H_{15}	1	10	25	30

3. 黄延高速双车道公路黄土隧道衬砌支护参数见表2—2—3

表2—2—3　黄延高速公路双线黄土隧道衬砌支护参数

围岩级别	初期支护						预留变形量(cm)	二次衬砌	
	喷层厚度(cm)	ϕ22 mm锚杆		ϕ8 mm钢筋网	钢架				
		长度(m)	间距(m)	间距(cm)	钢架类型	间距(m)		拱墙(cm)	仰拱(cm)
Ⅵ	28	4.5	1	20×20	I_{20a}	0.5	15	55	55
Ⅴ	25	4	1	20×20	I_{20a}	0.75	12	50	50

（二）郑西铁路客运专线大断面黄土隧道衬砌支护参数

1. 衬砌支护参数

支护参数的设计原则：初期支护承担施工阶段全部荷载，二次衬砌承担由于初期支护可能劣化而作用于二次衬砌上的荷载或由于软岩蠕变、环境条件变化等引起的附加荷载以及作为安全储备。经过工程类比、专家研讨，参照铁道部颁布的《时速350公里客运专线铁路双线黄土隧道复合式衬砌》〔通隧(2005)0302〕通用图，最终确定的郑西铁路客运专线大断面黄土隧道衬砌支护参数见表 2—2—4，衬砌断面如图 2—2—1 和图 2—2—2 所示。

表 2—2—4　郑西铁路客运专线黄土隧道复合式衬砌支护参数

围岩级别	初期支护													预留变形量(cm)	二次衬砌	
	喷层(cm)	系统锚杆								ϕ8 mm 钢筋网		钢架				
		位置	锚杆类型	长度(m)	间距(m)	位置	锚杆类型	长度(m)	间距(m)	位置	间距(cm)	钢架类型	间距(m)		拱墙(cm)	仰拱(cm)
Ⅳ$_a$	26	拱部	药包	2.5	1×1	边墙	砂浆	3.5	1×1	拱墙	20×20	I_{20a}	0.8	10	50	60
Ⅳ$_b$	30		药包	2.5	1×1		砂浆	3.5	1×1		20×20	I_{22a}	0.8	10	50	60
Ⅴ$_a$	35		药包	2.5	1×1		砂浆	4	1×1		20×20	I_{25a}	0.6	10	60	70
Ⅴ$_b$	35						砂浆	4	1×1		20×20	I_{25a}	0.6	10	60	70

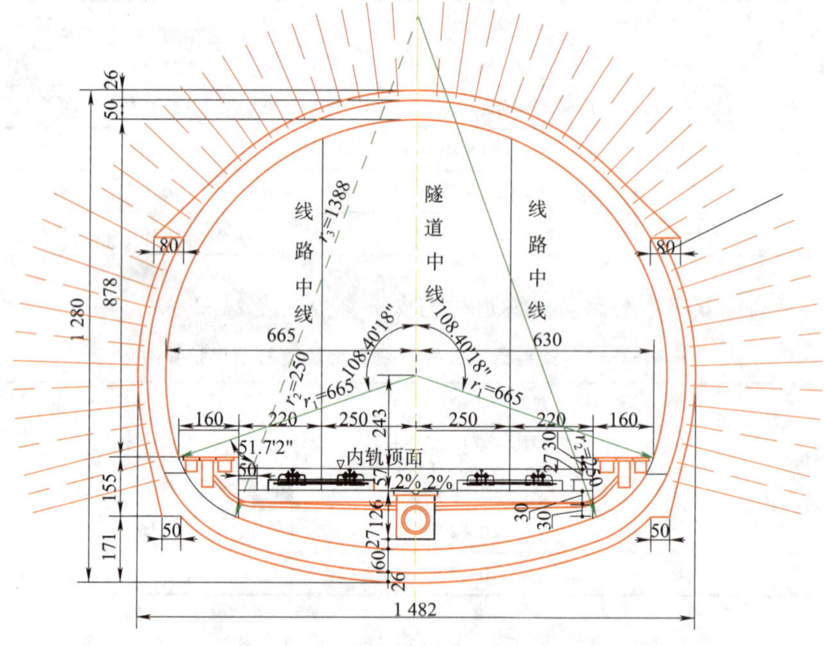

图 2—2—1　Ⅳ级围岩衬砌断面（单位：cm）

2. 支护结构的设计特点

（1）根据围岩级别、埋深、天然含水率等具体条件对围岩自稳能力和支护结构受力的影响，适当细化了支护结构类型。

以往的习惯作法是浅埋段按降低一级围岩级别设计，这难以正确反映工程的实际

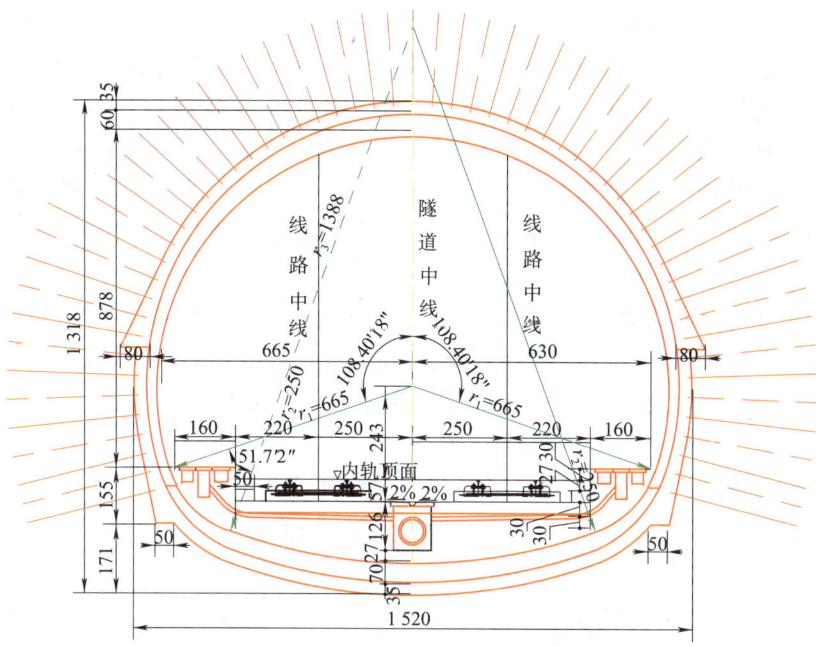

图 2—2—2　V级围岩衬砌断面(单位:cm)

特性,也不够经济。因为高速铁路隧道跨度大,对应的浅埋段覆土厚度也增大,同时从环保要求出发,隧道洞口位置一般较以往习惯作法外延较多,致使浅埋段长度较长,因此有必要专门设计浅埋段支护结构。另外,根据黄土本身工程特性,含水率的大小对围岩的稳定性影响很大,因此根据前面划分的围岩分级在确定支护参数时也考虑了含水率的影响。

(2)突出"加强基底"和注重"刚度变化"。针对以往隧道底部易发病害和高速列车运行要求,加强了基底设计,隧道均采用有仰拱结构,且仰拱厚度较拱墙衬砌大。

(3)二次衬砌均采用钢筋混凝土结构,主要考虑三个方面:列车长期的振动作用;大跨黄土隧道二次衬砌有时需提前施做;减少大跨混凝土结构的收缩裂缝。

(4)喷射混凝土中掺加合成纤维,既可减少回弹量,也可减少喷射混凝土硬化过程中的早期裂缝,有利于防水与耐久性。

(三)衬砌支护结构的计算分析

为保证隧道初期支护和二次衬砌结构的安全可靠性,对隧道的初期支护以及二次衬砌分别进行了理论计算。

初期支护理论计算:根据共同变形理论,按地层—结构模式进行计算。计算采用三维岩土差分软件 FLAC 模拟了 CRD 法、双侧壁导坑法、CD 法、弧形导坑法的开挖、施做初期支护的全过程。计算工况按埋深分别为 50 m、100 m、200 m 的弧形导坑法,

30 m、50 m 的 CD 法,30 m、50 m 的 CRD 法,15 m、30 m 的双侧壁导坑法。从理论计算结果可知:初期支护安全系数最小值均不小于 1.0,初期支护变形值也均小于《铁路隧道设计规范》中关于双线隧道初期支护的极限位移的要求,从而可以判定设计所采用的初期支护和临时支护参数能够满足施工过程的围岩稳定性和安全性要求。

二次衬砌结构计算:隧道衬砌结构计算采用以破损阶段设计法,对衬砌截面安全度、裂缝宽度进行计算和验算。隧道衬砌结构按平面受力进行分析计算,采用荷载—结构模型平面杆系有限单元法,计算程序采用 SAP2000 计算程序。作用在衬砌结构上的主要荷载有结构自重、黄土垂直压力、地层侧向水平压力和弹性抗力等,二次衬砌按承受围岩压力的 60% 进行计算。其中黄土垂直压力按均布压力和马鞍形非均布压力分别计算,地层压力按深埋和浅埋情况分别采用弹塑性形变压力和松弛压力。黄土隧道围岩压力的计算可以按照《铁路工程设计技术手册·隧道》中黄土地区围岩压力计算公式即谢家烋公式进行计算。浅埋黄土隧道考虑地震力的作用(8°地震区)。经理论计算,结构的承载性能及裂缝控制均能够满足规范要求。

(四)衬砌接触压力现场测试验证

为了验证衬砌支护结构荷载设计的可靠性,现场对二次衬砌的接触压力进行了测试。根据测试结果,二衬接触压力平均达到围岩压力的 50%~60%,表明二次衬砌处于明显承载状态,同时也验证了结构设计阶段荷载取值的合理性。

秦东、潼洛川隧道衬砌接触压力统计见表 2—2—5。

表 2—2—5 秦东、潼洛川隧道衬砌接触压力统计

工 法	接触压力(%) (平均达到围岩压力的比例)	衬砌施做时间	埋 深
双侧壁法	52	1 年	浅埋
CRD 法	59	14 个月	浅埋
CD 法	51	1 年	浅埋
弧形导坑法	56	1 年	深埋
	53	10 个月	浅埋

注:衬砌施做时间截止于 2008 年 1 月。

(五)大断面黄土隧道深浅埋分界

对于深、浅埋隧道分界深度,一般经验按 2 ~3 倍开挖宽度或 2 ~2.5 倍荷载等效高度考虑(按钻爆法统计得出)。对于黄土隧道,《铁路工程设计技术手册·隧道》规定:老黄土取 20 m,新黄土取 30 m,对于双线隧道还可按 20 ~50 m 进行对比、分析确定。对于采用非钻爆法开挖的郑西铁路客运专线 160 m^2 大断面黄土隧道的分界深度,根据理论计算和现场统计,考虑如下:

(1)从塑性区计算结果看,在相同开挖宽度情况下,不同工法塑性区范围由大到小依次为弧形导坑法、CD 法、CRD 法、双侧壁法,其中埋深 50 m 的老黄土弧形导坑法断面塑性区范围为 15 m。

(2)从围岩压力看,老黄土的垂直等效荷载高度为 5 ~ 17 m。按钻爆法经验 2.5 倍计,分界深度应不小于 15 ~ 50 m。对新黄土分界深度还应适当加大。

(3)从黄土物性随埋深变化角度看,郑西铁路客运专线黄土隧道围岩物理性质发生明显改变的界限深度为老黄土 30 m、新黄土 40 m。

综上,从安全和经济角度考虑,建议取按物性统计的界限深度作为郑西铁路客运专线大断面黄土隧道深浅埋分界深度,以此作为黄土围岩分级修正以及衬砌结构设计的依据。

(六)关于黄土隧道系统锚杆的作用

锚杆是国内外成熟的、在隧道中有效控制软弱围岩变形或加固围岩的主要支护手段,但在黄土隧道中由于其垂直节理发育,系统锚杆尤其是拱部系统锚杆的锚固效果如何,却是一个有争议的课题。为此,在郑西铁路客运专线黄土隧道施工现场进行了锚杆轴力的测试。测试显示,四种工法的锚杆受力均呈拱部小而边墙较大的分布特征。同时,深埋隧道锚杆轴力较浅埋大,老黄土较新黄土大,如图 2—2—3 所示。总体上,拱部锚杆受力很小难以发挥作用,而边墙锚杆能提供一定的拉应力。铁二院在郑西铁路客运专线贺家庄隧道和函谷关隧道进行的有、无锚杆试验段的测试结果也有类似的规律。

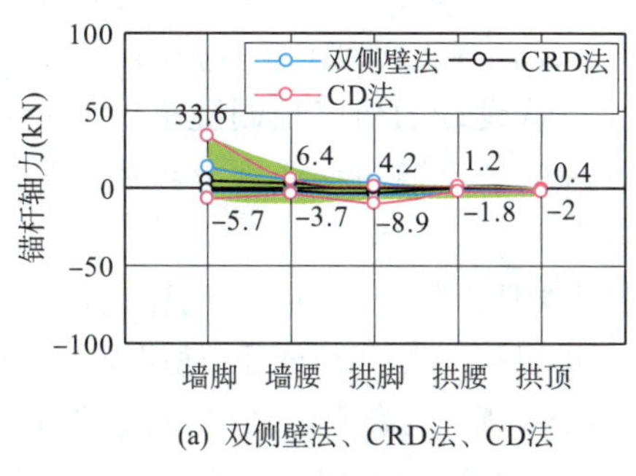

(a) 双侧壁法、CRD法、CD法

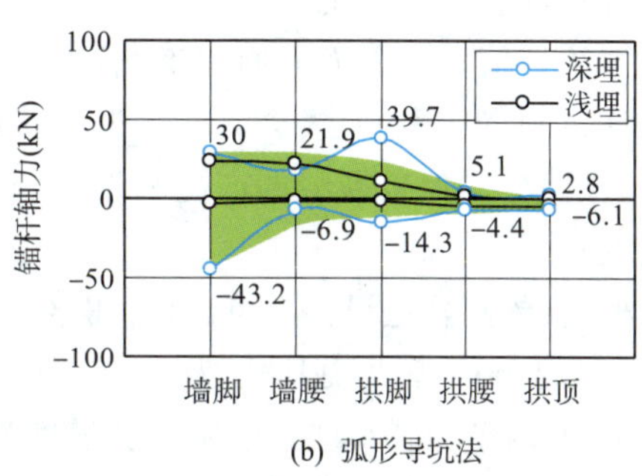

(b) 弧形导坑法

图 2—2—3 四种工法开挖阶段锚杆轴力极值统计包络图

因此,对于黄土隧道拱部系统锚杆,在浅埋隧道拱顶上方的破裂棱体呈整体下沉趋势,土体内部未发生相对变形,拱部锚杆难以发挥作用。由于黄土隧道垂直节理发育,在深埋隧道拱部系统锚杆起不到悬吊、组合梁或加固土体作用,无法改善围岩的应力状态。因此,根据铁一院负责的《大断面黄土隧道施工方法与监控技术研究》和铁二院负责的《大断面黄土隧道合理支护参数和地表沉降控制研究》的现场测试结果和专家评审意见,建议大断面黄土隧道取消拱部系统锚杆。对于边墙锚杆,测试显示可产生较为显著的拉应力，并且对改善土体的受力状况、控制土体的位移具有明显的控制效果。因此，针对大断面黄土隧道，边墙锚杆仍须施做。

三、黄土隧道结构设计参数取值建议

（一）黄土裂缝破裂角

结合现场裂缝调查和数值分析，裂缝破裂角建议取值见表2—2—6。

表2—2—6　地表裂缝规律分析汇总

分析方法＼各种因素	未出现裂缝时最小覆土埋深（m）	裂隙深度（m）	最大裂隙宽度（mm）	地面至隧底倾角（°）
现场调查	60	2.8～15	0.2～200	57.1
均质体分析	50	11.5～53.1	3.5～4.7	65.2
裂隙体分析	—	5.0～12.6	5～12.6	57.7
模型试验	56.8	0.2～10.4	40～48	45.5
平均	55.6	4.88～22.7	12.18～66.33	56.4
建议值	60			45.5

（二）深浅埋分界和围岩压力确定

现行隧道设计规范关于隧道围岩“承载拱”围岩压力公式，主要依据普通单线隧道塌方统计值。黄土大断面隧道，若按现行隧道设计规范Ⅴ级（或Ⅵ）围岩和宽度修正的计算围岩压力方法，会有较大误差。因此，应从设计的角度控制隧道地表和隧道变形，从而控制地表裂缝的产生和发展，确定合理的黄土隧道深浅埋分界和围岩压力是关键。

根据《铁路隧道设计规范》计算得老黄土的深浅埋分界为37.44 m；现场调查黄土隧道埋深大于60 m后少见地表裂缝；有限元模拟分析当埋深大于50 m后，地层裂缝不能到达地表；室内模型试验结果证明在隧道埋深达55.6 m后，地表不出现裂缝，综合平均值为55.6 m。建议新老黄土的分界厚度30 m为极浅埋分界，深浅埋分界值为60 m。

1. 极浅埋荷载

极浅埋时采用全土柱理论公式，即：

$$q = \gamma h$$

式中　q——围岩垂直均布压力；

γ——围岩容重；

h——洞顶地层厚度。

2. 浅埋荷载

浅埋时采用规范建议的谢家烋理论公式，即：

$$\sigma_v = \gamma h\left(1 - \frac{h}{B}\lambda\tan\theta\right)$$

$$\lambda = \frac{\tan\beta - \tan\phi}{\tan\beta\left[1 + \tan\beta(\tan\phi - \tan\theta) + \tan\phi\tan\theta\right]}$$

$$\tan\beta = \tan\phi + \sqrt{\frac{(\tan^2\phi + 1)\tan\phi}{\tan\phi - \tan\theta}}$$

式中　σ_v——洞顶岩层中任意点的垂直压力；

ϕ——似摩擦角（包括内聚力 c 的影响）；

B——隧道开挖宽度；

θ——滑面摩擦角（建议采用 40°～45°）。

3. 深埋荷载

深浅埋分界不用突变锯齿方式，而用平顺过渡，深埋时适当提高地层压力，按埋深 60 m 时谢家烋理论公式荷载值。

综合上述各种因素，建议铁路黄土隧道竖向土压力计算公式为

$$\sigma_v = \begin{cases} \gamma h & h \leqslant D \\ \gamma h\left(1 - \dfrac{h}{B}\lambda\tan\theta\right) & D < h \leqslant D_1 \\ \gamma D_1\left(1 - \dfrac{D_1}{B}\lambda\tan\theta\right) & h \geqslant D_1 \end{cases}$$

式中　D——极浅埋与浅埋分界，取新老黄土分界值 30 m；

D_1——深浅埋分界，取 60 m；

其他符号意义同前。

黄土隧道竖向荷载与隧道覆土深的关系如图 2—2—4 所示曲线。

4. 水平荷载

由谢家烋理论公式 $\lambda = \dfrac{\tan\beta - \tan\phi}{\tan\beta\left[1 + \tan\beta(\tan\phi - \tan\theta) + \tan\phi\tan\theta\right]}$ 的计算结果，其数值一般在 0.1～0.2 之间，明显偏小。

故建议黄土地层侧向压力：

$$e = \left(\sigma_v + \frac{1}{2}\gamma H_t\right)\tan^2\left(45° - \frac{\varphi}{2}\right)$$

式中　H_t——隧道高度；

φ——隧道高度内各地层内摩擦角的加权平均值；

其他符号同前。

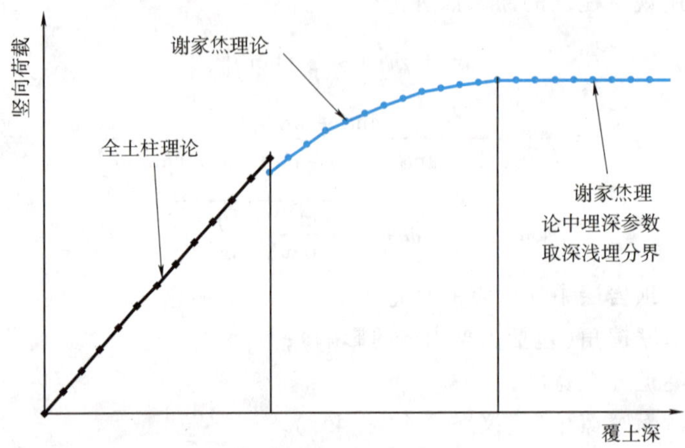

图 2—2—4 黄土隧道竖向荷载的改进公式后与隧道埋深的关系

第三节 大断面黄土隧道施工方法设计

一、黄土隧道变形特征

黄土是一种特殊性质的土体,土体性质不同(如新、老黄土)、含水率不同,其力学指标差异较大,而且随隧道跨度和断面大小不同,围岩所表现出的力学行为也不一样。根据以往在西延线、孝柳线、神朔线、宝中线、侯月线、神延线、宝兰二线、兰武二线、兰青线等各线的黄土隧道修建经验,总结了黄土隧道工程特性。

(一)新黄土隧道

新黄土(Q_3、Q_4)大孔发育,具有垂直节理,土质结构比较松散,含水率较小,一般为5% ~15%,覆盖于地表,厚度一般为30~50 m。由于其垂直节理发育,在垂直节理面上因节理切割形成竖向软弱面,软弱面之间黏聚力很小,在下部开挖隧道时形成临空面,受开挖扰动,在重力的作用下棱体塌落,地表会随掌子面产生纵向裂缝和环向裂缝,易形成塌方。根据对其变形分析,在新黄土(Q_3、Q_4)地层,围岩变形释放快、具突然性。

(二)老黄土隧道

一般覆于新黄土之下,埋深较大,含水率为10% ~40%,与隧道位置原始地应力相比,其围岩强度低,围岩容易发生屈服形成塑性区,其变形为塑性变形,可进行柔性支护和适度释放变形,但若无支撑或支护强度不足时围岩蠕变变形过大,会脱落形成塌方。老黄土隧道含水率的大小对黄土的物理力学特性影响很大,对隧道施工的影响也很大,直接影响着隧道的围岩稳定和施工安全。

二、施工方法的选择

根据国际隧协的建议标准,大断面隧道一般指净空面积为 50 ~ 100m^2 的隧道,而超过 100 m^2 的则为超大断面隧道。根据统计资料,国内外在 20 世纪 80 年代后,大断面隧道的施工主要采用全断面法、台阶法和分部开挖法(环形开挖留核心土法、中隔壁法、交叉中隔壁法、双侧壁导坑法、中洞法等)。而对于大断面黄土隧道施工,国内成功地采用预留核心土短台阶法解决了开挖面积近 140 m^2 大断面老黄土隧道(黄延高速公路道南隧道紧急停车带,2004 年),并在浅埋新黄土双线铁路隧道中采用 CRD 法成功下穿既有铁路(宝兰铁路新曲儿岔隧道,2001 年)。

郑西铁路客运专线大断面黄土隧道开挖面积最大达 164 m^2,开挖宽度和高度分别达到 15 m 和 13 m,属超大断面黄土隧道,国内外均无类似的工程实例。根据上述黄土隧道工程特性,为确保大断面黄土隧道的施工安全,应采用经济合理的施工方法。隧道施工方法的选择原则是进度适宜、安全稳妥、经济合理。大断面黄土隧道不宜采用全断面开挖,可采用环形开挖留核心土法(弧形导坑法)和分部开挖法。

环形开挖留核心土法(弧形导坑法)是基于台阶法、不需架设大量临时支撑、主要通过预留核心土以及相应的辅助工法来提供开挖面支撑作用的较为简便快捷的大断面施工方法,其中留核心土对于稳定开挖面具有重要作用。弧形导坑法的施工进度比较快,原因在于施工中不需要架设大量临时支撑,工序相对较少,而且作业空间较大,有利于机械化施工。

侧壁导坑法是基于在开挖断面中设置临时支撑的分部开挖方法,实质是将大断面划分成若干小断面开挖,可衍生成中隔壁法(CD)、交叉中隔壁法(CRD)、双侧壁法等形式,适用于地质差、断面大、地表下沉有严格控制要求的情况。侧壁导坑法主要通过及时支护封闭来提供可靠的支撑,能有效抑制地表下沉,特别适用于地表下沉有严格控制要求的隧道及大跨度浅埋隧道。侧壁导坑法的施工进度比较慢,尤其是 CRD 法及双侧壁法,原因在于施工中需要架设和拆除大量临时支撑,工序繁多且相互影响,而且作业空间狭小不利于机械化施工。

对于郑西铁路客运专线大断面黄土隧道来说,从安全稳妥角度考虑,采用侧壁导坑法施工是合适的,但这种工法工序多,施工进度慢,难以满足长大隧道施工进度要求,且由于废弃工程多,投资昂贵,难以在长大隧道大段落范围适用。根据黄土本身工程特性,考虑隧道埋深、含水率及新老黄土地层差异,综合考虑郑西铁路客运专线隧道的工期要求和工法的经济合理性,最终确定郑西铁路客运专线大断面黄土隧道主要采用弧形导坑法、CD 法、CRD 法及双侧壁导坑法四种施工方案。其中新黄土地段、洞口浅埋偏压地段主要采用 CRD 工法或双侧壁导坑法，而在洞身长大段落的老黄土地段采用弧形导坑法，洞身含水率较大或浅埋地段必要时采用 CD 法。

三、施工方法适用性及综合评价

郑西铁路客运专线黄土隧道存在多种类型黄土，按时代成因有 Q_1、Q_2 老黄土和 Q_3 新黄土；按塑性指数有砂质和黏质黄土，且埋深变化大，尤其是含水率变化比较大（从最大 29% 到最小仅 3.2%）。如何在如此复杂的黄土条件下按照工程要求实现安全和快速施工，需要对上述工法的适用性进行分析及综合评价，以此指导大断面黄土隧道的设计和施工。为此，铁一院、中铁西南院和现场施工单位中铁一局、二十三局依托大断面黄土隧道施工方法与监控技术研究科研项目，在陕西境内秦东、潼洛川和高桥三座隧道对上述四种工法设置试验段开展了力学特性现场测试。试验段共涉及浅埋砂质新黄土和老黄土、浅埋黏质老黄土、深埋砂质老黄土，黄土年代 Q_1、Q_3，含水率 6% ~17%，埋深 16 ~176 m。

四种工法施工如图 2—3—1 ~ 图 2—3—4 所示。

图 2—3—1 弧形导坑法施工

图 2—3—2 CD 法施工

图 2—3—3 CRD 法施工

图 2—3—4 双侧壁导坑法施工

通过试验及测试，对四种工法在不同类型黄土条件下的力学特性和变形特征进行了分析和综合评价，在此基础上，对四种工法的适用性进行了综合评价，并提出了对应的施工技术原则，以指导设计与施工。

（一）四种工法围岩变形特性综合评价

表 2—3—1　陕西境内三座黄土隧道净空位移及地表下沉实测最大值

工　法	拱部下沉		水平收敛		地表下沉（mm）	埋深（m）	黄土类型	含水率（%）
	最大值（mm）	速率（mm/d）	最大值（mm）	速率（mm/d）				
双侧壁法	95～117	9～15	92～95	10～12	59	15～20	Q_3 砂质	8～12
CRD 法	132～152	16～19	124～134	15～40		30～35	Q_1 砂质	6～10
CD 法	226～227	13～16	143～223	15～25		30～35	Q_1 黏质	11
弧形导坑法	122～172	24～36	126～167	19～35		175	Q_1 砂质	14～17
	90～92	25～28	44～54	7～9		30	Q_1 黏质	8～9
	109～163	12～25	54～60	10～14	86～169	30～35	Q_3 砂质	11～12

注：(1) 双侧壁法水平收敛为两侧导坑的数据，其余为全断面数据；
(2) 双侧壁法、CRD 法、CD 法拱部下沉均含拆撑之后的位移；
(3) 弧形导坑法净空位移含仰拱封闭阶段，其拱部下沉包括拱顶和拱脚；
(4) CD 法净空位移为非正常情况，中壁出现裂缝。

(1) 浅埋地段弧形导坑法净空位移以竖向位移为主，水平收敛仅为前者的 30%～60%（其中砂质黄土取小值）。双侧壁法及 CRD 法、CD 法断面的水平收敛与拱顶下沉相近，二者之比为 1 左右，如图 2—3—5 所示。

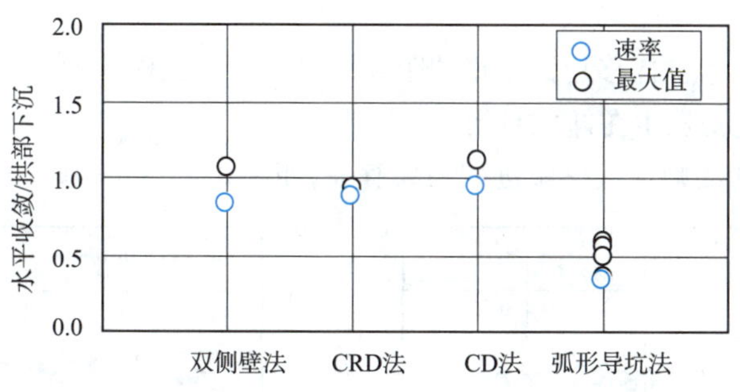

图 2—3—5　浅埋地段四种工法的净空位移特性

(2) 弧形导坑拱部下沉中以拱脚下沉尤为显著，浅埋时接近或达到拱顶下沉值，随埋深增加逐渐超过拱顶下沉，当埋深达到 170 m 时拱脚下沉已显著超过拱顶下沉 50% 以上，如图 2—3—6 所示。

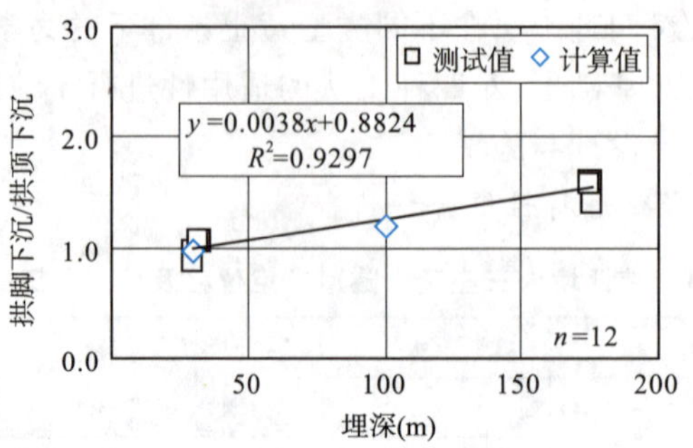

图 2—3—6　弧形导坑拱部下沉特性

(3)弧形导坑法水平收敛在深埋时接近于拱部下沉值,二者之比为 1.0 左右。水平收敛出现的最大部位,在深埋时出现于中台阶墙腰位置,浅埋时也基本如此,如图 2—3—7所示。

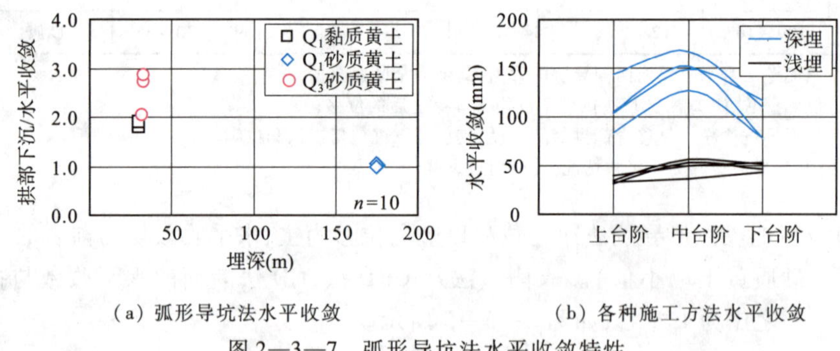

(a) 弧形导坑法水平收敛　　(b) 各种施工方法水平收敛

图 2—3—7　弧形导坑法水平收敛特性

(4)四种工法净空位移趋于稳定的距离取决于仰拱及横撑的跟进距离。其中,弧形导坑法净空位移主要发生在仰拱封闭前(达到 80% 以上),CD 法也主要与仰拱封闭距离有关,双侧壁、CRD 法则与横撑跟进的距离有关,如图 2—3—8 ~ 图 2—3—11 所示。

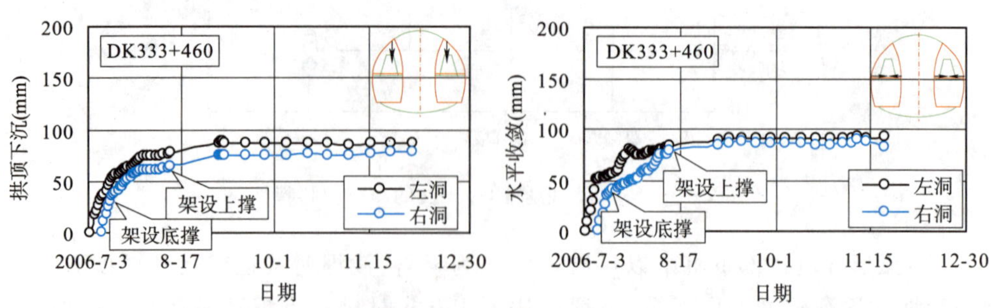

图 2—3—8　双侧壁导坑法开挖阶段净空位移曲线(Q_3 砂质黄土、埋深 16 m)

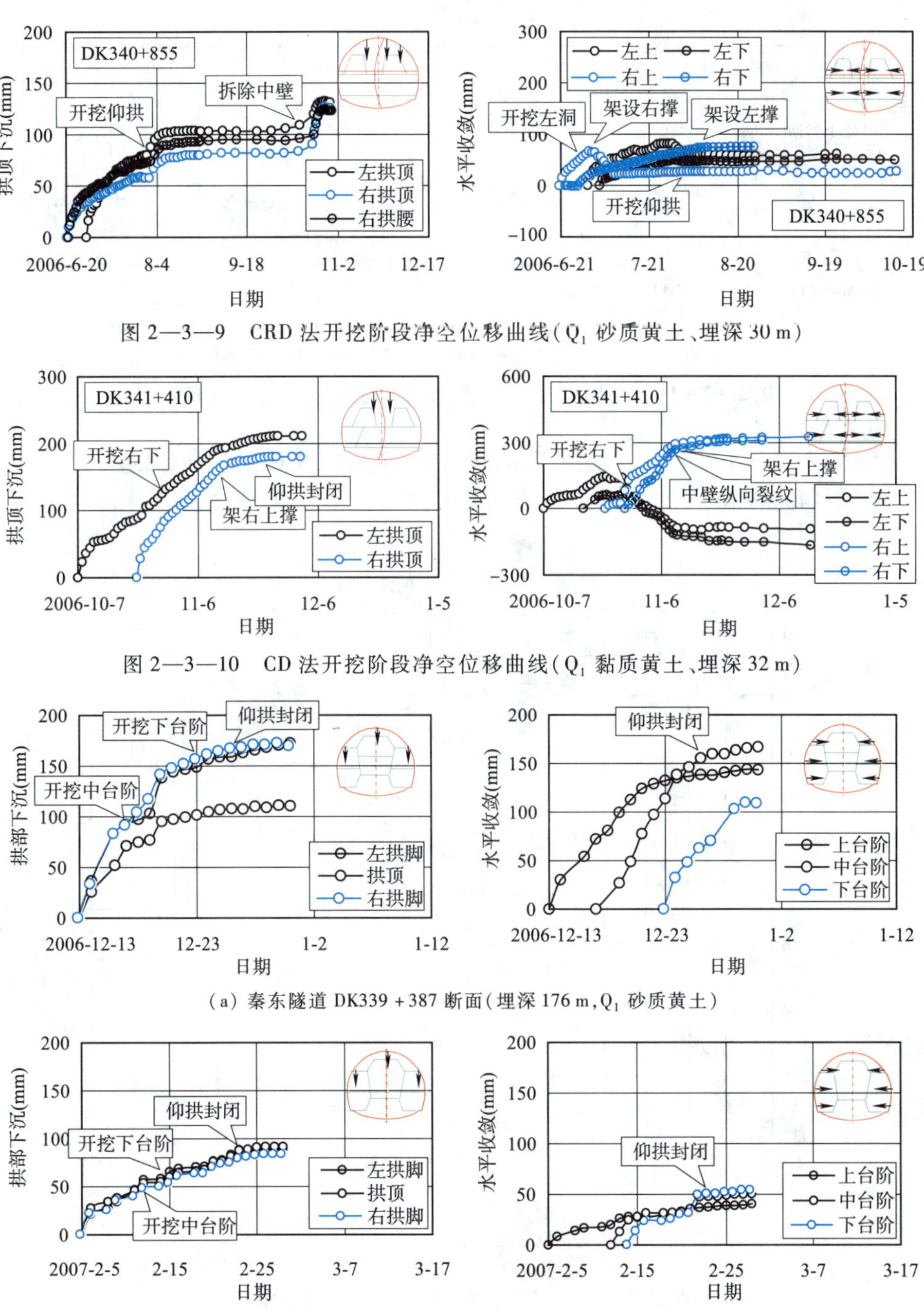

图 2—3—9　CRD 法开挖阶段净空位移曲线（Q_1 砂质黄土、埋深 30 m）

图 2—3—10　CD 法开挖阶段净空位移曲线（Q_1 黏质黄土、埋深 32 m）

（a）秦东隧道 DK339 + 387 断面（埋深 176 m，Q_1 砂质黄土）

（b）潼洛川隧道 DK341 + 598 断面（埋深 30 m，Q_1 黏质黄土）

图 2—3—11　弧形导坑法净空位移时态曲线（封闭距离≤35 m）

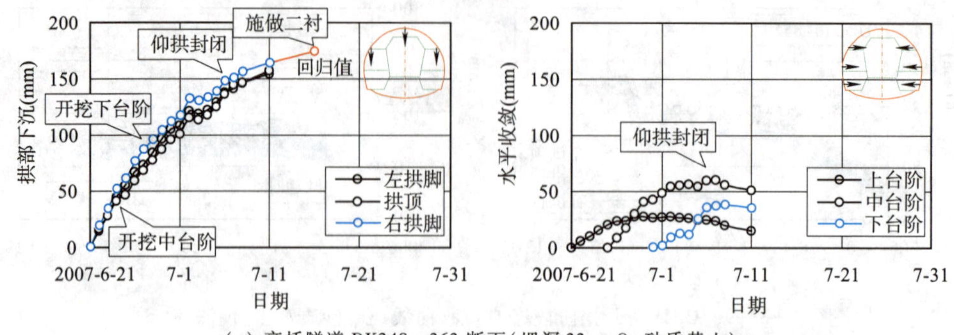

(c) 高桥隧道 DK348 +363 断面(埋深 33 m, Q_3 砂质黄土)

图 2—3—11 弧形导坑法净空位移时态曲线(封闭距离≤35 m)

(5)大断面黄土隧道在开挖初期和台阶通过前后往往地层位移急剧增长,最大速率达到 35 ~40 mm/d,变形速率控制特征显著,如图 2—3—12 所示。

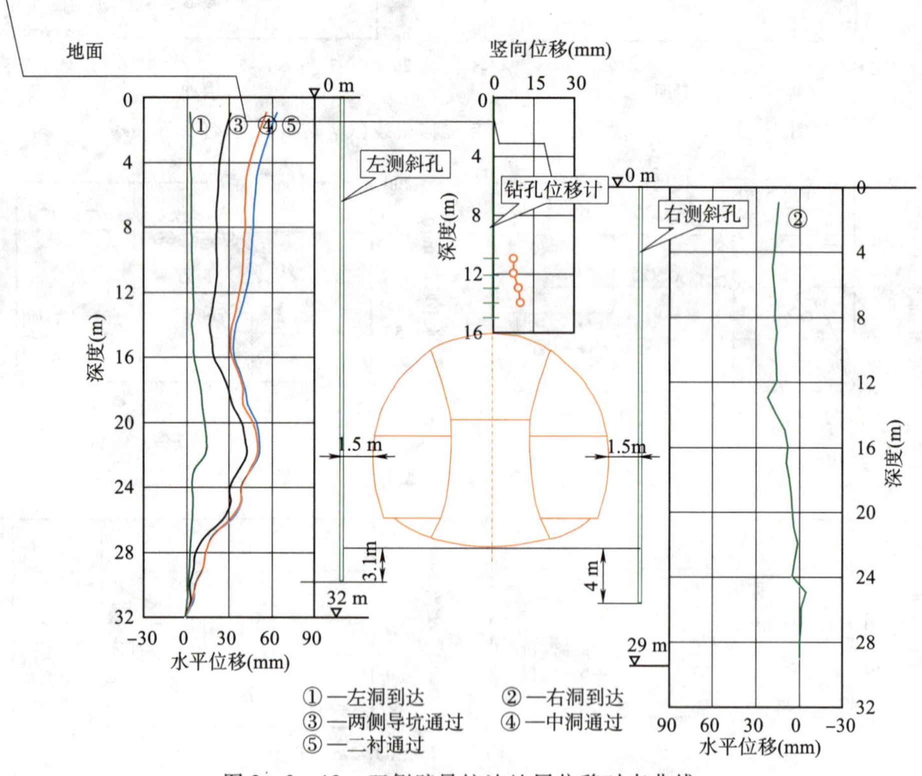

图 2—3—12 双侧壁导坑法地层位移时态曲线

(6)浅埋砂质黄土的净空位移在台阶法和多分部法的上半断面开挖面到达时可

发生总位移的 1/4 ~ 1/3，地表下沉可发生总位移的 15% ~ 20%。这种趋势以弧形导坑法最大，双侧壁法最小，如图 2—3—13 ~ 图 2—3—15 所示。

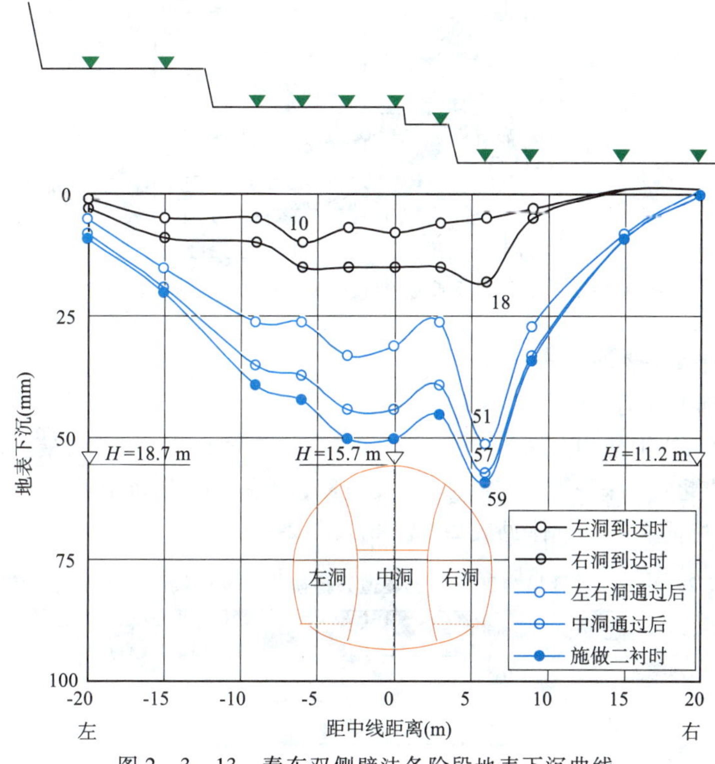

图 2—3—13　秦东双侧壁法各阶段地表下沉曲线

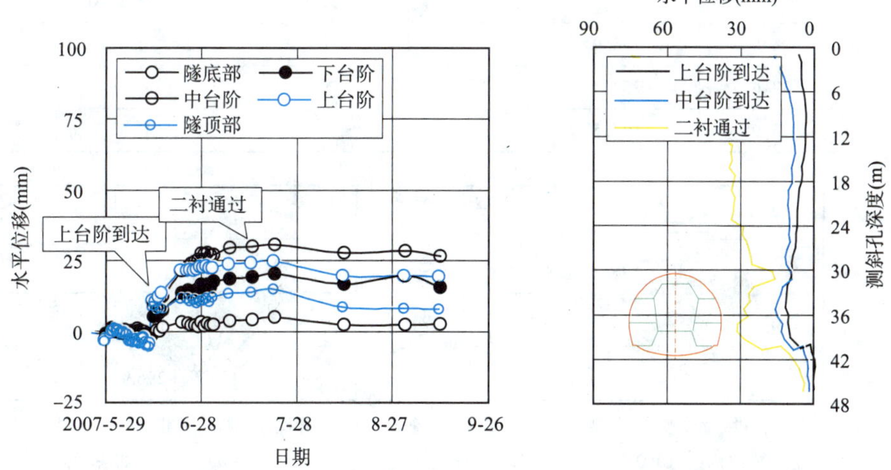

图 2—3—14　高桥弧形导坑法地中水平位移特性(Q_3 砂质黄土)

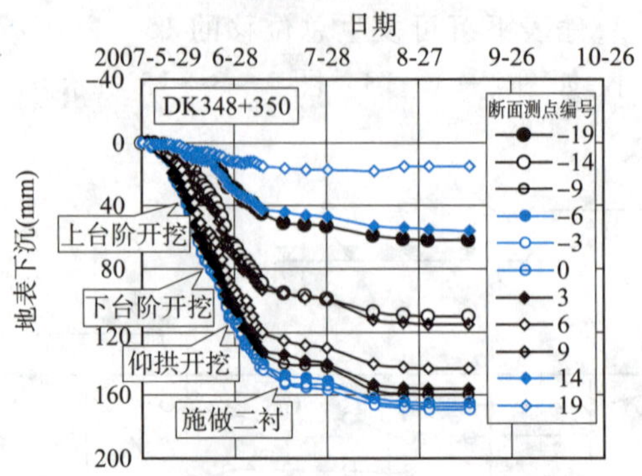

图 2—3—15 高桥弧形导坑法地表下沉(Q_3 砂质黄土)

(二)四种工法支护受力特性

1. 型钢钢架受力特性

(1)四种工法钢架均显著承载。其中初期支护钢架以受压为主,最大压应力采用型钢时达到或超过(深埋时)Q235 钢屈服强度,而临时内壁和中壁则呈明显压弯状态,强度控制特征显著。具体见表 2—3—2 和图 2—3—16。

表 2—3—2 陕西境内三座黄土隧道开挖阶段型钢钢架应力实测最大值

工 法	初期支护		中 隔 墙		型钢规格	榀距(m)	埋 深
	拉应力(MPa)	压应力(MPa)	拉应力(MPa)	压应力(MPa)			
双侧壁法	74.9	-243.3	213.5	-232.3	I_{25a}	0.6~0.8	浅埋
CRD 法	70.0	-187.4	143.4	-303.4	I_{25a}	0.6~0.8	浅埋
CD 法	120.7	-238.3	169.6	-321.6	I_{22a}	0.8~0.9	浅埋
弧形导坑法	8.0	-296.9			I_{20a}	0.8~1.0	深埋
	39.6	-253.1			I_{22a}	0.8	浅埋
	23.9	-195.5			I_{25a}	0.5~0.6	浅埋

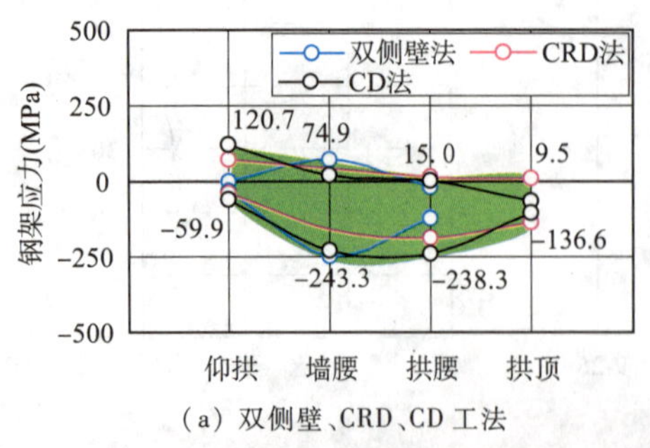

(a) 双侧壁、CRD、CD 工法

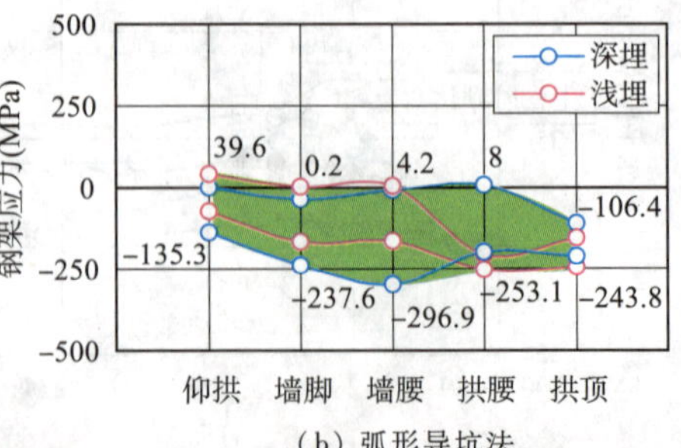

(b) 弧形导坑法

图 2—3—16 四种工法开挖阶段型钢钢架应力极值统计包络图

(2)四种工法开挖阶段初期支护钢架均呈受压为主的特性,尤其是仰拱以上部分。这反映支护结构轴线在围岩压力作用下比较接近于压力拱轴线。应当说,大断面黄土隧道断面形式采取仰拱以上为单心圆割圆断面,较一般三心圆马蹄形断面受力更合理。

2. 锁脚锚杆受力特性

测试显示,锁脚锚杆承压显著,受力明显大于系统锚杆。同时,较长的锁脚锚杆受压也较大,如图 2—3—17 所示。

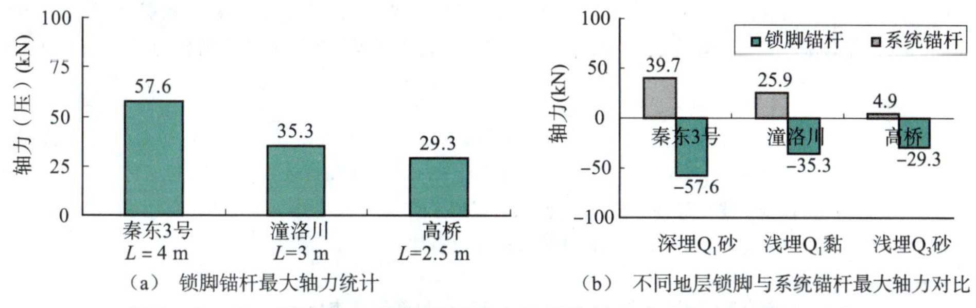

（a） 锁脚锚杆最大轴力统计　（b） 不同地层锁脚与系统锚杆最大轴力对比

图 2—3—17　弧形导坑锁脚锚杆轴力极值统计及与系统锚杆轴力对比

3. 大拱脚压力

弧形导坑法大拱脚形式的拱脚承压显著,明显大于断面其他部位处的的围岩压力。拱脚最大围岩压力出现在中台阶开挖阶段,表明大拱脚在中台阶开挖后起到拱部结构的支撑作用。同时具有深埋隧道大拱脚的压力大于浅埋隧道、相同埋深下黏质黄土隧道大拱脚的压力大于砂质黄土隧道的特性,如图 2—3—18 所示。

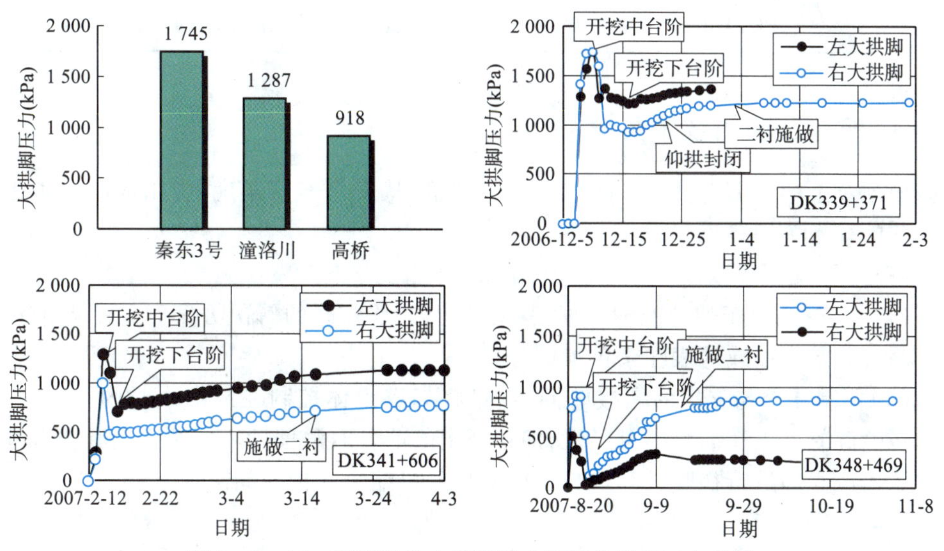

图 2—3—18　弧形导坑大拱脚压力极值统计及时态曲线

(三)四种工法适用性综合评价

四种工法适用性综合评价见表2—3—3。

表2—3—3 郑西铁路客运专线大断面黄土隧道四种工法适用性综合评价

工　法	适用性综合评价
双侧壁法	双侧壁法在浅埋砂质新黄土中对地表下沉的控制效果显著。但施工中需耗费大量时间和材料用于架设和拆除临时支撑,施工进度慢(月进尺25~30 m),成本比较高。因此,在地表下沉有严格控制要求的浅埋砂质黄土地层以及难以自稳的饱和黄土地层,可采用双侧壁法。按上述黄土围岩分级方案,双侧壁法适用于V_b和Ⅵ级黄土围岩的浅埋大断面隧道施工
CRD法	CRD法可有效控制浅埋砂质黄土中的拱顶下沉,虽控制效果不如双侧壁法,但临时支撑比双侧壁法省,施工进度相对较快(月进尺35 m),成本相对较低。因此,对于地表下沉没有严格控制要求的浅埋砂质黄土地层,可采用CRD法。按上述黄土围岩分级方案,CRD法适用于V_a和V_b级黄土围岩的浅埋大断面隧道施工
CD法	与双侧壁法和CRD法相比,CD法控制净空位移的能力较弱,尤其是在净空高度比较大的大断面黄土隧道场合,CD法相对带横撑的CRD法,其中壁的稳定性相对较差。因此,对于郑西铁路客运专线大断面黄土隧道,浅埋条件下采用CD法应慎重。建议用于黏质黄土和老黄土的砂质土中。按上述黄土围岩分级方案,CD法适用于$Ⅳ_b$级黄土围岩的大断面隧道施工
弧形导坑法	试验表明,弧形导坑法采用三台阶七步开挖法,不仅适用于不同埋深条件下砂质及黏质老黄土,而且可用于浅埋非饱和砂质新黄土。月进尺:深埋老黄土可达70 m以上,浅埋老黄土50 m以上,浅埋砂质新黄土40 m以上。因此,在可以允许较大地表下沉的场合,采用上述弧形导坑法的技术经济效益相对于双侧壁、CRD法而言是显而易见的。按上述黄土围岩分级方案,上述弧形导坑法可适用于$Ⅳ_a$~V_b级黄土围岩的深、浅埋大断面隧道施工

四、四种工法的技术关键

根据黄土的变形特性及工法的适用性评价,从安全经济角度,提出大断面黄土隧道工法的技术关键要点如下:

(一)早 支 护

(1)预支护:对于快速及时支护,采取预支护是较好的解决方案。包括超前小导管、大管棚、掌子面或地表注浆预加固等。

(2)控制开挖与支护的衔接时间,尽量将暴露土体控制在两个小时内。对此,可考虑将喷混凝土工序前移的可行性,即移至出渣前。对浅埋砂质新黄土尤其强调开挖后掌子面应立即进行初喷,同时取消拱部锚杆,以缩短支护时间。

(二)短 进 尺

采取短进尺,一方面可减小一次暴露土体的长度,提高空间效应,另一方面可减少一次开挖量和出渣量，缩短开挖与支护间的衔接时间，达到早支护的目的。

(三)短　台　阶

采用短台阶开挖，有利于上台阶及时出渣，加快进度，并有利于缩短仰拱封闭距离。实践表明，短台阶与弧形导坑相结合是一种行之有效地控制黄土围岩变形的施工方法。

(四)快　封　闭

开挖后对掌子面立即进行初喷(浅埋砂质新黄土)、尽可能减少支护仰拱封闭距离、及时跟进分部开挖法的临时支护(撑)。其中，针对双侧壁、CRD 工法中由于采用挖掘机开挖致使上撑难以及时跟进的难题，采取底撑紧跟是可行的解决方案。大断面黄土隧道施工工法技术关键见表 2—3—4。

表 2—3—4　大断面黄土隧道施工工法技术关键

工法及推荐图例	技　术　关　键
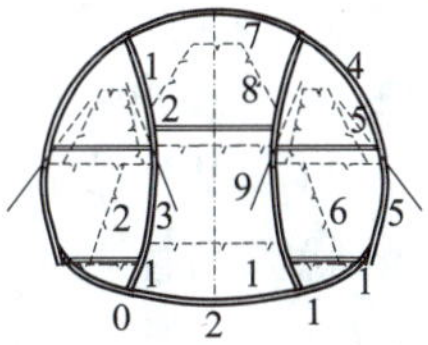 双侧壁法	针对浅埋砂质新黄土以及饱和黄土，为确保掌子面的稳定，双侧壁导坑法上台阶开挖应留核心土，并施做超前小导管或大管棚支护，必要时进行掌子面注浆或地表注浆预加固前方土体 从减小开挖对掌子面的扰动考虑，宜采用铣挖机开挖，或采用 0.5 m^3 以下的小型挖掘机开挖并严格控制其超挖行为。对于挖掘机开挖时双侧壁上撑不能及时架设的难题，可采取底撑紧跟方法解决。为便于机械施工，在仰拱封闭和衬砌跟进情况下，宜及时拆除内壁以增加施工空间
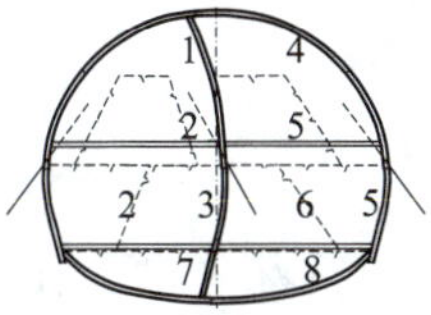 CRD 法	相对双侧壁法，CRD 法一次开挖面积较大，在浅埋砂质新黄土中如何确保掌子面的稳定是值得重视的问题，尤其是导坑上台阶开挖环节 对此，CRD 法开挖除采取短进尺、加大核心土截面以减少环形一次开挖时间和尽早支护外，应重视施做超前小导管，必要时采取超前注浆加固措施。采用挖掘机时，应选择 0.5 m^3 及以下小型挖掘机并严格控制超挖。对于挖掘机开挖时 CRD 上撑不能及时架设的难题，同样可采取底撑紧跟方法解决。在仰拱封闭和衬砌跟进情况下，宜及时拆除中壁以增加施工空间
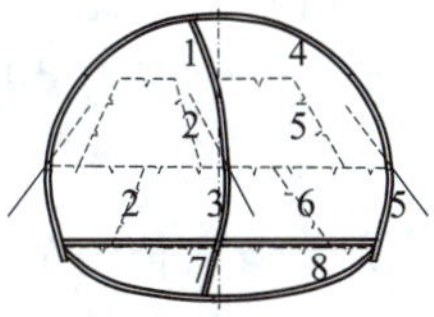 CD 法	为减小开挖对中壁稳定性的影响，及时封闭超前导坑基底是技术关键。同时，在仰拱封闭和衬砌跟进情况下，宜及时拆除中壁以增加施工空间。施工中，应加强对中壁的监测 CD 法一次开挖面积较大，在自稳能力较差的砂质黄土中，应重视掌子面的稳定。对此，CD 法导坑开挖应采取台阶左右分块方式(见图例)以减少一次开挖时间使支护尽早进行，同时用超前小导管取代难以发挥作用的拱部锚杆 采用挖掘机开挖时应严格控制超挖对掌子面的扰动，不宜使用大斗容铲斗

续上表

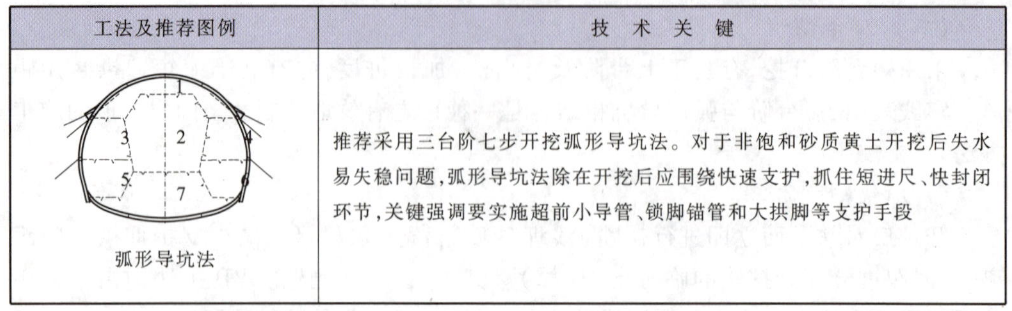

工法及推荐图例	技 术 关 键
弧形导坑法	推荐采用三台阶七步开挖弧形导坑法。对于非饱和砂质黄土开挖后失水易失稳问题，弧形导坑法除在开挖后应围绕快速支护，抓住短进尺、快封闭环节，关键强调要实施超前小导管、锁脚锚管和大拱脚等支护手段

第四节　湿陷性黄土隧道基础处理

此前，我国较少有铁路隧道基底处于湿陷性黄土内的，对于少数隧道部分区段的湿陷性黄土，由于列车运行速度低，对轨道沉降控制要求不高，除洞门基础进行换填处理外基本未作特殊处理。郑西铁路客运专线隧道内铺设无砟轨道，要求隧道内线路有高度的平顺性，工后沉降要求不大于 15 mm，设计标准高，而隧道洞口段基底多位于湿陷性黄土地层中，应采用有效基底处理措施，严格控制工后沉降。就湿陷性黄土地基处理而言，我国有较为成熟的技术和实践经验。主要的处理方法有碾压、换填、强夯、动力/振动挤密桩、静力挤密（预制）桩、CFG 桩、注浆、高压灌浆、高压旋喷桩等。这些方法是在隧道以外的土木工程中形成的，并得到广泛的应用，但尚缺乏在隧道开挖后洞内实施的实例。

一、湿陷性黄土工程特性

黄土的湿陷性是由于其成分和组成结构的原因而具有的一种特殊属性。在天然含水率条件下，一般具有较高的强度，且其压缩系数不大，但是在覆盖土层的自重压力下，或是在覆盖土层的自重压力和建筑物的附加压力的共同作用下，一旦受水浸湿，土的结构迅速破坏，承载力急剧降低，随之产生显著的附加下沉，从而使建筑物出现裂缝甚至破坏，黄土的这种属性谓之湿陷性。其中湿陷性黄土受水浸湿后在自重压力作用下即产生湿陷，称为自重湿陷性黄土；受水浸湿后只有在自重压力和附加压力共同作用下才能产生湿陷成为非自重湿陷性黄土。

根据国内外对黄土湿陷原因和机理的研究结果，黄土发生湿陷必须具备两个内因要素：一是多孔性和疏松的结构，二是不抗水的粒间联结。发生湿陷必须具备的外在因素是湿陷性黄土地基受水浸湿。其湿陷机理是黄土被水浸湿后，水分子渗入到颗粒之间，破坏吸附的水膜并溶解胶结物质，并且使水膜变厚，黏结力降低，原有结构解体，黄土颗粒重新排列后，使黄土密度加大，孔隙度减少，造成黄土的体积缩小，从而发生沉陷。

黄土湿陷类型按照浸水来源分为两种类型：自上而下浸水（地表积水入渗）型和自下而上浸水（地下水位抬升）型。黄土湿陷表现出的特点主要有以下三个方面：

(1)湿陷在瞬间发生；

(2)造成建筑物的局部破坏；

(3)其破坏程度较一般压缩变形引起的破坏强烈得多。

二、湿陷性黄土隧道地基处理方案设计

(一)湿陷性黄土隧道地基处理的必要性

郑西铁路客运专线隧道内铺设无砟轨道，要求隧道内线路有高度的平顺性，工后沉降要求不大于15 mm，不同结构物间的差异沉降不应大于5 mm，沉降控制标准高。有种观点认为，隧道工程为埋藏于土体中的连续封闭的刚性结构物，土体处于三轴压缩状态，隧道基础土体已经承受了几百万年上覆土体的重量，这部分土体的原始压力远大于围岩压力+隧道自重+轨道荷载+列车荷载，故隧道的工后沉降应该很小，仅在软硬交界处基底进行适当的加强处理，保证隧道结构不发生较大的差异沉降致使结构开裂即可。这种观点在隧道深埋老黄土地层可以适用，因为老黄土地层的变形主要为压缩变形，而在隧道洞口及浅埋段的上更新统 Q_3 新黄土的结构疏松，力学性质差，并多具湿陷性，基础变形除压缩变形外，更大的变形是湿陷变形，客运专线隧道结构设计使用年限为100年，使用期间如基底不处理加上周围水环境的变化，必将会使隧道基础发生较大的湿陷变形，导致隧道结构开裂，轨道下沉较大。总之，隧道基础的湿陷变形是不以建筑物的类型确定，而是由黄土的湿陷特性所决定，因此必须对隧道基底的湿陷性黄土进行处理。根据《湿陷性黄土地区建筑规范》（GB 50025—2004）规定：甲类建筑应消除地基的全部湿陷量或采用桩基础穿透全部湿陷性土层，或将基础设置在非湿陷性黄土层上。

(二)湿陷性黄土隧道地基处理原则

根据湿陷性黄土的工程特性和湿陷性黄土地区地基处理的经验，湿陷性黄土隧道基底处理的原则：内外兼修，先保护后加固。水是造成黄土湿陷变形的主要因素，湿陷性黄土隧道地基处理方案的设计，首先要考虑水对湿陷性黄土的影响，必须做好隧道工程的系统排水与防水问题；其次就是做好湿陷性黄土地基土的处理工作。对黄土而言，进行地基处理的目的是改善土的工程性质，减少土壤的渗透性、压缩性，控制湿陷性的发生。

(三)湿陷性黄土隧道地基处理方案的选择

1. 湿陷性黄土地基常用的处理方法

选择地基处理方法，应根据建筑物的重要性和对沉降的敏感程度、地基被浸水的

可能性、地基土的湿陷类别和湿陷等级、土的变形和强度、地下水的可能变化情况和洪水淹没的可能性，施工设备、进度等因素综合确定。

表 2—4—1 湿陷性黄土地基常用的处理方法

处理方法	适用条件	处理效果
垫层法	1. 垫层换填深度应大于填方厚度，一般不大于 8 m 2. 换填深度以下没有浸水和侧向渗水条件 3. 线路等级不高的一般建筑	可置换部分湿陷性土层，可扩散附加应力，减小沉降量，提高地基土的承载能力
重锤夯实（强夯法）	1. 待处理土层厚度一般不小于 8 m，分层开挖处理可达 10 ~ 15 m 2. 场地含水率应接近最优含水率 3. 线路两侧 30 m 内无邻近建（构）筑物	不同处理厚度采用不同的夯击能量，在有效加固范围内均可消除湿陷性，改善压缩性
挤密法	1. 挤密处理深度可达 12 ~ 20 m 2. $Sr \leqslant 65\%$，场地含水率接近最优含水率	在挤密深度范围内均可消除湿陷性，提高土层密实度，形成桩土复合地基
预浸水法	1. 湿陷性土层厚度 10 ~ 30 m 以上 2. 现场有可靠的供水条件 3. 浸水范围外侧 50 m 内没有已建成的建（构）筑物 4. 工期允许有较长的浸水与消散时间	6 m 以下土层，在自重压力下产生预沉压密，自重湿陷消除，6 m 以上土层起到增湿作用，有利于采用其他夯实压密处理的方法
桩基础法	对整体倾斜或不均匀沉降有严格限制，采用其他地基处理方法不能满足要求时	效果良好，成本较高
其他方法	如高压旋喷桩、水泥搅拌桩、化学加固法等	

2. 郑西铁路客运专线隧道内湿陷性黄土地基处理方案

由于首次在铁路客运专线隧道内进行湿陷性黄土地基处理，铁道部组织了多次专家研讨会。根据专家意见，挤密桩在地基处理工程中应用普遍，技术成熟完整，郑西铁路客运专线新黄土地层天然含水率（w）一般小于 24%、饱和度在 65% 以下，是挤密桩比较理想的施做地层。通过选用高度适当的设备，容易实施、经济适用、安全可靠，施工质量可控性强，最终确定隧道内湿陷性黄土隧道基底处理采用挤密桩加固方案。挤密桩设置参数和具体施工工艺可通过试桩确定。

挤密桩的施工方法一般分为沉管夯扩挤密桩、钻孔夯扩挤密桩以及冲孔夯扩挤密桩三种。此三种工法在空旷场地应用较多，采用的施工机械尺寸、施工空间一般均比较大，而隧道内（隧道明挖段基底处理施工工艺可以参照隧道内或者路基工程）基底需处理段落多位于洞口浅埋段，施工方法多采用 CRD 或者双侧壁导坑等分部开挖工法，洞内施工空间非常有限〔4.2 m × 6 m（高 × 宽）〕，并且施工过程中洞口段隧道地表均出现开裂，洞内外变形均较大。

为确保基底湿陷性土层得到有效处理，同时保证隧道施工安全，经过与机械厂家和科研院校的沟通和研究，最终采用了铁科院西北院研制的满足洞内施做空间的施工机械,并首次在郑西铁路客运专线工程试验段凤凰岭隧道进口暗挖段采用了冲击挤密水泥土桩法,如图 2—4—1 所示。该法的作用原理是借助于机械提升冲锤,靠重锤自由落体的冲击能量,对拟加固的地基土冲击挤密成孔,并分层、分次填料后,仍以重锤自由落体的冲击能量冲击挤密成桩,达到加固建筑物地基,形成复合地基之目的。

图 2—4—1　水泥土挤密桩施工机械

凤凰岭隧道现场水泥土挤密桩试桩施工参数:三角架高度约 4 m,冲锤高约2.5 m,直径约 16 cm,锤重约 300 kg,落距 1 ~ 3 m,成孔直径约 19 cm,第二次夯扩后成桩直径约 25 ~ 35 cm;水泥土配合比约为9:100(质量比);挤密桩间距 80 cm,等边三角形布置。拌和水泥土填料现场如图 2—4—2 所示。

图 2—4—2　拌和水泥土填料

根据洞口试桩结果表明，冲击挤密水泥土桩的施工机具及工艺符合现场空间条件和场地要求；采用水泥土挤密桩加固后各项指标（主要为桩间土平均挤密系数 $\lambda_{平均} \geq 0.93$，最小挤密系数 $\lambda_{min} \geq 0.88$，湿陷系数 $\delta_s < 0.015$）均能满足规范和设计的要求，如图 2—4—3 和图 2—4—4 所示。

图 2—4—3 水泥土挤密桩成桩

图 2—4—4 挤密桩桩体

（四）隧道内湿陷性黄土地基处理理论计算结果

计算采用大型有限元计算软件 ANSYS 程序，计算模型按工程实际建立三维模型，如图 2—4—5 所示。计算中土体塑性屈服准则采用 Drucker-Prager 准则，复合地基部分采用复合模量方法计算，轨道取 75 类型，列车静活载计算采用 ZK 标准活载，动力荷载车轮静载采用欧洲高速铁路 UIC 活载的客运列车荷载，空间荷载考虑列车偏载作用及双列列车荷载作用下空间纵向布置的最不利情况，计算工况按单列列车作用下且集中力在隧道一侧（工况一），单列列车作用下且集中力在桥台一侧（工况二），双列列车作用下且集中力均在隧道一侧（工况三），双列列车作用下且集中力均在桥台一侧（工况四），双列列车作用下且集中力一列作用在桥台、另一列作用在隧道（工况五）进行工后沉降计算（计算工后沉降不计地基蠕变，根据相关计算分析，复合地基蠕变到 15 个月已基本稳定，蠕变值最大仅 0.5 mm，因此本计算中工后沉降即指轨道 + 列车作用下引起的轨道沉降值即仰拱填充顶面沉降值），具体见表 2—4—2。

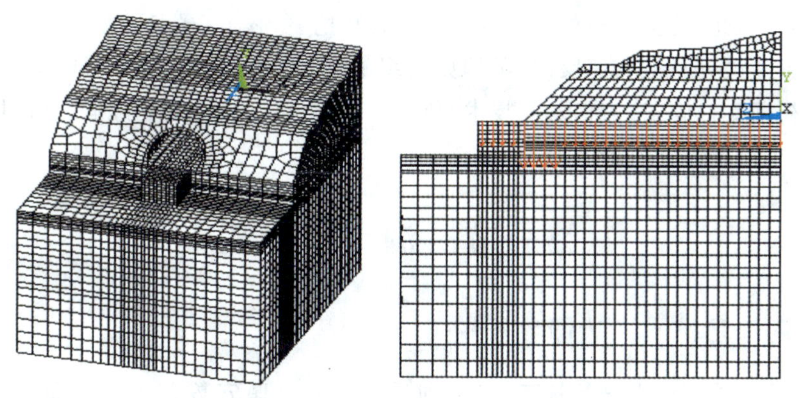

图 2—4—5　凤凰岭隧道基底加固三维计算模型及纵剖面图

表 2—4—2　各工况及基底处理控制断面沉降值及桥隧间沉降差异值（mm）

沉降 / 工况	桥台顶面	桥隧相连处	明暗分界处	暗挖处理终点	桥隧间沉降差异值
工况一	1.62	1.76	1.85	2.0	0.14
工况二	1.64	1.70	1.79	1.95	0.06
工况三	2.84	3.00	3.24	3.6	0.16
工况四	2.90	2.95	3.16	3.56	0.05
工况五	2.80	2.90	3.16	3.58	0.10

从理论计算结果可知，隧道湿陷性土层采用水泥土挤密桩处理后，计算各工况隧道工后沉降均小于 15 mm，桥隧不同结构间的差异沉降均小于 5 mm，能够满足规范要求。

第三章
大断面黄土隧道施工技术

黄土具有不同方向的原生和构造节理，尤其是垂直节理发育，多空隙、结构疏松，遇水易崩解、剥落。隧道开挖时，围岩土体极易沿节理面张开或剪断，破坏区域大，隧道埋深较浅时，常伴随隧道开挖产生地表纵向及环形裂缝。并且围岩变形释放快、具有突然性。因此，黄土隧道施工严格按照“短开挖、留核心、严控水、强支护、早封闭、快成环、紧仰拱、勤量测、速反馈”的原则组织施工，其施工技术包含洞口工程施工、隧道开挖、初期支护施工、监控量测技术、防水及二衬施工技术、地基加固、辅助坑道施工和施工通风技术等。

第一节 洞口工程

一、洞口防排水及边仰坡开挖

隧道施工前应认真进行地表普查，对冲沟、陷穴、暗穴等首先采用灌浆或挖土回填，对松软的地表土和积水坑要整平夯实并设置一定的排水坡，有条件的可对隧道浅埋段的地表进行覆盖防水。

隧道洞口开挖前，首先完成洞顶的截水沟和排水沟，能及时将边、仰坡及周围地表水顺利引流、汇集并排入远离隧道的沟渠内，保证洞口地面干燥，防止地表水进入洞内和渗入洞口地表中。施做浆砌片石水沟时，每隔 15 ~ 20 m 设置一道沉降缝，并用沥青麻筋填塞紧密做好防水。

隧道洞口土方可用挖掘机按设计坡度，自上而下分层进行开挖，严禁掏底开挖。挖掘机开挖时应预留 20 ~ 30 cm，再以人工修坡。同时及时施做坡面防护，做到开挖一层、边坡防护一层。

二、进洞施工

为保证大断面黄土隧道洞口工程的施工安全，一般采用套拱、配合大管棚的形式进洞。

混凝土套拱作为长管棚的导向墙，套拱在洞口外廓线以外施做，断面尺寸为 0.7 m × 1.0 m。套拱采用掏槽开挖，以保证与黄土围岩密贴。

套拱采用双层钢筋并埋设3榀工字钢钢拱架，拱架与管棚导向管焊成整体。管棚导向管安设的平面位置、倾角、外插角的准确度直接影响管棚的质量，用经纬仪以坐标法在工字钢架上定出其平面位置，用地质罗盘设定导向管的外插角。待套拱模板加固稳定后，浇筑套拱混凝土。

套拱分节施工时，需在拱部安设管棚钢管后进行套拱接长。套拱左、右腿接长宜先施工一侧，待混凝土强度达到要求，再施工另一侧。套拱拱脚一般应长至隧道仰拱位置，有条件时及时使套拱形成封闭结构。

套拱和管棚施工完成后，进行洞内上断面的开挖支护，待上断面开挖支护完成3～5 m，即可进行下断面的开挖支护。

三、明洞、洞门施工

洞门一般应尽早施工，进洞施工长度达15～20 m后，应同时进行明洞或洞门的施工，以保证洞口的安全。

（一）洞门结构

客运专线大断面黄土隧道，一般采用帽檐斜切式洞门，即在洞口衬砌斜切面上加设一斜切椭圆环面帽檐构筑而成，该椭圆环面是以衬砌斜切椭圆面为底面，其轴线通过底面椭圆中心并与之垂直。在郑西铁路客运专线大断面黄土隧道条件下，洞门斜切段长10 m左右，洞门采用C35钢筋防水混凝土。椭圆环面帽檐由a、b、c、d四条轮廓线组成，帽檐斜切段正面和纵断面如图3—1—1所示，帽檐轮廓线坐标和帽檐轮廓线椭圆要素见表3—1—1和表3—1—2。

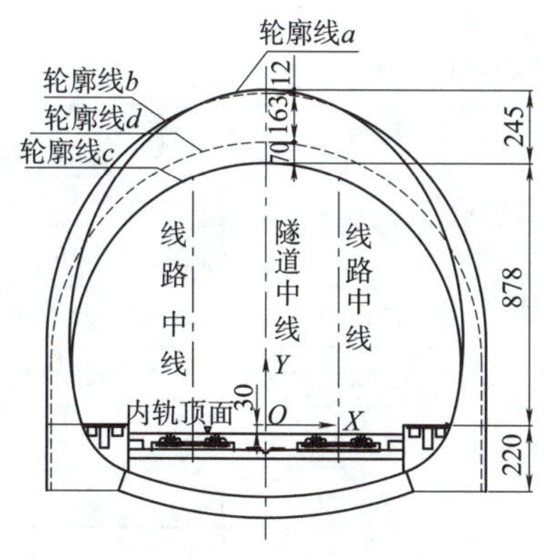

（a）帽檐斜切段正面

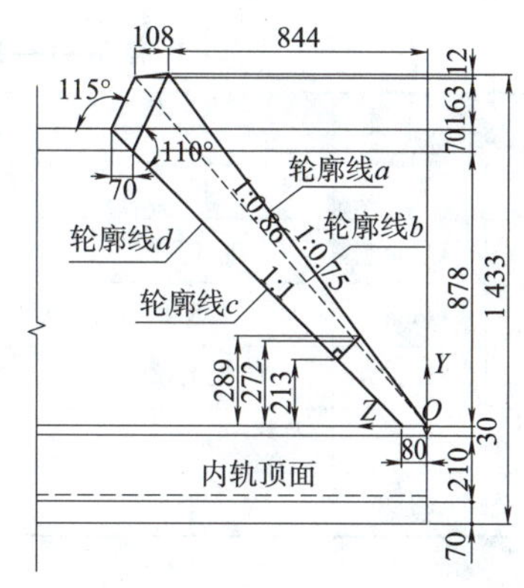

（b）帽檐斜切段纵断面

图3—1—1　帽檐斜切式洞门

表 3—1—1 帽檐轮廓线坐标

坐标 / 序号	Z(cm)	轮廓线 a		轮廓线 b		轮廓线 c		轮廓线 d	
		X(cm)	Y(cm)	X(cm)	Y(cm)	X(cm)	Y(cm)	X(cm)	Y(cm)
1	0.0	631.0	0.0	750.0	0.0				
2	80.0	656.3	106.5	750.0	93.4	630.0	0.0	735.0	0.0
3	100.0	660.8	133.1	750.0	116.7	636.4	20.0	735.0	20.0
4	200.0	672.4	266.2	750.0	233.4	658.5	120.0	735.0	120.0
5	217.0	672.6	288.8	750.0	253.2	660.7	137.0	735.0	137.0
6	233.4	672.4	310.7	750.0	272.4	662.3	153.4	735.0	153.4
7	292.9	667.7	389.8	747.4	341.8	665.0	212.9	735.0	212.9
8	400.0	643.3	532.4	729.6	466.8	656.3	320.0	727.2	320.0
9	500.0	600.1	665.5	696.5	583.5	631.9	420.0	705.2	420.0
10	600.0	532.4	798.6	645.0	700.2	589.8	520.0	667.8	520.0
11	700.0	428.5	931.7	570.3	816.9	525.8	620.0	612.0	620.0
12	800.0	246.6	1 064.8	461.2	933.6	430.2	720.0	532.0	720.0
13	843.6	0.0	1 122.9	396.0	984.5	372.8	763.6	486.8	763.6
14	900.0			279.8	1 050.3	271.4	820.0	414.3	820.0
15	951.9			0.0	1 110.9	89.1	871.9	325.5	871.9
16	957.9					0.0	877.9	313.0	877.9
17	1 027.9							0.0	947.9

表 3—1—2 帽檐轮廓线椭圆要素

轮廓线 / 要素		轮廓线 a	轮廓线 b	轮廓线 c	轮廓线 d
椭圆中心	X(cm)	0	0	0	0
	Y(cm)	288.8	272.4	212.9	212.9
	Z(cm)	217.0	233.4	292.9	292.9
长半轴(cm)		1 043.3	1 104.2	940.5	1 039.4
短半轴(cm)		672.6	750.0	665.0	735.0

(二)洞门模板

整个洞门模板由斜切段模板、帽檐模板组成,有时包括明洞段模板。

1. 明洞段模板

内模采用全断面液压衬砌台车(面板采用10 mm厚的钢板),外模采用木模或钢模。

2. 洞门斜切段模板

衬砌台车长度一般为10~12 m,而洞门和明洞段长可能大于10 m,施工时可在衬砌台车出口端添加专用三角形模板。该三角形模板的曲率与衬砌台车模板相同,位于衬砌台车以外帽檐轮廓线 c 以下部分,所以斜切段内模为液压衬砌台车和三角形模板的组合。以4.0 m三角形模板为例,三角形模板由2块组成,每块长2.0 m,高分别为1.8 m和3.8 m,面板采用10 mm的钢板,横肋采用∟50×70×5的角钢,间距为25 cm,竖肋采用150 mm×10 mm的钢板,间距为100 cm,法兰盘采用300 mm×12 mm的钢板,与帽檐内模相接的大法兰盘采用450 mm×10 mm的钢板。斜切段外模一般可与明洞外模一样材质。

3. 洞门帽檐模板

帽檐模板由内模、外模和端模组成。

由于帽檐的任何面都为扭曲面,为保证帽檐模板的线形尽可能与设计线形吻合,方便模板加工和安装,在模板设计时尽量减小模板尺寸。其中一洞门的帽檐内、外模各为22块,面板采用6~8 mm厚的钢板,横肋采用平放 I_{10} 钢,间距大于50 cm,竖肋采用100 mm×10 mm的钢板,间距30 cm,相邻模板间设置法兰盘,法兰盘采用∟10×63×5的角钢,帽檐外模上、下端不设置法兰盘,帽檐内模上端不设置法兰盘,下端除与三角形模板相接触的设置法兰盘外,其余也不设置法兰盘。其中另一洞门帽檐的端模共44块,采用5 mm的钢板,每块模板上下两端采用∟75×50×5的角钢进行加固,端模不设置法兰盘。

(三)洞门施工工艺流程

衬砌台车定位→安装三角形模板→明洞和斜切段钢筋绑扎→安装帽檐内模→安装明洞和斜切段外模→帽檐钢筋绑扎→安装帽檐外模→安装帽檐端模→浇筑混凝土→达到设计强度后拆除模板。

(四)洞门施工工艺

1. 明洞和斜切段钢筋绑扎

根据三角形模板的长度,准确进行衬砌台车定位,通过法兰盘用螺栓将三角形模板安装在衬砌台车上并调整至设计位置,绑扎明洞和斜切段钢筋。用绳子的一头绑在一根环向钢筋的一端,由衬砌台车顶部人工进行拽拉绳子,台车下面的人工进行抬运配合,将环向钢筋拖至台车上并按设计间距与拱顶的纵向钢筋焊接定位。钢筋绑扎可在衬砌台车两侧同时进行。

2. 帽檐内模安装

帽檐内、外模各由数十块模板组成,由隧道中心线对称设置,模板间由法兰盘通过

M20 的螺栓进行连接。为方便明洞钢筋的搬运和绑扎，帽檐内模必须在明洞钢筋绑扎完成后才能进行。帽檐内模安装前，在衬砌台车模板和三角形模板上放出帽檐轮廓线 c 的位置。帽檐内模以衬砌台车为支撑点，安装时应从拱顶处向两侧对称进行，下端放置在轮廓线 c 上，上端通过仪器进行测量并调整至设计位置。帽檐内模准确定位后下端点焊在衬砌台车上，并用钢管作为内模的支撑，钢管上端支撑在内模的环肋上，下端通过钢筋头点焊在衬砌台车上，钢管垂直于内模。支撑钢管纵横向间距不超过 40 cm。

3. 明洞和斜切段外模安装

明洞和斜切段外模一般采用木模或组合钢模，安装时由边墙底部向拱顶安装。外模拉杆焊接在内外层环向钢筋上，环向间距不超过 100 cm。在起拱线以上拱部的外模上设置 ϕ22 mm 的环向钢筋，与拉杆焊接牢固，环向钢筋的间距不超过 100 cm，竖直边墙外侧设置$[_{32}$槽钢加固，并通过 ϕ100 mm 的钢管支撑在两侧边坡上。斜切段外模根据帽檐轮廓线 d 的位置，在现场加工好后再进行安装。

4. 安装帽檐外模和端模、浇筑洞门混凝土

帽檐钢筋绑扎并检验合格后安装帽檐外模，安装前应在斜切段外模上准确放出帽檐轮廓线 d 的位置。帽檐外模也应从拱顶处向两侧进行对称安装，下端放置在轮廓线 d 上并固定在斜切段外模上，上端通过仪器测量调整至设计位置，用 ϕ100 mm 的钢管支撑在斜切段外模和两侧边坡上。帽檐内外模之间用 ϕ22 mm 拉杆进行加固，每块模板设置 4 根。

明洞和斜切段是通过衬砌台车窗口进行混凝土浇筑，帽檐混凝土通过端模的预留窗口进行浇筑，混凝土应对称浇筑并控制浇筑速度，以免造成偏压或压力过大而跑模和胀模。混凝土浇筑完并达到规定强度后拆模。

完成的高桥隧道进口斜切式洞门如图 3—1—2 所示。

图 3—1—2　施工完成的高桥隧道进口斜切式洞门

(五)施工要点

(1)进行帽檐轮廓线放样应考虑隧道纵坡的影响。

(2)帽檐任何外露面均为扭曲面,存在模板加工误差、模板变形等因素,在帽檐模板安装时可根据设计位置进行局部适当的调整。

(3)帽檐模板要对称安装、混凝土要对称浇筑,防止模板对台车造成偏压移位。

(4)对模板之间的空隙,特别是帽檐内模与衬砌台车、三角形模板之间的空隙应填塞水泥砂浆,并用腻子作刮缝处理,保证帽檐外露面的美观。

采用这种模板系统,可将 14 m 长的帽檐斜切式洞门一次性浇筑完成,不留施工缝,这样既增加了洞门结构的整体性和美观性,同时也加快了施工进度。帽檐斜切式洞门的施工,从衬砌台车就位至混凝土浇筑完毕只需 10 ~ 15 d 就可完成,比分次浇筑的方法可缩短半个月的时间。另外通过控制帽檐模板的尺寸,使帽檐的空间位置与设计尽量接近,提高了施工质量。

第二节　黄土隧道开挖方法

郑西铁路客运专线黄土隧道开挖断面积超过 160 m^2,开挖宽度和高度分别达到 15 m 和 13 m。根据不同的围岩特性和黄土隧道的变形特点,大断面黄土隧道可采用双侧壁导坑法、CRD 法、CD 法、弧形导坑法等进行开挖。

黄土隧道开挖采用人工配合挖掘机进行,出渣采用大型或中型自卸汽车,无轨运输。开挖时,要委派专人对开挖作业进行指挥,严格限制机械作业界限,以防止碰撞已施工的初期支护或钢架。机械开挖应预留 30 cm,采用人工修整至设计轮廓线,对于拱脚和墙角应预留 50 cm,由人工开挖至设计位置。

一、双侧壁导坑法

双侧壁导坑法是用两个临时中隔壁将隧道整个开挖断面分隔成左、中、右三部分,先开挖隧道两侧的上台阶和下台阶并施做相应的初期支护和临时支护,再开挖隧道中间部分的上、下台阶并施做相应的初期支护。

(一)适用范围

双侧壁导坑法适用于对地表沉降有严格控制要求的浅埋砂质Ⅴ级和Ⅵ级新黄土或难以自稳的饱和黄土地层,也适用于下穿浅埋公(铁)路和构筑物的大断面黄土隧道。

(二)双侧壁导坑法施工工艺流程

施工工艺流程如图 3—2—1 所示。

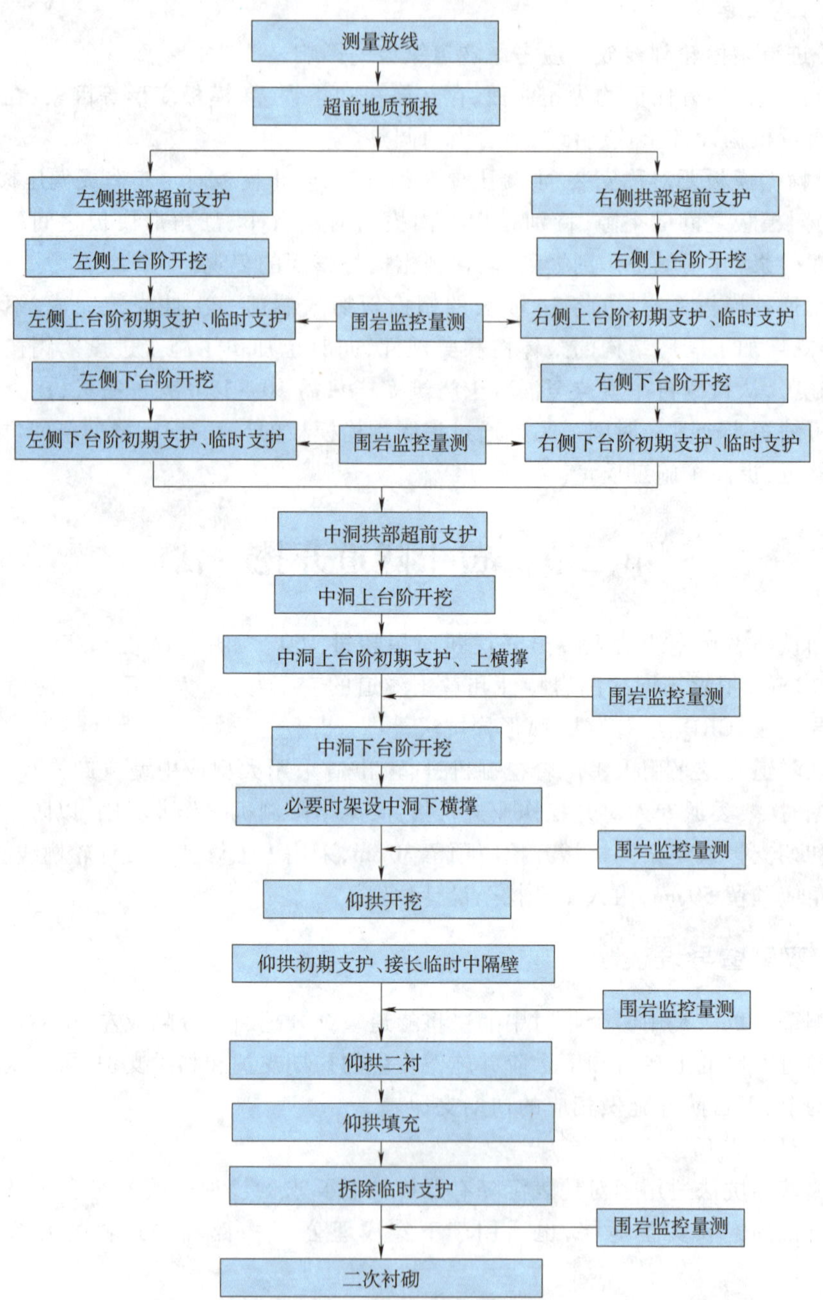

图 3—2—1　双侧壁导坑法施工工艺流程

（三）双侧壁导坑法施工工艺

第一步是一侧导坑上台阶开挖。在拱部超前支护保护下，人工弧形开挖拱部，预留核心土。核心土顶部距拱顶1.6～1.8 m，侧边距边墙1.5 m，距中隔壁1.0 m，核心土顶部留有2.0～3.0 m长的平台，便于人工施工初期支护。每一次掘进1榀钢架间距，最长不得大于2榀钢架的间距。开挖至设计轮廓后立即初喷3～5 cm厚混凝土，及时铺设钢筋网、架设钢架，在钢架拱脚以上50 cm处，紧贴钢架两侧按斜向下倾角45°打设锁脚锚管，锁脚锚管与钢架采用U形钢筋牢固焊接，锚、喷至设计厚度。

第二、三步是一侧导坑下台阶开挖。下台阶应先开挖边墙（或中隔壁）一侧，再开挖中隔壁（边墙）的一侧，并错开2.0～3.0 m的距离，避免上台阶的初期支护在同一位置同时悬空。每侧每次开挖长度为2榀，最长不得大于3榀钢架间距。开挖、修整至设计轮廓后立即初喷3～5 cm混凝土，及时铺设钢筋网、架设钢架，在钢架墙脚以上50 cm处，紧贴钢架两侧按斜向下倾角45°打设锁脚锚管，锁脚锚管与钢架采用U形钢筋牢固焊接，锚、喷至设计厚度。

第四步是另一侧导坑上台阶开挖。另一侧导坑上台阶掌子面超前5～8 m并架设上台阶上横撑钢架后，按第一步要求进行开挖。

第五、六步是另一侧导坑下台阶开挖，与第二、三步相同。

第七步是中洞上台阶开挖。一侧导坑上台阶掌子面超前10～16 m并架设上横撑后，在拱部超前支护保护下，人工弧形开挖拱部，预留核心土。核心土顶部距拱顶1.6～1.8 m，距两侧中隔壁1.0 m，核心土顶部留有3.0～5.0 m长的平台，每一次掘进1榀钢架间距。开挖至设计轮廓后立即初喷3～5 cm混凝土，及时铺设钢筋网、架设钢架，锚、喷至设计厚度。

第八步是中洞下台阶开挖。当地层条件较差或隧道变形较大时，可安设下横撑。隧道仰拱初期支护长度达到4.0～6.0 m，施工仰拱二衬和仰拱填充混凝土。

第九步是临时支护拆除。掌子面超前35～40 m，隧道仰拱初期支护封闭后、二次衬砌施工前，拆除临时支护。每次拆除一环衬砌的长度，最长不得超过18 m，做到二次衬砌紧跟临时支护。

两侧导坑和中洞上台阶的弧形部分由人工开挖，小型挖掘机开挖两侧导坑下台阶和上台阶核心土，中洞下台阶、上台阶核心土及仰拱采用中型挖掘机开挖。

两侧导坑和中洞的上台阶长度分别控制在2.0～3.0 m及3.0～5.0 m，下台阶左、右侧开挖错开2.0～3.0 m，两侧导坑上台阶掌子面的间距控制在5～8 m，仰拱和二衬施工离掌子面的距离分别不超过25 m和50 m及时跟进。

郑西线高桥隧道出口双侧壁导坑开挖法如图3—2—2所示，施工工序如图3—2—3所示。

图 3—2—2　郑西线高桥隧道出口双侧壁导坑开挖法

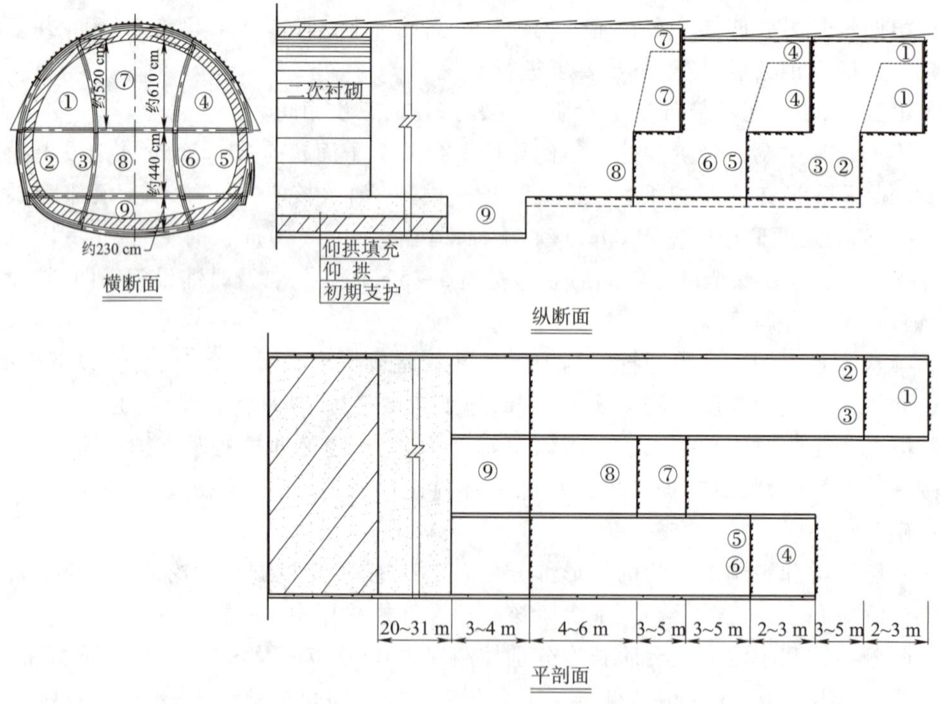

图 3—2—3　双侧壁导坑法施工工序

二、CRD 法

CRD 法开挖是在隧道中心线处，用一个临时中隔壁将整个开挖断面分隔成左右两部分，先开挖隧道一侧的上台阶和下台阶并施做相应的初期支护和临时支护，再开挖隧道另一侧的上台阶和下台阶并施做相应的初期支护。

(一)适用范围

CRD 法适用于对地表沉降没有严格控制要求的浅埋砂质和粉质新黄土Ⅴ级围岩段，也适用于浅埋黏质黄土Ⅴ级围岩段。

(二)CRD 法施工工艺流程

CRD 法施工工艺流程如图 3—2—4 所示。

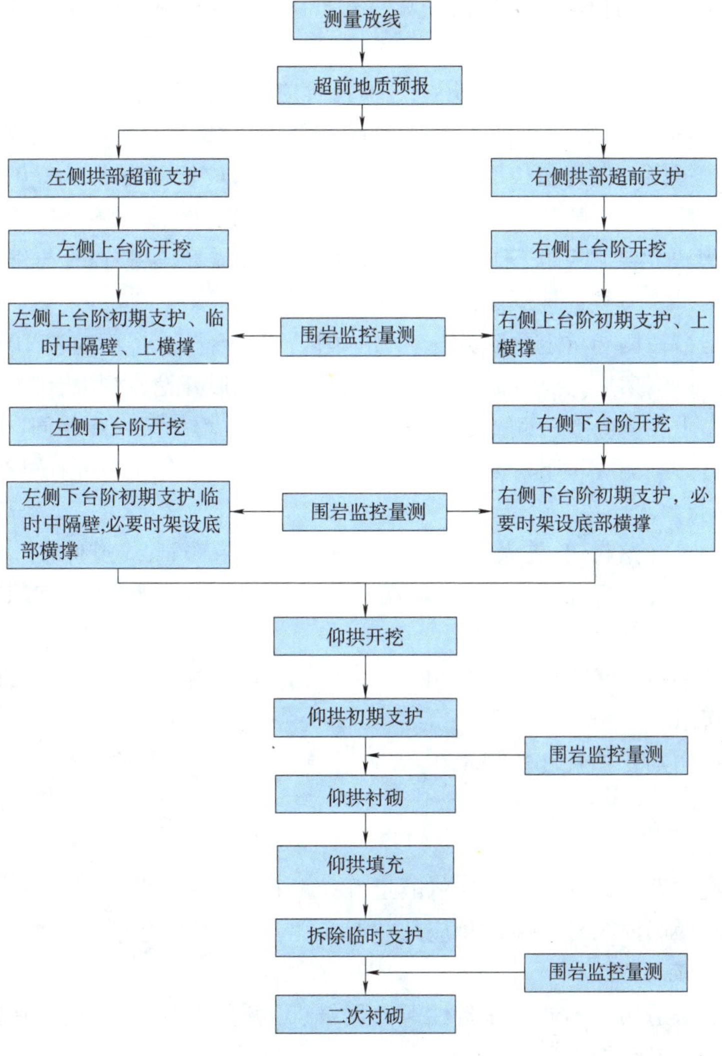

图 3—2—4 CRD 法施工工艺流程

(三)CRD 法施工工艺

第一步是一侧导坑上台阶开挖。在拱部超前支护的保护下,弧形开挖拱部,预留核心土。地层稳定性较差时,机械开挖核心土后,人工开挖拱部弧形。核心土顶部距拱顶 1.6 ~ 1.8 m,距边墙 3.0 m,侧边距中隔壁 2.0 m,核心土顶部留有 3.0 ~ 4.0 m 长的平台,便于人工施工初期支护,核心土尾部为 1:0.75 的斜坡,根据地质情况每一次掘进 1 ~ 2 榀钢架间距,最长不得大于 3 榀钢架间距。开挖、修整至设计轮廓后立即初喷3 ~ 5 cm混凝土,及时铺设钢筋网、架设钢架,在钢架拱脚以上 50 cm 处,紧贴钢架两侧按斜向下倾角 45°打设锁脚锚管,锁脚锚管与钢架采用 U 形钢筋牢固焊接,锚、喷至设计厚度。

第二、三步是一侧导坑下台阶开挖。下台阶应先开挖边墙(或中隔壁)一侧,再开挖中隔壁(边墙)的一侧,并错开 2.0 ~ 3.0 m 的距离,避免上台阶的初期支护在同一位置同时悬空。每侧每次开挖长度为 2 ~ 3 榀钢架间距,最长不得大于 2.0 m。开挖、修整至设计轮廓后立即初喷3 ~ 5 cm混凝土,及时铺设钢筋网、架设钢架,在钢架墙脚以上 50 cm 处,紧贴钢架两侧按斜向下倾角 45°打设锁脚锚管,锁脚锚管与钢架采用 U 形钢筋牢固焊接,锚、喷至设计厚度。

第四步是另一侧导坑上台阶开挖。另一侧导坑上台阶掌子面超前 10 ~ 15 m 并架设上台阶上横撑钢架后,在拱部超前支护的情况下,弧形开挖左侧上台阶拱部,预留核心土。除核心土在中隔壁一侧不进行开挖外,其他工序均与第一步相同。

第五步是另一侧导坑下台阶开挖。下台阶除中隔壁一侧不需开挖外,其他工序均与第三步相同。

第六步仰拱开挖封闭,施做二衬。掌子面超前 45 ~ 50 m,隧道仰拱初期支护封闭后、二次衬砌施工前,拆除临时支护,每次拆除一环衬砌的长度,最长不得超过 18 m,做到二次衬砌紧跟临时支护。

郑西铁路客运专线潼洛川隧道出口 CRD 开挖法如图 3—2—5 所示,施工工序如图 3—2—6 所示。

隧道仰拱初期支护长度达到 4.0 ~ 6.0 m,施工仰拱二衬和仰拱填充混凝土。

三、弧形导坑法

弧形导坑法开挖是在高度方向将隧道开挖断面分成上、中、下三个台阶,并按上、中、下的顺序分别开挖,分别施做相应的初期支护,最后再开挖仰拱。

(一)适用范围

弧形导坑法适用于不同埋深条件下的Ⅳ级、Ⅴ级黏质黄土段;也可适用于浅埋非饱和砂质新黄土Ⅴ级围岩段。

图 3—2—5　郑西线潼洛川隧道出口 CRD 开挖法

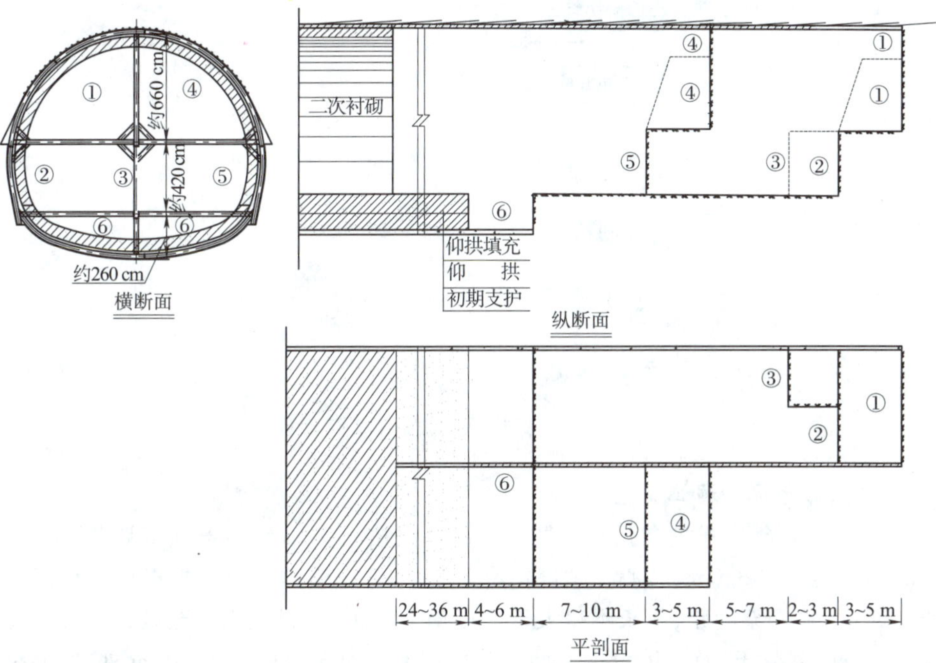

图 3—2—6　CRD 法施工工序

（二）弧形导坑法施工工艺流程

图 3—2—7　弧形导坑法施工工艺流程

（三）弧形导坑法施工工艺

第一步是上台阶开挖。弧形开挖拱部，预留核心土。核心土顶部距拱顶 1.6 ~ 1.8 m，两侧距边墙 3.0 m，核心土顶部留有 3.0 ~4.0 m 长的平台。根据地质情况每一次掘进 1 ~2 榀钢架间距，最长不得大于 2 榀钢架间距。开挖、修整至设计轮廓后立即初喷 3 ~ 5 cm 混凝土，及时铺设钢筋网、架设钢架，在钢架拱脚以上 50 cm 处，紧贴钢架两侧按斜向下倾角 45°打设锁脚锚管，锁脚锚管与钢架采用 U 形钢筋牢固焊接，锚、喷至设计厚度。

第二、三步是中台阶开挖。应先开挖边墙一侧，再开挖边墙的另一侧，并错开2.0～3.0 m的距离，避免上台阶的初期支护在同一位置同时悬空。每侧每次开挖长度为1～2榀钢架间距，最长不得大于3榀钢架间距。开挖、修整至设计轮廓后立即初喷3～5 cm混凝土，及时铺设钢筋网、架设钢架，在钢架墙腰以上50 cm处，紧贴钢架两侧按斜向下倾角45°打设锁脚锚管，锁脚锚管与钢架采用U形钢筋牢固焊接，锚、喷至设计厚度。

第四、五步是下台阶开挖，同第二、三步中台阶开挖。

第六步是开挖中部上、中、下台阶预留核心土。

第七步是仰拱开挖。

隧道仰拱初期支护长度达到4.0～6.0 m，施工仰拱二衬和仰拱填充混凝土。上台阶掌子面超前50～60 m，施做二次衬砌。

郑西铁路客运专线潼洛川隧道弧形导坑开挖法如图3—2—8所示，施工工序如图3—2—9所示。

图3—2—8　郑西线潼洛川隧道弧形导坑开挖法

四、弧形导坑二台阶四步开挖法

弧形导坑二台阶四步开挖法，开挖是在高度方向将隧道开挖断面分成上、下二个台阶，并按上、下台阶和仰拱的顺序分别开挖，分别施做相应的初期支护。

(一)适用范围

弧形导坑二台阶四步开挖法适用于深埋条件下含水率较小的黏质黄土Ⅳ级围岩段。

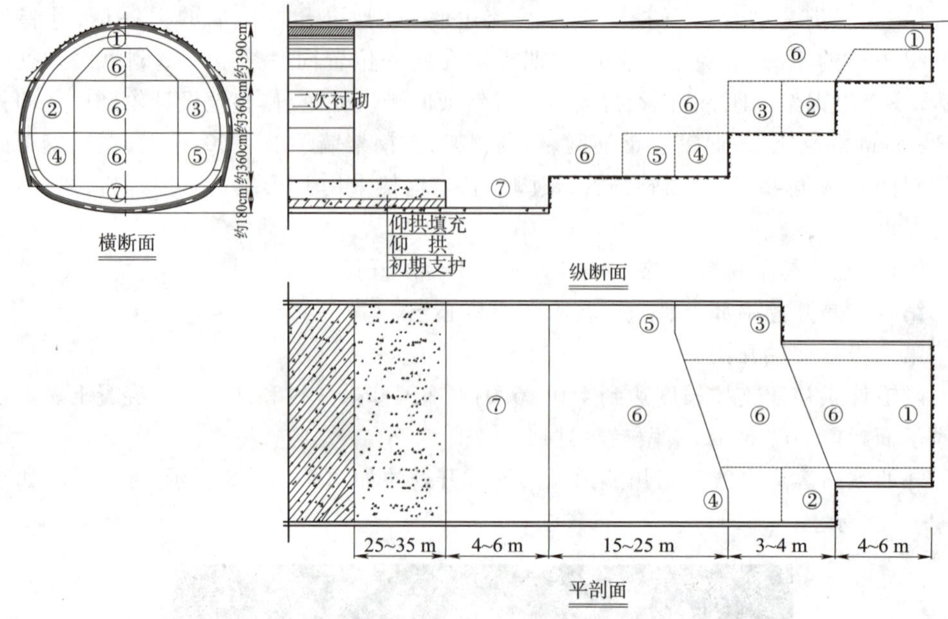

图 3—2—9 弧形导坑法施工工序

（二）弧形导坑二台阶四步开挖法施工工艺

第一步是上台阶开挖。弧形开挖拱部，预留核心土。核心土顶部距拱顶 1.6～1.8 m，两侧距边墙 3.0 m，核心土顶部留有 4.0～6.0 m 长的平台。根据地质情况每一次掘进 1～2 榀钢架间距，最长不得大于 2 榀钢架间距。开挖、修整至设计轮廓后立即初喷 3～5 cm 混凝土，及时铺设钢筋网、架设钢架，在钢架拱脚以上 50 cm 处，紧贴钢架两侧按斜向下倾角 45°打设锁脚锚管，锁脚锚管与钢架采用 U 形钢筋牢固焊接，锚、喷至设计厚度。

第二、三步是下台阶开挖。应先开挖边墙一侧及核心土，再开挖边墙的另一侧，并错开 2.0～3.0 m 的距离，避免上台阶的初期支护在同一位置同时悬空。每侧每次开挖长度为 2～3榀钢架间距，最长不得大于 4 榀钢架间距。开挖、修整至设计轮廓后立即初喷3～5 cm 混凝土，及时铺设钢筋网、架设钢架，在钢架墙腰以上 50 cm 处，紧贴钢架两侧按斜向下倾角 45°打设锁脚锚管，锁脚锚管与钢架采用 U 形钢筋牢固焊接，锚、喷至设计厚度。

第四步是仰拱开挖。上台阶掌子面超前 14～20 m 后开挖仰拱，一次开挖长度为 4～6榀钢架间距，最长不宜超过 6 m。开挖、修整至设计轮廓后立即初喷 3～5 cm 混凝土，及时架设钢架，复喷至设计厚度。

仰拱初期支护长度达到 10～12 m，施工仰拱二衬和仰拱填充混凝土。上台阶掌子面超前 50～60 m，施做二次衬砌。

郑西线凤凰岭隧道出口弧形导坑二台阶四步开挖法如图 3—2—10 所示，施工工序如图 3—2—11 所示。

图 3—2—10　郑西线凤凰岭隧道出口弧形导坑二台阶四步开挖法

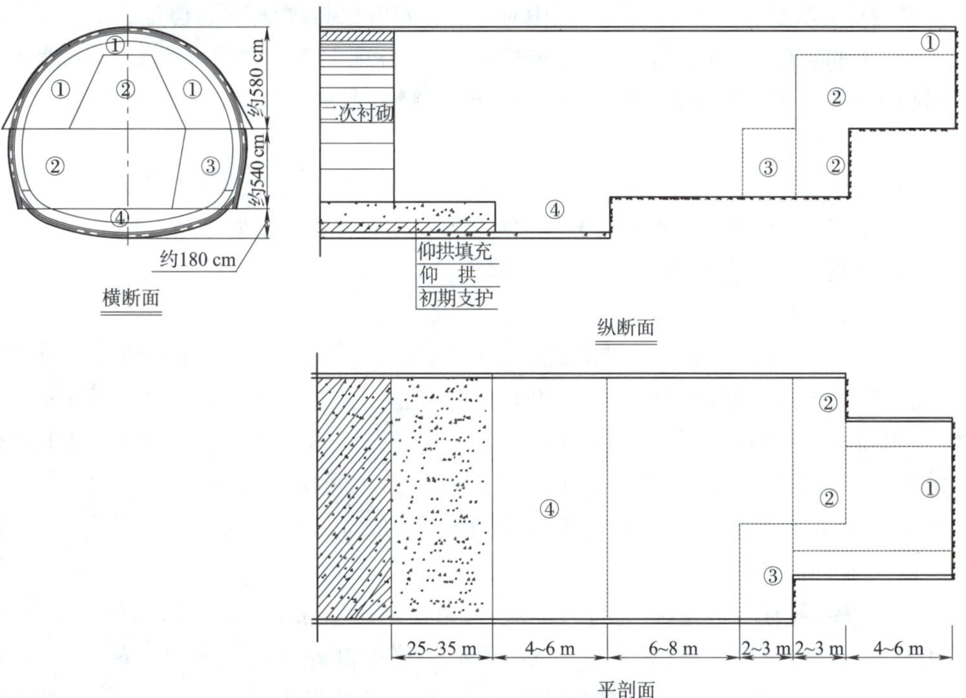

图 3—2—11　弧形导坑二台阶四步开挖法施工工序

五、大断面黄土隧道开挖方法的选择

(一)开挖施工要点

(1)严格控制超挖,尤其是掘进方向的超挖,保证钢架能紧贴掌子面。

(2)各种开挖形式的拱部开挖都应预留核心土,保证掌子面稳定。

(3)开挖后及时施做初期支护,对土质粉感强、松散的围岩、含水率较大的围岩或严格控制地表沉降的地段应分部开挖、分部支护,不能各台阶都进行开挖后再一起锚喷支护。

(4)保证扩大拱脚、墙角的施工质量。

(5)弧形导坑中下台阶拉槽开挖或双侧壁导坑,CRD 法左右侧中、下台阶的左右错开开挖,应特别注意未开挖侧保护土体的宽度不小于 2.5 m。

(6)对于围岩差的地段,上述各开挖方法的台阶长度,特别是下台阶的长度,可适当缩短,便于仰拱及二衬及时跟进。

(二)各种开挖方法的优缺点

1. 双侧壁导坑法

双侧壁导坑法在浅埋砂质新黄土中对地表沉降的控制效果显著,但施工工序和临时支护多,分部施工空间小,不能利用大型机械设备,各施工工序之间干扰大,需耗费大量时间和材料用于架设和拆除临时支撑,施工进度缓慢(月进尺 25 ~ 30 m),成本比较高。

2. CRD 法

CRD 法可有效控制浅埋砂质黄土中的拱顶下沉,但控制效果不如双侧壁导坑法。CRD 法施工工序和临时支护相对较少,施工进度相对较快(月进尺 30 ~ 45 m),成本相对较低,但施工中的安全隐患多,管理难度大。

3. 弧形导坑法

弧形导坑法采用三台阶七步开挖法,不仅适用于不同埋深条件下砂质及黏质老黄土,而且可用于浅埋非饱和砂质新黄土和黏质黄土。弧形导坑法施工工序少,经验成熟、管理简单,没有临时支护,施工进度快(月进尺可达 70 m 以上),成本低;对于围岩稳定性较好的黏质黄土段,采用弧形导坑二台阶四步开挖法,能加快施工进度(月进尺可达 90 m 以上),易于大型机械使用,便于管理,成本低。

(三)推荐的开挖方法

在地表沉降有严格控制要求的浅埋砂质黄土地层以及难以自稳的饱和黄土地层,可优先采用双侧壁导坑法;对于地表沉降没有严格控制要求的浅埋砂质黄土地层,可采用 CRD 法;在可以允许较大地表沉降的场合,应尽量采用弧形导坑法,其相对于双侧壁和 CRD 法在技术经济效益方面有无可比拟的优越性。

第三节　黄土隧道预支护与初期支护技术

一、超前预支护

黄土隧道在洞身开挖之前，洞口围岩较差地段或下穿其他建筑物地段，可采用管棚或小导管超前注浆预支护以加固围岩、增强围岩自稳能力，防止围岩掉块、坍塌。施工时注意管棚或小导管的外插角度，应控制在3°～5°之间，以避免管棚或小导管侵入支护断面内。

（一）超前大管棚

超前大管棚一般采用壁厚6～8 mm的ϕ108 mm钢管（也有用ϕ75 mm、ϕ89 mm和ϕ159 mm的钢管），管棚长$L=10\sim30$ m，环向间距0.4 m，开挖轮廓线外10 cm处铺设。钢管采用镀锌无缝钢管，为利于管棚整体受力，相邻管的接头前后错开，选用节长4～6 m的钢管，纵向两组管棚的搭接长度应大于2 m。对于围岩较差地段大管棚施工前，先施做钢筋混凝土导向墙和安装导向管，并用喷射混凝土封闭掌子面。

超前大管棚施工工艺流程如图3—3—1所示。

1. 管棚导向墙

洞口段施做长管棚前，需对洞口刷坡与放样，利用未开挖的土模作导向墙的内模，然后绑扎钢筋，安装外模。同时，采用大于管棚2 mm左右的钢管作导向管，精确定位与固定，浇筑导向墙混凝土。

洞内段施工长管棚时，需预留长6～8 m的扩大工作室，然后施做导向墙和孔口导向管。

导向墙一般采用钢筋混凝土，长1～2 m，厚0.4 m以上。

2. 管棚钻机就位

非自行式管棚钻机就位前，需架设钻机平台。钻机平台可用钢管脚手架搭设，平台应一次性搭好。钻机平台基底密实，钻架有足够的刚度和稳定性，防止在施钻时钻机产生不均匀下沉、摆动、位移等影响钻孔质量。钻孔由两台钻机从低孔位向高孔位对称进行，可缩短移动钻机与搭设平台时间，便于钻机定位。

钻机要求与已设定好的孔口管方向平行，必须精确核定钻机位置，用经纬仪、挂线、钻杆导向相结合的方法，反复调整，确保钻机钻杆轴线与孔口管轴线相吻合。

3. 管棚钻孔

为了便于安装钢管，钻头直径采用ϕ115 mm。黄土中孔的钻进应采用无水干钻，严禁用水冲钻及冲洗孔壁，同时严格控制钻进速度，防止钻孔偏斜、扭曲或变径。钻机开钻时，应低速低压，待成孔10 m后可根据地质情况逐渐调整钻速及风压。

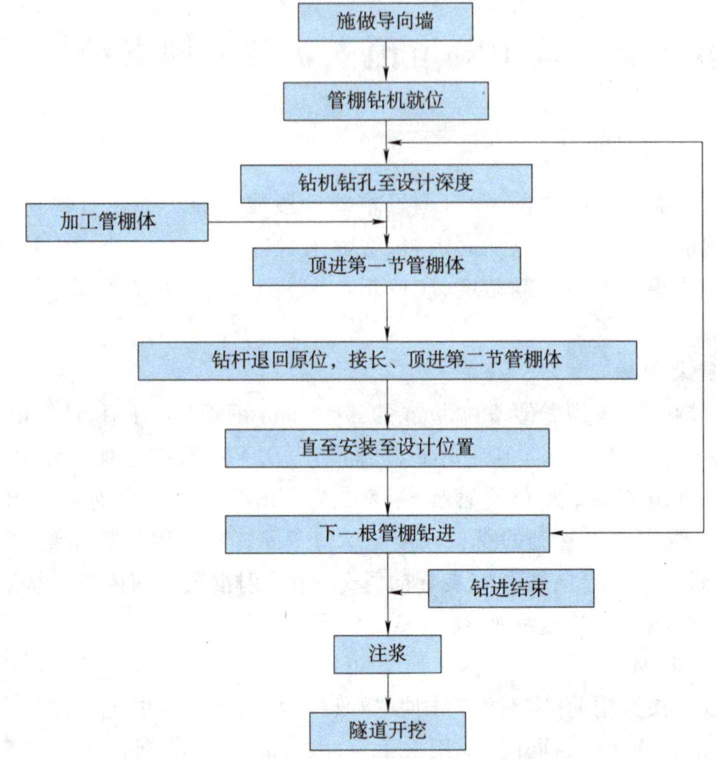

图3—3—1 超前大管棚施工工艺流程

土质较好的可以一次成孔,钻进时产生坍孔、卡钻,需补注浆后再钻进。钻进过程中经常用地质罗盘测定其位置,并根据钻机钻进的现象及时判断成孔质量,并及时处理钻进过程中出现的事故。

4. 管棚孔清孔检查

用地质岩芯钻杆配合钻头(ϕ115 mm)进行来回扫孔,清除浮渣至孔底,确保孔径、孔深符合要求、防止堵孔。用高压风(风压 0.2 ~ 0.4 MPa)从孔底向孔口清理钻渣。用地质罗盘仪检测管棚孔倾角。

5. 安装管棚钢管

钢管在专用的管床上加工好丝扣,钢管四周钻设孔径 10 ~ 16 mm 注浆孔(靠孔口2.5 m 处的棚管不钻孔),孔间距 15 ~ 20 cm,呈梅花型布置,管头焊成圆锥形,便于入孔。

成孔后及时安设管棚,防止塌孔。棚管顶进采用装载机和管棚机钻进相结合的工艺,先用装载机在人工配合下顶进钢管,再用钻机的冲击力和推力低速顶至设计深度。

接长钢管应满足受力要求,相邻钢管的接头应前后错开。同一横断面内的接头数不大于50%,相邻钢管接头至少错开1 m。

6. 管棚注浆

采用KBY50/70液压注浆机将M20水泥砂浆注入管棚钢管内,初压0.5~1.0 MPa,终压2 MPa,持压15 min后停止注浆。注浆量一般为钻孔圆柱体的1.5倍,若注浆量超限,未达到压力要求,应调整浆液浓度继续注浆,直至符合注浆质量标准,确保钻孔周围岩体与钢管周围孔隙均为浆液充填,方可终止注浆。注浆时先灌注单号孔,再灌注双号孔。

(二)注浆小导管

超前注浆小导管一般长4.0~4.5 m,其水平搭接长度不小于1.5 m,采用壁厚2~4 mm的ϕ42 mm带孔钢管,并利用ZM-12T型煤电钻钻孔,安装超前小导管,与型钢钢架焊接固定,UBJ高压注浆泵进行注浆作业。

注浆小导管施工工艺流程如图3—3—2所示。

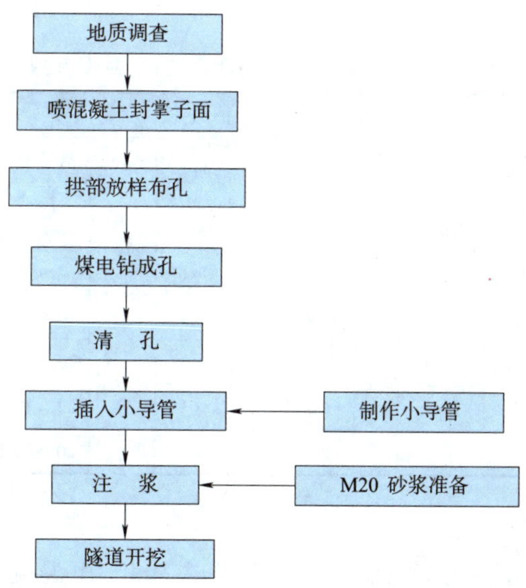

图3—3—2　注浆小导管施工工艺流程

1. 小导管制作

ϕ42 mm超前小导管在构件加工厂制作,前端做成尖锥形,尾部焊接ϕ8 mm钢筋加劲箍,管壁上每隔15 cm交错布置注浆孔,孔眼直径为6~8 mm,尾部长度不小于30 cm作为不钻孔的止浆段。

2. 钻孔、安装

采用 ZM-12T 型煤电钻钻设成孔后，将小导管按设计要求插入孔中，或凿岩机直接将小导管从型钢钢架上部打入，外露端支撑于开挖面后方的钢架上，与钢架共同组成预支护体系。

3. 注　　浆

注浆设备采用 UBJ 高压注浆泵，注入 M20 水泥砂浆，注浆压力一般为 0.5 ~ 1.0 MPa。注浆前先喷射混凝土 3 ~ 5 cm 封闭掌子面作止浆盘，当单孔注浆量达到设计注浆量时或注浆压力超过 1.0 MPa 而注浆量无明显增加时，可以结束注浆。注浆参数应根据注浆试验结果及现场情况调整。注浆作业中认真填写注浆记录，随时分析和改进，并注意观察施工支护工作面的状态，试挖掌子面，无明显渗水时，即可进行开挖作业。注浆时控制用水量，减少多余水侵入土体，引起湿陷性黄土沉陷。

二、初期支护

黄土隧道初期支护体系一般用全断面型钢钢架、网、锚、喷混凝土联合支护形式，具体支护形式和参数见表 3—3—1。

表 3—3—1　黄土隧道复合式支护、衬砌参数

围岩级别	初期支护													二次衬砌厚	
	喷层厚(cm)	系统锚杆								φ8 mm 钢筋网		钢架			
		位置	锚杆类型	长度(m)	间距(m)	位置	锚杆类型	长度(m)	间距(m)	位置	间距(cm)	钢架类型	间距(榀/m)	拱墙(cm)	仰拱(cm)
Ⅳ	26	拱部	药包	2.5	1×1	边墙	砂浆	3.5	1×1	拱墙	20×20	I_{20a}	1/0.8	50	60
$\mathrm{IV}_{\text{加强}}$	30		药包	2.5	1×1		砂浆	3.5	1×1		20×20	I_{22a}	1/0.8	50	60
Ⅴ	35		药包	2.5	1×1		砂浆	4	1×1		20×20	I_{25a}	1/0.6	60	70
$\mathrm{V}_{\text{新黄土}}$	35						砂浆	4	1×1		20×20	I_{25a}	1/0.6	60	70

(一)喷射混凝土

隧道初期支护喷射混凝土在洞外拌和站集中拌和，由混凝土搅拌运输车运至洞内，采用湿喷法进行喷射作业。在隧道开挖完成后，先喷射 4 cm 厚混凝土封闭开挖面，然后打设锚杆、架立钢架、挂钢筋网，对初喷面进行清理后复喷至设计厚度。喷射混凝土施工工艺流程如图 3—3—3 所示。

1. 准备工作

凿除喷射混凝土施工缝处的泥土和松散混凝土，采用埋设钢筋头设置控制喷射混凝土厚度的标志。

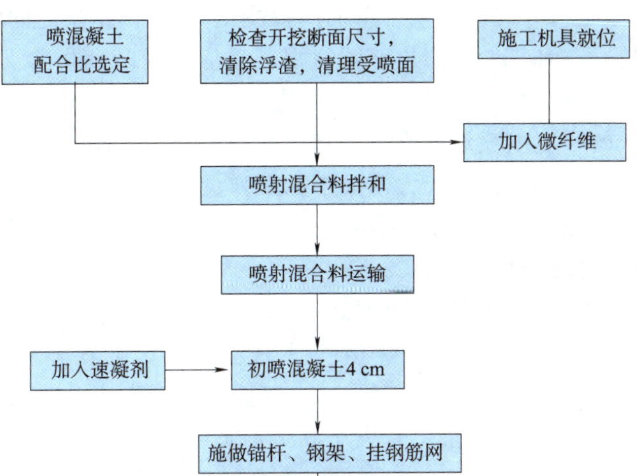

图 3—3—3　喷混凝土施工工艺流程

2. 混凝土搅拌、运输

湿喷混凝土搅拌采取全自动计量强制式搅拌机，施工配料应严格按配合比进行操作，速凝剂在喷射机喂料时加入。

微纤维混凝土的搅拌时间宜为 4 ~ 5 min。搅拌完成后随机取样，如纤维已均匀分散成单丝，则混凝土可投入使用，若仍有成束纤维，则至少延长搅拌时间 30 s 才可使用。

运输采用混凝土运输罐车，随运随拌。喷射混凝土时，多台运输车应交替运料，以满足湿喷混凝土的供应。在运输过程中，要防止混凝土离析、水泥浆流失、坍落度变化以及产生初凝等现象。

3. 喷射混凝土

喷射混凝土应先打开速凝剂辅助风，缓慢打开主风阀，再启动速凝剂计量泵、主电机、振动器，最后向料斗加混凝土。

喷射混凝土作业应采用分段、分片、分层依次进行，喷射顺序应自下而上，分段长度不宜大于 6 m。喷射时先将低洼处大致喷平，再自下而上顺序分层、往复喷射。分片喷射要自下而上进行并先喷钢架与壁面间混凝土，再喷两钢架之间混凝土。边墙喷射混凝土应从墙脚开始向上喷射，拱部喷射混凝土应同时从两拱脚向拱顶喷射，使回弹混凝土不致裹入喷层内，并及时清除，防止凝结在喷射混凝土的表面上。分层喷射时，一次喷混凝土的厚度以喷混凝土不滑移不坠落为度，既不能因厚度太大而影响喷混凝土的粘结力和凝聚力，也不能太薄而增加回弹量。边墙一次喷射混凝土厚度控制在 7～10 cm，拱部控制在 5～6 cm，并保持喷层厚度均匀。顶部喷射混凝土时，为避免产生坠落现象，两次间隔时间宜为 1～2 h。

喷射速度要适当，以利于混凝土的压实。风压过大，喷射速度增大，回弹增加；风压过小，喷射速度过小，压实力小，影响喷混凝土强度。因此在开机后要注意观察风压，起始风压达到 0.5 MPa 后，才能开始操作，并据喷嘴出料情况调整风压。黄土隧道喷射混凝土时喷射机的压力一般不宜大于 0.2 MPa。

喷射时使喷嘴与受喷面间保持适当距离，喷射角度尽可能接近 90°，以获得最大压实和最小回弹。喷嘴与受喷面间距宜为 1.5～2.0 m；喷嘴应连续、缓慢作横向环行移动，一圈压半圈，喷射手所画的环形圈，横向 40～60 cm，高 15～20 cm；若受喷面被钢架、钢筋网覆盖时，可将喷嘴稍加偏斜，但不宜小于 70°。如果喷嘴与受喷面的角度太小，会形成混凝土物料在受喷面上的滚动，产生出凹凸不平的波形喷面，增加回弹量，影响喷混凝土的质量。

喷射完成后应先关主机，再依次关闭计量泵、振动棒和风阀，然后用清水将机内、输送管路内残留物清除干净。

4. 养　护

喷射混凝土作业时，应制作试件，新的"技术指南"要求喷射混凝土一天的抗压强度为 10 MPa，喷射混凝土等级为 C25 以上。

喷射混凝土终凝 2 h 后，应进行喷雾养护，养护时间不小于 14 d，当气温低于 +5 ℃时，不得洒水养护。

(二)锚　杆

黄土孔壁一般较松散，与水泥砂浆的粘结差，特别是拱部锚杆，水泥砂浆注入后易软化孔壁黄土，也易从孔口中流出，所以在实际施工中均应采用药包锚固。施工工艺流程如图 3—3—4 所示。

1. 钻　孔

黄土隧道采用 ZM-12T 型煤电钻钻成孔。煤电钻施工既可解决土质隧道遇水软化围岩的问题，又可解决在土质隧道施工中采用常规的冲击钻不易排渣、成孔困难的难题，可以提高在黄土隧道的成孔速度和安全性。锚杆钻孔利用开挖台阶搭设简易台架施钻，按照设计间距布孔，位于钢架附近的锚杆可适当移动其位置并与之相连。

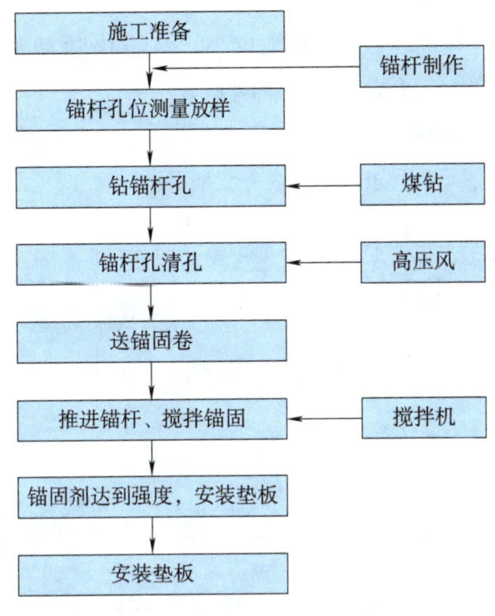

图 3—3—4 锚杆施工工艺流程

2. 锚杆安设

锚固剂应符合以下几项要求:初凝时间应大于 3 min,终凝时间应小于 10 min;必须具有足够的小时抗压强度,一般在 0.5 ~ 1 h 的抗压强度应在 0.2 MPa 以上;硬化后体积不缩小,且有微膨胀性。

药卷包在浸水前上端扎 3 ~ 5 个小孔(孔径 1 mm),浸水 1 ~ 1.5 min 小孔不冒泡即浸水结束,这时即可将浸好水的药卷包装入孔眼,采用比较长的竹竿或坚硬的 PVC 管送至眼底。药卷包装入后,将锚杆用 TJ – 9 型搅拌机(电钻改装也可)带动锚杆快速旋转,边旋转边徐徐推进,锚头在旋转与推进中强烈搅拌浸水后的水泥包,使水泥浆获得良好的和易性并与锚杆紧密粘结,连续搅拌水泥卷的时间宜为 30 ~ 60 s。水泥浆如沿孔壁下滑,孔口用纸堵塞。

(三)钢 筋 网

1. 钢筋网片加工

将调直的钢筋截成钢筋条,采用电焊制成钢筋网片。钢筋网片尺寸根据拱架间距和网片之间搭接长度综合考虑确定,一般为 2 ~ 3 m^2。

2. 成品的存放

制作成型的钢筋网片必须轻抬轻放,避免产生变形。钢筋网片成品应远离加工场地,堆放在指定的成品堆放场地上。存放和运输过程中要避免潮湿的环境,防止锈蚀、污染和变形。

3. 钢筋网铺设

按图纸标定的位置挂设加工好的钢筋网片，钢筋片随初喷面的起伏铺设，再把钢筋网片焊接成网，网片搭接长度为 1 ~ 2 个网格。

（四）型钢钢架

钢架、钢筋网施工工艺流程如图 3—3—5 所示。

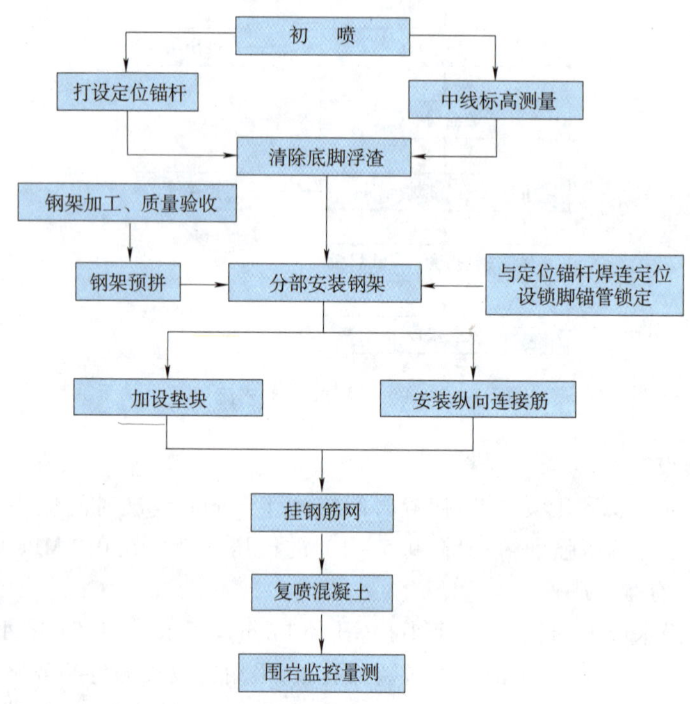

图 3—3—5 钢架、钢筋网施工工艺流程

1. 型钢钢架加工

加工场地用混凝土硬化，精确抹平，按设计放出加工大样。钢架弯制结合隧道开挖方法，采用型钢弯制机按照隧道断面曲率分节进行弯制，弯制完成后，先在加工场地上进行试拼。各节钢架拼装，要求尺寸准确，弧形圆顺，沿隧道周边轮廓误差不大于 3 cm；型钢钢架平放时，平面翘曲小于 2 cm。

2. 钢架安装

人工开挖扩大拱脚，清除各节钢架底脚的虚渣及浮土，设置 $[_{32}$ 槽钢纵梁或混凝土垫块。用全站仪放样，确保位置准确，采用人工配合挖掘机安装拱架。钢架接头螺栓应逐个拧紧，保证连接牢固。

拱部开挖安装型钢拱架后，由于黄土隧道围岩的自稳性较差以及各部开挖拉开了一定距离，钢架短时间内不能全断面闭合，有可能会出现拱顶钢架下沉，应及时施做长 4.0 m 的 ϕ42 mm 锁脚锚管进行锁定。

钢架落底接长在单边交错进行，每次单边接长钢架 2～3 榀。在软弱地层可同时落底接长和仰拱相连，并及时喷射混凝土。接长钢架和上部钢架通过垫板用螺栓牢固准确连接。钢架按设计位置安设，钢架和岩面或初喷层之间有较大间隙时应每隔 2 m 用混凝土预制块楔紧，钢架背后用喷混凝土填充密实。钢架纵向采用钢管连接，环向间距 1 m。

架立钢架后应尽快进行喷混凝土作业，以使钢架与喷混凝土共同受力。喷射混凝土分层进行，先从拱脚或墙脚处由下向上喷射，防止上层喷射料虚掩拱脚、墙脚不密实，造成强度不够，拱脚、墙脚失稳。

第四节　黄土隧道防排水施工技术

隧道防排水采用“防、排、堵、截相结合，因地制宜，综合治理”的原则，达到防水可靠，经济合理，不留后患的目的。

一、排水盲管施工

隧道衬砌防水板背后环向设置 ϕ50 mmHDPE 单壁打孔波纹管，间距 8～15 m。隧道两侧边墙墙脚外纵向设置 ϕ100 mmHDPE 双壁打孔波纹管，每隔 12 m 通过三通接头在纵向盲沟上设置一处 ϕ100 mm 泄水孔连接到隧道侧沟。

（一）施工工艺流程

钻孔定位→安装锚栓→捆绑盲管→盲管纵向环向连接。

（二）环向排水盲管施做方法

隧道拱墙设直径 50～80 mm 软式透水管环向盲管，环向盲管每隔 8～10 m 设置，每隔 5～10 m 在水沟外侧留泄水孔，并采用三通接盲管与纵向盲管相连。

（三）纵向排水盲管施做方法

纵向排水盲管沿纵向布设于左、右墙角水沟底上方，为两条直径为 80～100 mm 的软式透水管盲沟。

纵向排水盲管按设计位置进行画线，以使盲管位置准确合理。盲管安设的坡度与线路坡度一致。

排水管采用钻孔定位，定位孔间距为 30～50 cm。将膨胀锚栓打入定位孔或用锚固剂将钢筋头预埋在定位孔中，固定钉安在盲管的两侧。用无纺布包住盲管，用扎丝捆好，用卡子卡住盲管，然后固定在膨胀螺栓上。

采用三通与环向和纵向排水盲管相连。

(四)边墙泄水管施做方法

模板架立后开始施做边墙泄水管,在模板对应于泄水管的位置切割一个与泄水管直径相同的孔。泄水管一端安在模板的预留孔上,另一端安在纵向排水管上,泄水管与纵向排水管采用三通连接时必须固定牢固。

(五)排水盲管施工控制要点

(1)纵向排水盲管定位应考虑排水方向和隧道纵坡,保证排水畅通。

(2)盲管与支护的间距不得大于 5 cm,盲管与支护脱开的最大长度不得大于 110 cm。

(3)集中出水点沿水源方向钻孔,然后将单根集中引水盲管插入其中,并用速凝砂浆将周围封堵,以使地下水从管中集中引出。

(4)盲管上接头用无纺布的渗水材料包裹,防止混凝土或杂物进入堵塞管道。

二、防水板施工

隧道拱墙敷设 EVA 防水板,防水板厚度 1.5 mm,土工布质量≥400 g/m^2,隧道二次衬砌采用防水混凝土,其抗渗等级不小于 P8。

(一)施工工艺流程

基面处理→铺设土工布→铺设防水板→焊接防水板搭接缝。

(二)防水板施做方法

1. 施工准备

防水板进场后首先检查出场合格证,再按要求进行取样试验,合格才能使用。使用前要进行外观检查,有无撕裂和刺破现象。

对漏出喷层表面的金属构件如钢筋头、锚杆头等,应切除并用砂浆抹平,不能切除的金属构件如锚杆头等,必须采用砂浆抹成圆弧,圆弧半径应大于 30 cm。同时要检查初期支护后的隧道净空,保证二次衬砌混凝土的厚度满足设计要求。

对初期支护上凸出的喷射混凝土进行凿出,将较大的凹坑用喷射混凝土补平,使基面平整圆滑。用 2 m 直尺进行检查,平整度小于 5 cm。喷射混凝土的平整度只要达到要求,铺设的防水板与混凝土喷层间的狭小缝隙,在浇灌二衬时混凝土能够将其挤压密贴,不会留下地下水的通道。

初期支护的阴阳角处应做成圆弧形。

2. 铺设土工布

用带热塑性圆垫圈的射钉将土工布平整顺直地固定在喷射混凝土表面上,土工布搭接宽度 50 mm,可用热风焊枪点焊,每幅防水板布置适当排数垫圈,每排垫圈距防水板边缘 40 cm 左右,垫圈间距:侧壁 80 cm,垫圈 2~3 个/ m^2,顶部 40 cm,垫圈3～4个/m^2。

3. 铺挂防水板

铺设前进行精确放样。根据防水板的幅宽，进行配料并标示出焊缝、拱顶线及垂直隧道中心线的横断面线，原则尽量减少焊接接头。

防水板的铺设有两种方法：一是将整幅防水板从拱顶向两侧铺设，自上而下铺挂，固定点间的防水板往往会被绷紧形成"弦线"，导致浇筑二衬时防水板与初期支护间形成空隙。二是将两半幅从两侧墙脚向上铺设，最后在拱顶合拢焊接，铺挂是自下而上进行的，防水板自然会形成铺挂余量，特别是拱部因防水板长度较短，便于铺挂。不管采用哪种铺设方法，防水板应留有一定的余量，松紧应适度，保证防水板全部面积均能抵到初期支护。防水板的铺设在专用的台车上进行，其富余量为实铺长度与弧长的比值10:8。在铺设过程中经常用手托起防水板进行检查，保证防水板全部面积均能抵到围岩。防水板表面应平顺，无褶皱、无气泡、无破损等现象。

环向铺设时，下部塑料板应压住上部塑料板，这样做是为了使塑料板外侧上部的渗漏水能顺利流下，不至于积聚在塑料板的搭接缝处而形成隐患。

防水板之间的搭接缝应采用双焊缝、自动爬行式热合机热熔焊接，焊接温度应控制在200 ℃～270 ℃为宜，焊接速度控制在0.1～0.15 m/min内。太快焊缝不牢固，太慢焊缝易焊穿、烤焦。细部处理或修补采用手持焊枪焊接。

两幅防水板的搭接宽度不应小于150 mm，单条焊缝的有效焊接宽度不应小于15 mm，焊接严密，不得焊焦焊穿。焊缝质量采用双焊缝间充气检查。

防水板的搭接缝焊接质量检查应按充气法检查。将5号注射针与压力表相接并插入焊缝中，插入前可用热风枪预热软化待扎入注射针处的防水板，针孔周围用502胶进行封闭。用ZB-0.1/8型电动空气压缩机进行充气，当压力表达到0.25 MPa时停止充气，保持15 min，压力下降在10%以内，说明焊缝合格；如压力下降过快，说明有未焊好处。用肥皂水涂在焊缝上，有气泡的地方重新补焊，直到不漏气为止。

防水板纵向搭接与环向搭接处，除按正常施工外，应再覆盖一层同类材料的防水板材并焊接。三层以上塑料防水板的搭接形式必须是"T"形接头。在焊缝搭接的部位焊缝必须错开，不允许有三层以上的接缝重叠，要错开30 cm。焊缝搭接处必须用刀刮成缓角后拼接，使其不出现错台。

(三)防水板施工要点

(1)绑扎或焊接钢筋时，采取的措施应避免对卷材造成破坏。

(2)混凝土振捣时，振捣棒不得接触防水板，以防防水板受损。

(3)焊缝若有漏焊、假焊应予补焊；若有烤焦、焊穿处以及外露的固定点，必须用塑料片焊接覆盖。

(4)防水板搭接缝与施工缝错开距离不应少于50 cm。

(5)分段铺设的卷材的边缘部位预留至少 60 cm 的搭接余量,并且对预留部分边缘部位进行有效地保护。

(6)对于附属洞室的防水板必须与边墙的防水板焊接,可采用热风枪手工焊。

三、止水带施工

施工缝及变形缝是隧道防排水的薄弱环节,施工缝表面涂界面剂并设置中埋式止水带、背贴式止水带防止地下水的渗入;变形缝防水采用中埋式止水带、背贴式止水带。

(一)热熔对接焊技术

止水带预热熔对接焊施工工艺流程为:预热热合机→切齐止水带接头→用钢丝刷打毛接头→将止水带准确放入热合机→拧紧丝杆并加热→取出并冷却止水带→清理热合机。

对接止水带时,用刀将两条需要连接止水带的接头切齐,端头应与止水带中心线垂直,并用钢丝刷打毛橡胶止水带的接头。对热合机进行预热(预热温度 130 ℃左右),将两接头平铺在热合机底座上,并将 2 ~ 3 cm 的生橡胶片放在接缝处抵紧,中间填充生橡胶胶体,接头处上下表面分别放置一薄的生橡胶条(宽 10 ~ 12 cm)。将所对接的止水带对接部位对齐,保证接头畅通顺直,同时橡胶止水带的凹凸部位与热合机上的凹凸部位对齐。盖住热合机,缓慢地拧紧热合机上的加固丝杆,对热合机进行加热,同时进行温度测量,温度控制在 150 ℃左右,保持 10 min。温度过低不利于很好的热熔,过高容易使橡胶熔化以致流淌。

打开热合机,取出止水带接头,若接头表观检查合格,待冷却后即可使用,否则重新焊接。同时将热合机上的残留物清理干净,以继续使用。

(二)环向止水带安装技术

止水带对称安装,伸入模内和外露部分宽度必须相等,沿环向每 0.5 m 设一根 ϕ12 mm 钢筋卡夹住,将内侧卡紧止水带的一半,外侧卡紧止水带的另一半并折起,紧贴挡头板。模筑混凝土凝固拆除挡头板时,将钢筋卡拉直,固定好止水带,保证止水带在整个施工过程中位置的正确。

(三)纵向止水带安装

沿仰拱纵向将制成的 U 形钢筋卡(ϕ8 mm),焊接在已绑扎好的二衬钢筋上,间隔 50 cm,将止水带安装到已焊接好的 U 形钢筋卡上。

施工中 U 形钢筋卡按设计标高要求进行布置,中心保持一条直线。浇筑混凝土时,注意在止水带附近振捣密实,但不得碰止水带,防止止水带走位,止水带一半外露一半埋于混凝土中。

第五节　黄土隧道二次衬砌施工技术

一、仰拱及仰拱填充施工

（一）施工工艺流程

仰拱及仰拱填充施工工艺流程如图 3—5—1 所示。

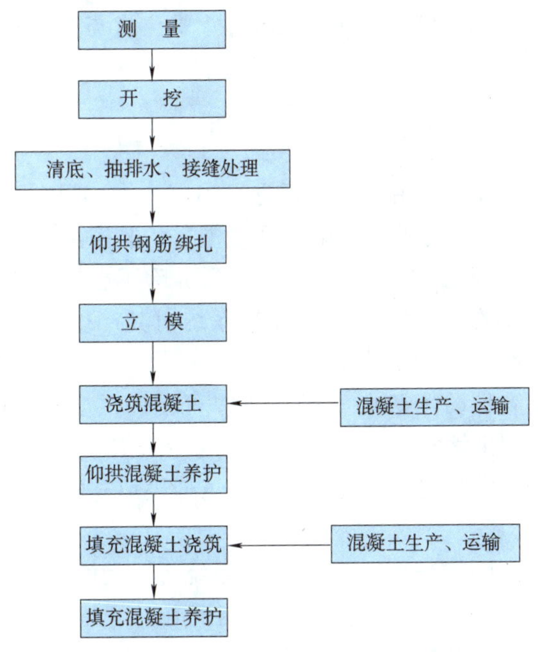

图 3—5—1　仰拱及仰拱填充施工工艺流程

（二）施工工艺

仰拱施工是在隧道隧底初期支护完成后进行施工的。仰拱施工前，先将隧底虚渣、杂物、积水等清除干净。仰拱应分段施工，每段长为 9 ~ 12 m（基本与衬砌台车同长）。仰拱钢筋在洞外加工、弯制，运至洞内进行绑扎。混凝土采用拌和站集中拌和，混凝土搅拌运输车运至洞内，采用插入式振捣器进行振捣、浇筑。

仰拱采用浮放模板支架，按仰拱设计厚度及形状施工，仰拱混凝土由中心向两侧对称浇筑，一次完成，不得留有纵向施工缝。墙体的纵向施工缝，不得留在剪力和弯矩较大处。

仰拱与仰拱填充分两次施工，不得将仰拱及仰拱填充整体浇筑。仰拱与仰拱填充施工缝浇筑混凝土前，应将其表面凿毛，用水冲洗干净。为了保证施工安全，中隔壁钢架可直接浇筑在仰拱和仰拱填充混凝土之中。为保证仰拱施工和其他工序能平行作业，采用型钢加工仰拱栈桥，形成立体交叉平行作业体系。

（三）施工要点

（1）仰拱应及时施做，与开挖面的距离不得超过30 m。

（2）仰拱混凝土应整体浇筑一次成型，填充混凝土应在仰拱混凝土终凝后浇筑，填充混凝土强度达到5 MPa后允许行人通过，达到设计强度的100%后允许车辆通行。

（3）仰拱、仰拱填充施工前须将上循环混凝土仰拱接头凿毛处理，并按设计要求设置止水带。

（4）根据设计要求，施工缝处钢筋应断开，并要注意与拱墙衬砌施工缝处于同一竖直面上。

二、临时支护拆除

临时支护系统的拆除时间由两个因素进行确定，一个是围岩的变形情况，另一个是临时支护系统对后续工序作业的影响。通过围岩的监控量测，当围岩变形达到设计允许的范围之内，以及中间支护承受应力减小到拆除不会影响围岩变形之后进行拆除。另者考虑后续作业的及时跟进，中间支护系统对其产生的影响，在严格考证拆除中间支护系统的安全性之后，再行拆除。

如围岩稳定条件满足设计要求，下部竖支撑可在仰拱填充作业前拆除，横向支撑和上部竖支撑在隧道仰拱填充施工完成后、防排水系统施做前一次性拆除。为保证施工安全，限制围岩变形，中间支护也可推迟到隧道仰拱填充施工完成后、防排水系统施做前一次性全部拆除。

临时支撑喷射混凝土拆除时要防止对支撑系统形成大的振动和扰动。先将临时支护系统和初期支护连接部位附着在钢架上的喷射混凝土用人工凿除，再采用气焊烧断与初期支护连接部位，其他部位的附着喷射混凝土，在钢架拆除运出洞外后再进行处理。

一次拆除长度视仰拱一次灌筑长度、地质条件及量测结果而定。一般洞口地段应由里向外进行，拆除要快，拆除后应立即修筑仰拱，除非不得已时，不宜采用将临时中隔壁灌筑在仰拱内再拆除的方法。拆除的量测管理：拆除临时中隔壁时，应对监控量测进行分级管理，一般可分为正常、警示、危险三个等级。当测量数据处于正常范围，可正常施工；当处于警示范围，应对初期支护采取措施进行加固；当处于危险范围，应停止施工，分析原因，并启动紧急预案，具体见表3—5—1。

表3—5—1 临时中隔壁拆除量测管理变形控制指标

项目＼状态	正常	警示	危险
拱顶沉降变形增量(mm)	6	12	24

三、衬砌施工技术

边拱二次混凝土衬砌采用特制液压衬砌台车、泵送混凝土工艺进行施工。台车由具有专业生产资质的厂家按照本隧道断面进行特制，进场后及时组织验收。仰拱、防排水系统以及钢筋绑扎超前衬砌1～2个循环完成。

(一)钢筋制作安装

混凝土衬砌钢筋在洞外现场加工，钢筋绑扎在防水板敷设完毕后进行。衬砌工作面设自制多功能台架，衬砌钢筋的绑扎、焊接在台架上进行。

钢筋主筋采用焊接接头。在焊接前，必须按实际施工条件焊接试样进行试验，合格后才能进行焊接施工。衬砌钢筋之受力钢筋采用焊接接头时，焊接接头相互错开。钢筋焊接时采取防护措施，避免损伤防水板；钢筋交叉点用铁丝全部绑扎牢固。钢筋绑扎时，拱部预留沉落量，以防钢筋在绑扎过程中下沉，其预留沉落量根据实际试验情况调整。

(二)混凝土配料及拌和施工方法

在隧道进口设自动计量混凝土拌和站，搅拌好的混凝土由混凝土运输车运输至洞内衬砌位置，采用两台混凝土输送泵泵送入模对称浇筑。混凝土拌和站选用两台产量35 m^3/h 的ZXJS750型混凝土拌和站，采用一台ZLC50装载机上料。混凝土运输采用两台JCQ8型混凝土搅拌运输车进行运输，混凝土入模则配置两台HTB60型混凝土输送泵。如果隧道口比较集中，运输便道畅通，则应多个隧道口建立一个大型拌和站集中拌和混凝土与运输，质量易得到控制，管理方便，成本也较小。

混凝土拌制严格按照施工配合比施工，拌制混凝土所用各项材料按照重量投料。混凝土施工过程中要进行粗、细骨料含水率、混凝土坍落度等项目的测定，根据实测结果，对混凝土施工配合比进行适当调整。

混凝土搅拌要均匀，高性能混凝土的搅拌时间不少于2.5 min。

(三)混凝土的运输

混凝土运输采用JCQ8型混凝土搅拌运输车，运输过程中不能中止搅拌。混凝土自搅拌机出料后，必须符合运到地点至浇筑完毕的允许最长时间。该允许最长时间经现场实验确定。

(四)衬砌立模及浇筑

台车两端头挡头模板采用木模，木模分两块将中埋式止水带卡在中间。

隧道衬砌施工前先复核隧道断面尺寸，保证衬砌厚度。同时检验防水板敷设是否符合要求，有无破损。衬砌钢筋保护层厚度能否满足要求。如有上述任何一项问题，必须经处理满足规范要求后方可进行施工。

混凝土浇筑前，将模板内的杂物和钢筋上的油污等清除干净，特别是仰拱顶部要清理干净。挡头板缝隙及孔洞要填塞密实，不漏浆。

混凝土采用混凝土输送泵自模板窗口两侧对称泵送入模，倾落自由高度不超过2.0 m，防止偏压造成台车倾斜变形。混凝土要连续进行，防止出现水平和倾斜接缝，如混凝土因故中断，则在继续施工前，先凿除已硬化的表面松软层及水泥砂浆薄膜，并将表面凿毛，高压水冲洗干净。

混凝土施工前，根据设计要求布置预埋件，预留孔洞或洞室，并复核其位置。在施工过程中监测其位置及形状有无变化，必要时采取措施处理。

(五)混凝土捣固

混凝土浇筑后，应即时用振动棒捣固，以使混凝土密实，两侧边墙部位采用插入式振动棒振捣，拱部采用附着式振捣器振捣。

每一振点的捣固延续时间，应使混凝土表面呈现浮浆和不再沉落为止。振动棒的移动间距不大于振捣器作用半径的1.5倍。

振动棒与模板的距离不大于其作用半径的0.5倍，并避免碰撞钢筋、模板、预埋件等。振动棒插入下层混凝土内的深度不小于50 mm。

(六)脱　　模

当混凝土达到允许的强度后再进行脱模。如在初期支护稳定后再施做二衬，则在达到8 MPa时可拆模，初期支护未稳定，二次衬砌提前施做时混凝土强度应达到设计强度的100%以上。

脱模程序如下：先拆堵头板，然后自上而下操纵垂直油缸和侧向油缸，将模板收拢到平行移动状态，清除模板表面粘结的混凝土，涂脱模剂，长时期不用时要涂油防锈。

(七)混凝土养护

混凝土脱模后应进行养护。由于水对黄土隧道施工的影响较大，以及隧道侧壁安设有电线、电缆、风水管等管线，给喷水养护造成一定困难，所以隧道衬砌养护宜采用养护剂养护。

第六节　湿陷性黄土隧道地基加固施工技术

黄土隧道洞口多位于Q_3的砂质黄土Ⅴ级围岩段，该层黄土土质结构疏松，多孔隙，垂直节理发育，地基承载力不高，具有湿陷性，在遇水侵蚀或较大荷载的作用下，则产生较大沉降。由于以往铁路列车运行速度低，且轨道对基底沉降控制要求也不高，除对明洞和洞门的地基采取换填处理外，再就没有其他特殊处理措施，特别是暗洞基底的处理。客运专线铁路采用无砟轨道，线路要有高度的平顺性，对工后沉降要求特别严格(工后沉降不得大于15 mm)。为保证运营安全，必须对黄土隧道洞口具有湿陷性的Q_3砂质黄土地段的基底进行有效处理。

一、加固方法

在各类工程中有成熟技术和实践经验的地基处理形式多种多样，如换填、强夯、挤密桩、水泥粉煤灰碎石桩（CFG）、柱锤冲扩桩（DDC）、高压旋喷桩等。而能在隧道内施工且能有效消除湿陷性的最理想的地基处理方法，应该首选水泥土挤密桩。

黄土隧道进出口Ⅴ级围岩地段一般采用CRD法进行隧道开挖，隧道内设置临时中隔壁和上下横撑，而下台阶至上横撑净空高度只有4.2 m，传统的水泥土挤密桩施工设备既高且大无法进入洞内进行施工，需要对其进行改进，使设备小型化以满足施工空间要求。为了方便施工和设备的移位，要求机架的高度以及所有工具的提升高度不宜超过3.5 m。

黄土隧道具湿陷性的基底加固采用水泥土挤密桩，挤密桩设计参数：直径0.5 m，桩底深至老黄土地层约2 m，仰拱底部间距1.2 m×1.2 m，边墙底部间距1 m×1 m，呈梅花形布置。

复合地基处理指标：桩间土消除湿陷性，湿陷系数不大于0.015；桩间土平均挤密系数不小于0.93，最小挤密系数不小于0.88。

挤密桩的设计直径为0.5 m，桩间距大于1 m，这就要求挤密桩设备能提供较大的冲击能量，从而制约了对水泥土挤密桩设备小型化的改进。所以为了达到地基加固效果，需根据设备情况、黄土的物理参数及试桩结果对挤密桩设计参数进行适当的调整。

二、施工工艺

水泥土挤密桩有两种施工工艺，分别是重锤冲击成孔水泥土挤密桩（非排土挤密桩）和洛阳铲成孔水泥土挤密桩（排土挤密桩）。

重锤冲击成孔水泥土挤密桩是重锤借助于机械提升后，依靠自由下落时产生的冲击能量，对需加固的地基进行冲击成孔，在此过程中，孔中土体向周边挤出而压密周围土体。成孔达到设计深度后，分层向孔内回填水泥土，同样利用重锤自由下落时产生的冲击能量对回填水泥土分层夯实，此过程同样具有挤密周边土体的作用。如此反复分层回填、分层夯实，形成桩土复合地基，达到加固地基和消除黄土湿陷性的目的。

洛阳铲成孔水泥土挤密桩是洛阳铲由打桩机提升后，借助重力自由下落切入拟加固地层，掏出原状土而成孔，该过程属于排土成孔，对桩孔周围土体没有挤密作用。桩孔达到设计深度，将打桩机上洛阳铲更换为重锤，并向孔内分层回填水泥土，利用重锤自由下落时产生的冲击能量对回填水泥土分层夯实。在夯实过程中，水泥土在重锤冲击能量的作用下被迫向桩孔四周挤出而压密周边土体。如此反复分层回填、分层夯实，形成桩土复合地基，达到加固地基和消除黄土湿陷性的目的。

由于重锤冲击成孔水泥土挤密桩振动较大，施工时对隧道支护结构有一定的影响,故下面只对洛阳铲成孔水泥土挤密桩进行详细介绍。

设备主要参数:电动打桩机机架高 3.3 m;重锤重 470 kg,长 1.8 m,直径 25 cm;洛阳铲长 1.5 m,直径 25 cm。

(一)成　　孔

根据试桩结果,按确定的挤密桩间距进行梅花形布置。桩位精确放样后,桩机就位使洛阳铲对准孔位中心,调平、固定桩机架,保证成孔时机架平稳以确保桩体垂直度偏差不大于 1.5% 。

施工前在卷扬机的钢丝绳上标出控制孔深的标记,保证桩体的长度符合设计要求。采用 0.5 ~ 1.0 m 的小冲程进行开孔,当孔深超过 1.8 m 后再正常速度成孔。

打桩机将洛阳铲提升至 3 ~ 4 m 高度,自由下落切入地层,在洛阳铲二次提升时,可将铲中的土抖落到已推至其下方的手推车中运出。经洛阳铲反复的落下取土、提升弃土,直至桩孔钻至设计深度,实测成孔直径 25 ~ 27 cm。成孔后对孔位中心位移、垂直度、孔径及孔深进行检查。

(二)回填夯实

回填前将打桩机上的洛阳铲换为重锤夯实孔底。成孔后应及时回填夯实,并严格按工艺试验所确定的施工参数施工,虚填厚度不大于 40 ~ 45 cm,重锤落距控制在 3 ~ 4 m,每层夯击次数不少于 11 次。成桩后开挖检查,桩体直径 32 ~ 37 cm 之间。

(三)施工进度

12 m 长的水泥土挤密桩,成孔需要 40 min,回填需要 1 h。

童洛川隧道出口水泥土挤密桩施工如图 3—6—1 所示。

图 3—6—1　童洛川隧道出口水泥土挤密桩施工

三、技术要点

(1)正式施工前必须根据实际成孔方法和理论计算确定一个试验桩间距,并通过工艺试验进行验证。当地基处理效果达不到设计要求时,需对桩间距反复进行调整直至达到要求为止。

(2)成孔顺序采用间隔跳打法,即隔排隔行,间隔 1 ~2 个孔跳打。

(3)桩孔回填夯实时,严格按照工艺试验所确定的回填厚度、夯击次数、重锤落距等参数进行施工。

(4)成孔后立即回填,做到每根挤密桩连续施工,一气呵成。

(5)打桩机要准确稳定定位,重锤与桩孔相互对中,重锤应能自由下落孔底。

(6)为了保证桩头夯实质量,桩头超出设计桩顶标高 50 cm,其上虚桩可采用黄土回填并轻夯至地面。

(7)水泥土回填过程中,应认真控制并记录每一桩孔的填料数量和时间,发现问题及时处理。

(8)水泥土拌制根据回填要求随拌随用,已拌的水泥土不得超过 6 h,被雨水淋湿、浸泡后水泥土严禁使用。

四、施工实例

现场根据试桩结果进行了动态设计,并通过理论计算最终确定了凤凰岭隧道进口挤密桩设置参数:水泥土挤密桩直径 0. 25 ~0. 35 m,挤密桩间距 0. 8 m × 0. 8 m,等边三角形布置,挤密桩桩底深至老黄土地层约 2m,明挖段基底挤密桩桩顶换填三七灰土,仰拱底部厚 1 m,如图 3—6—2、图 3—6—3 和图 3—6—4 所示。

凤凰岭隧道洞内基底需处理段落长 36 m,桩长共计 6 828 m,挤密桩于 2006 年 4 月 5 日开始施工,至 5 月 16 日洞内水泥土挤密桩除中隔壁处一排桩未施工外,其余均施工完毕。考虑到挤密桩作业时的振动较大,施工时共采用 6 套机械设备多工作面同时施工,每台机械平均成桩速度约为 4 ~5 根(约 30 m)/d。为确保洞内基底处理施工时隧道的结构安全,在现场对挤密桩施工时产生的振动进行了测试,振动测试结果表明:在成孔、成桩过程中,自桩顶以下 1 m 范围内振动速率最大,最大值约 6 ~7 cm/s,在 1 ~4 m 范围振动速率也比较大,约 4 ~5 cm/s,施工至 4 m 以下时基本能满足规范要求。支护结构监控量测结果表明,挤密桩施工完毕后隧道初期支护表面无明显裂纹,对隧道初期支护结构变形的影响范围是拱顶下沉 1 ~2 mm,水平收敛 2 ~3 mm,即洞内施工水泥土挤密桩时对隧道初期支护结构安全、稳定影响甚小。在挤密桩施工完后,现场及时对基底处理质量进行了检测,检测结果表明,洞内基底新黄土的湿陷性已经消除,基底处理效果满足设计要求,达到了设计目的,即隧道内湿陷性黄土基底采用水泥土挤密桩进行加固处理是行之有效的。

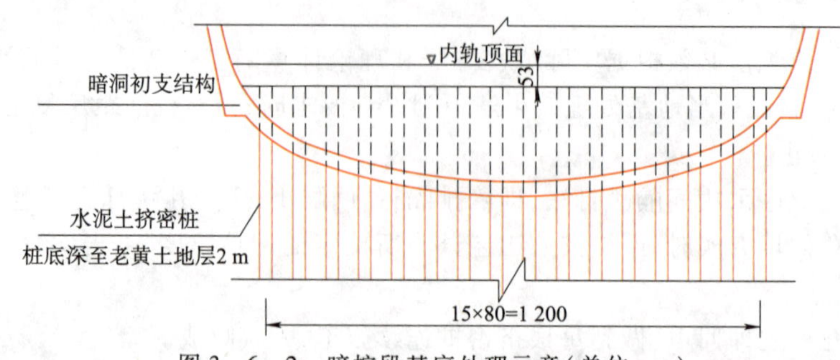

图 3—6—2 暗挖段基底处理示意(单位:cm)

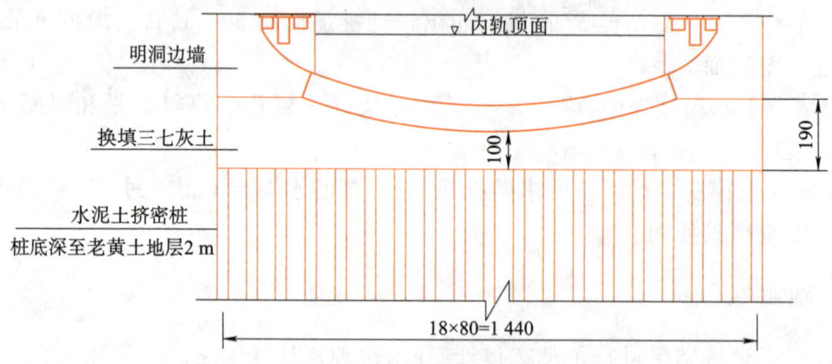

图 3—6—3 明挖段基底处理示意(单位:cm)

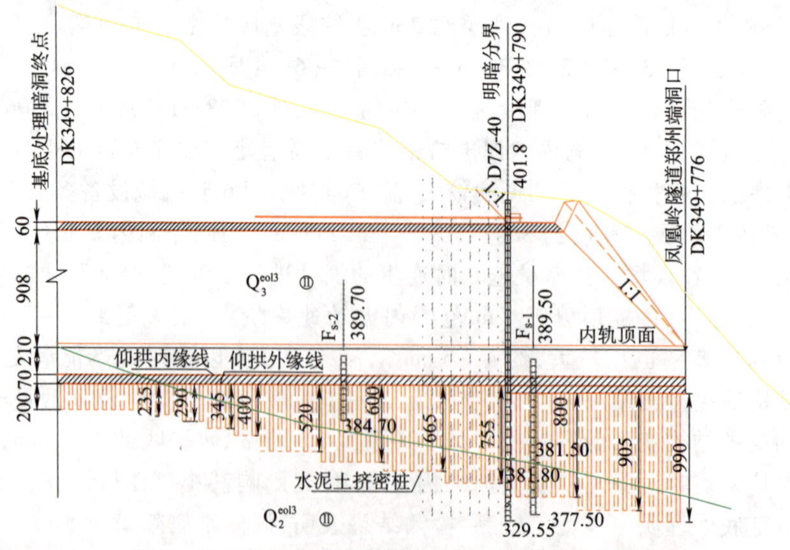

图 3—6—4 凤凰岭隧道进口基底处理设计方案纵断面

第七节　辅助坑道施工技术

综合黄土地区地形、地貌、地质、气候等条件以及隧道的长度、施工工期等多种因素，大断面黄土长大隧道的辅助坑道常选用斜井方案。

斜井内可采用无轨运输，衬砌后的最小断面为 430 cm × 568 cm（宽 × 高），能满足通行和通风布设要求。对于长度大于 250 m 的斜井，应每隔 250 m 设置一处回车道，特别是曲线斜井。斜井长度大于 1 000 m 时，应设置为双车道断面。斜井尽量与正洞正交，采用无轨运输时，纵坡坡度不大于 10%。

斜井井身Ⅳ级围岩地段采用喷锚支护，底部设置底板，Ⅴ级围岩和Ⅳ级围岩交叉口地段均采用曲墙带仰拱的封闭结构和钢筋混凝土结构。斜井支护参数见表 3—7—1。

表 3—7—1　斜井支护衬砌参数

围岩级别	施工支护							超前支护	模筑衬砌（cm）		铺底（cm）
	喷层（cm）	φ22 mm 锚杆		φ6 mm 钢筋网		型钢钢架					
		长度（m）	间距（m）	位置	间距（cm）	间距（榀/m）	钢架类型		拱墙	仰拱	
Ⅳ	18	3	1.0×1.0	拱墙	25×25	1/1	HW_{125}				30
交叉口	18	3	1.0×1.0	拱墙	20×20	1/1	HW_{125}		40	40	
Ⅴ	15	3	1.0×1.0	拱墙	20×20	1/1	HW_{125}	φ42	40	40	

一、斜井施工方法

斜井开挖一般采用弧形导坑两台阶开挖法，当土质较好时可采用正台阶法。上、下台阶开挖高度分别控制在 3.8 m 和 2.2 m 左右，其中上台阶超前下台阶 3 ~ 5 m，预留 2.5 m 长的核心土。掌子面超前仰拱（或铺底）不大于 30 m。

斜井洞身开挖采用人工配合小型挖掘机进行开挖，上台阶每循环开挖 1 榀钢架间距，下台阶每循环开挖 1 ~ 2 榀钢架间距，自卸汽车运输出渣。每一循环开挖完成后，及时喷射 4 cm 混凝土封闭周边土体，施做边墙系统锚杆，架立 H W125型钢钢架，每架每侧采用两根 φ22 mm 钢筋锁脚锚杆将钢架两底脚锁定，最后铺设钢筋网，分层复喷混凝土达到设计厚度。必要时加设横向钢支撑，封闭成环。

二次衬砌采用衬砌台车或满堂支架小型模板浇筑混凝土，输送泵运送混凝土入模。二衬及时跟进，一般二衬滞后掌子面不超过 50 m，而交叉口段二衬在斜井挑顶前必须完成。

二、斜井进入正洞的挑顶施工技术

对于大断面黄土隧道,斜井和整个交叉口段结构形状特殊,受力状态复杂,对施工支护要求很高,斜井进入正洞的挑顶施工方案是保证整个隧道施工安全和保证工期至关重要的环节。下面两种技术成熟的挑顶施工方案可供选择。

当斜井与正洞斜交时,在斜井上台阶开挖接近正洞外边缘一定距离,采用偏离法,按 1.0m 左右间距安装斜井洞身钢架,完成由垂直与斜井中线到平行于正洞中线的过渡(见图 3—7—1)。

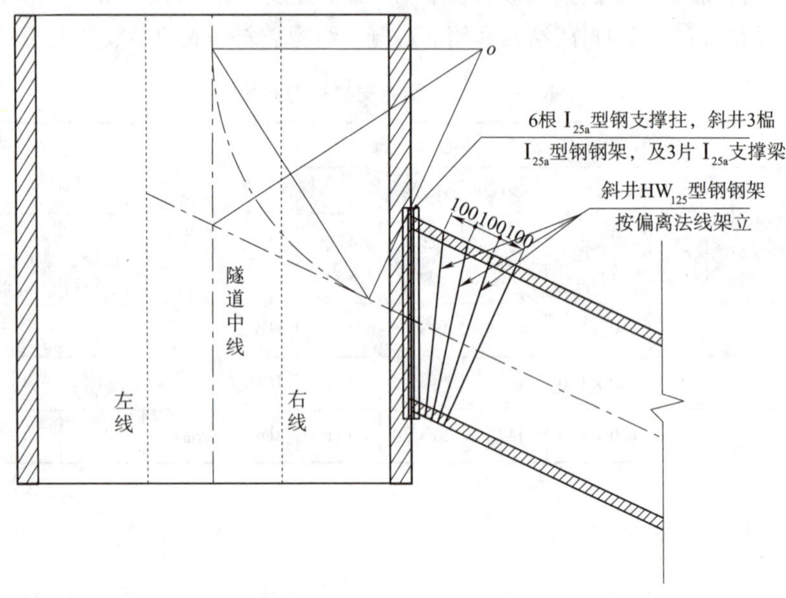

图 3—7—1 斜井进入正洞平面

(一)横向棚架法

在斜井开挖接近与正洞相交里程时,逐渐抬高斜井拱顶高程,接长钢架长度。从正洞与斜井相交里程起,采用棚架进入正洞,进行交叉段正洞洞身开挖。棚架斜向上爬坡开挖至正洞中线处达到正洞拱顶高程,再向前以平坡开挖至正洞外侧上台阶拱脚位置,然后在棚架内设置套拱。在套拱内再施做正洞上台阶初期支护后,再向两侧(正洞方向)按标准的正洞断面进行正洞开挖。横向棚洞法施工顺序见表 3—7—2。

表 3—7—2　横向棚洞法施工顺序

施工顺序	示 意 图	说　明
1	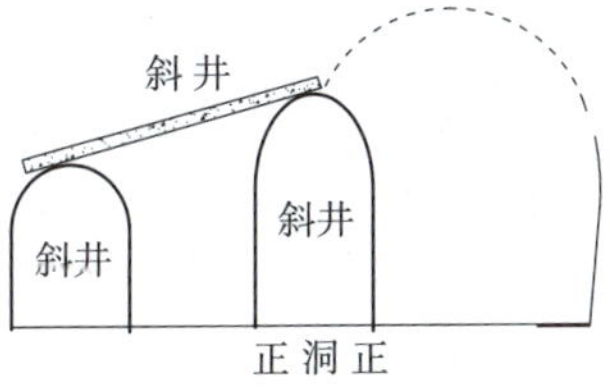 斜井 斜井 斜井 正 洞 正	1. 在斜井开挖接近正洞相交里程时，逐渐抬高斜井拱顶高程，接长钢架长度 2. 拱顶抬高坡度控制在30%以内 3. 斜井掘进至正洞开挖轮廓线后，在交叉口处施做加强环 4. 及时施做斜井交汇段二次衬砌
2	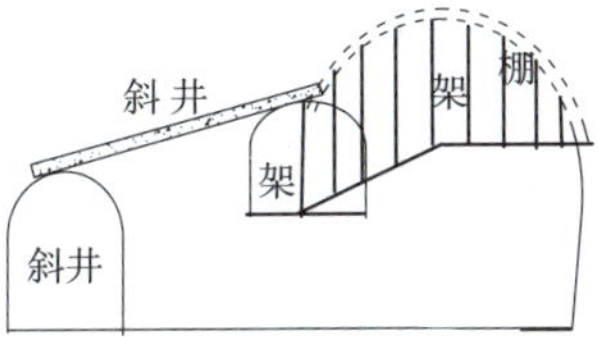 斜井 架 棚 架 斜井	1. 在斜井与正洞相交处，采用棚洞进入正洞进行开挖 2. 棚洞断面和支护参数视土质情况可进行调整 3. 棚洞开挖应预留并行沉落量和套拱的厚度 4. 在棚洞内架设套拱钢架并喷射混凝土
3	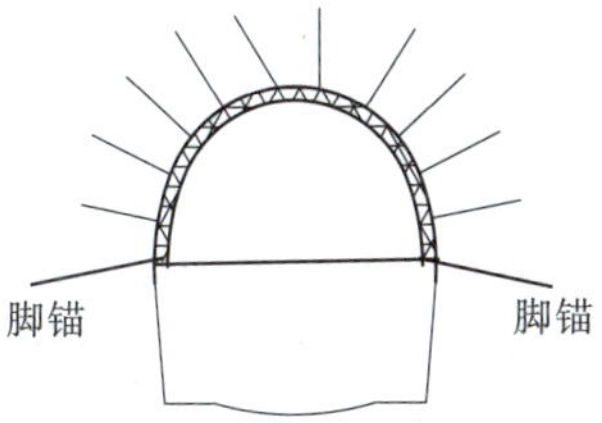 脚锚 脚锚	1. 在套拱内施做4榀正洞上台阶初期支护 2. 沿隧道正洞方向，拆除棚架一侧的临时支护，向前按Ⅳ级围岩开挖方法和支护参数施工上部弧形导坑。向前开挖4 m后，喷射混凝土封闭掌子面，暂停该方向开挖 3. 调头拆除棚架一侧的临时支护，按正洞Ⅳ级围岩施工方法开挖上部弧形导坑。向前开挖4 m后，暂停该方向开挖，并喷射混凝土封闭掌子面
4	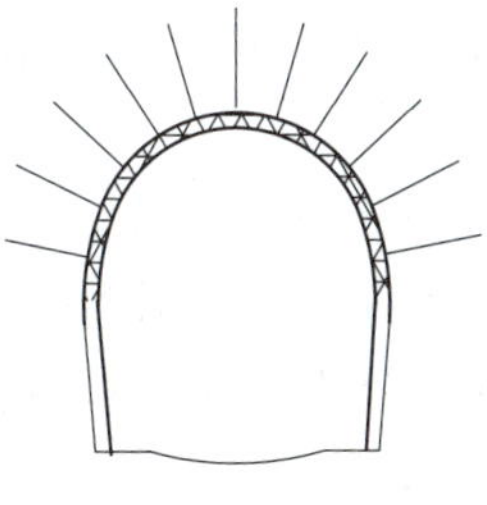	按照弧形导坑预留核心土法进行正洞施工

1. 斜井交叉段

根据斜井与正洞拱顶之间的高差，确定斜井拱顶的扩挖起始里程，其拱顶抬高坡度控制在30%以内。同时按抬高的高度制作加长的斜井钢架。

斜井与正洞相交地段为三维复杂受力状态，为确保扩顶段施工安全，在斜井与正洞交接处设置了长0.6 m加强环。

在加强环中设置了3榀加强环钢架(如图3—7—2所示),即斜井HW_{125}型钢钢架的外侧增设了I_{25a}的门型钢架,门型钢架分节与斜井钢架焊接在一起。相邻钢架间采用ϕ22 mm钢筋进行纵向连接,钢架接头处采用螺栓连接。

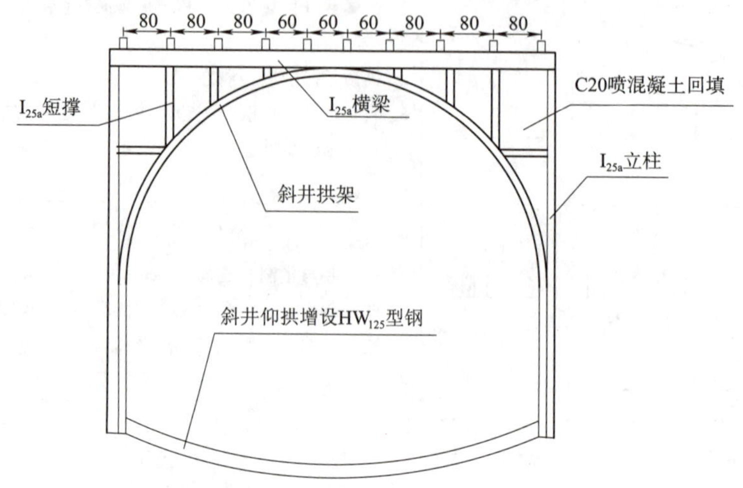

图3—7—2 加强环钢架(单位:cm)

I_{25a}的门型钢架由横梁和立柱组成。横梁与斜井HW_{125}钢架之间的空隙,从两侧对称焊接竖向I_{25a}型钢的立柱短撑,间距为50 cm,钢架安装后该空隙喷射C25混凝土回填密实。在横梁上按正洞套拱的间距纵向设置长60 cm的I_{25a}钢桩头,以作为正洞套拱的支撑点。

交叉段门架底脚处设HW_{125}纵向托梁,扩大门架拱脚和提高地基承载力。每侧增设ϕ42 mm锁脚锚管6根和ϕ22 mm系统锚杆。

在靠近正洞处斜井初期支护的7榀拱架增设了HW_{125}仰拱钢架,仰拱喷射20 cm厚的C25混凝土。正洞仰拱拱架与斜井加强段最外侧的仰拱拱架焊接,正洞仰拱衬砌钢筋则与斜井仰拱衬砌中预埋钢筋连接,确保正洞和斜井交叉口处的紧密相连,能共同受力。

交叉段斜井及时施做二衬(长25m),并按照正洞初期支护拱架间距和位置在斜井二衬的拱顶上部预埋I_{22a}型钢接头,接头采用螺栓连接。

2. 棚洞开挖

斜井二衬完成后,按垂直正洞走向采用4.0 m×4.2 m(顶部净宽2.0 m)的棚洞以上坡方式开挖到正洞中线位置,然后再向前平坡开挖至正洞外侧上导坑拱脚位置处,棚洞钢架临时支护及时跟进,如图3—7—3和图3—7—4所示。

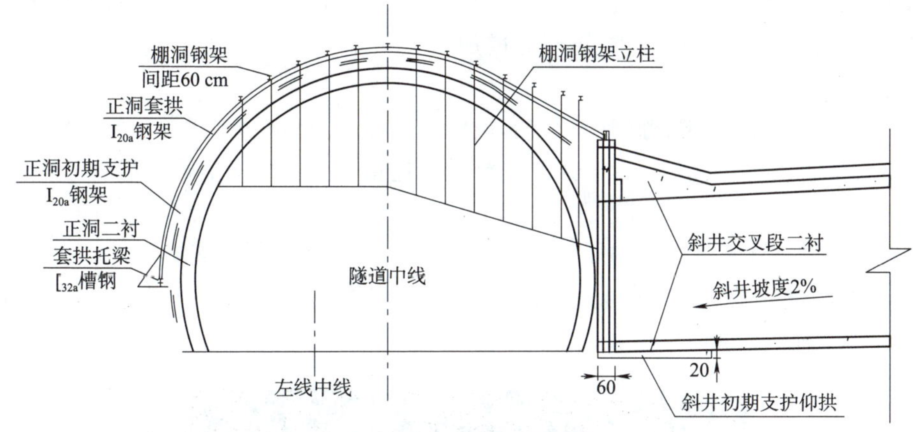

图 3—7—3　斜井进入正洞立面(单位:cm)

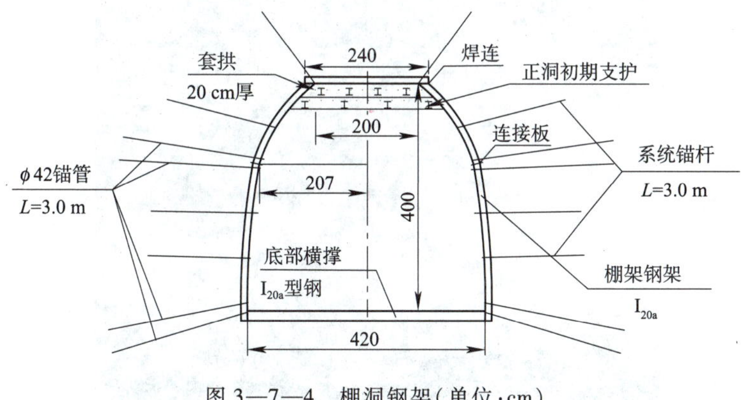

图 3—7—4　棚洞钢架(单位:cm)

在上坡开挖过程中,棚洞拱顶 120°范围施做长 3.5 m、间距 30 cm 的 ϕ42 mm 超前小导管,防止拱部土体掉块坍塌。

棚洞钢架采用 I_{20a}型钢,间距为 60 cm,底部设置横向支撑,使棚洞钢架形成临时封闭的环,在每个连接处设置两根长 3 m 的 ϕ42 mm 锁脚锚管。必要时棚洞钢架的顶部横梁两端加设临时竖向木(钢)支撑。其他临时支护参数:ϕ8 mm 的钢筋网,网格间距 20 cm × 20 cm;ϕ22 mm 系统锚杆长 3.0 m,间距 1.0 m × 1.0 m 梅花型布置;喷射 20 cm 厚的 C25 混凝土。

施工中,棚洞临时支护体系中的顶部钢架横梁位于正洞初期支护外,下一步施做套拱时不再取出,所以棚洞拱顶高程超出正洞设计开挖线 60 cm,以满足套拱临时支护厚度和预留 20 cm 变形量需要。

3. 套拱施工

棚洞施做完毕后及时在其钢架内侧施做宽度为 2.0 m 的套拱，并在棚洞内正洞初期支护完成后向两侧延伸套拱，每侧各增加 2.5 m，即 7 m 长套拱，以确保在斜井宽度范围均有套拱保护。

套拱钢架为 I_{20a}型钢，棚洞内设有套拱钢架 4 榀，间距 60 cm，两侧延伸套拱钢架间距 80 cm，每侧各 3 榀；ϕ22 mm 连接筋进行纵向连接，间距 80 cm；喷射 20 cm 厚的 C25 混凝土。

套拱钢架一侧落脚于斜井加强环处的 I_{25a} 钢桩头上，另一侧落脚于正洞起拱线处纵向放置的$[_{32a}$槽钢上，并在此处设置 60 cm 宽的扩大拱脚，并打设 6 根长 4 m 的 ϕ42 mm锁脚锚管。棚洞内的套拱施工如图 3—7—5 所示。

图 3—7—5　棚洞内的套拱施工

4. 正洞施工

棚洞内的套拱施做完后，安设正洞Ⅳ级围岩 4 榀 I_{22a}的钢架，60 cm间距，并与套拱钢架错开设置。钢架一侧落脚于斜井交叉口二衬混凝土中的预埋钢桩上，另一侧底脚支在混凝土垫块上，在钢架分节处和拱脚处各施做长 4 m 的ϕ42 mm锁脚锚管两根。

棚洞内的正洞初期支护完成后，拆除棚洞一侧的临时支护，进行正洞上台阶开挖与支护。待正洞开挖和支护约 10 m 后，封闭掌子面，掉头进行另一端正洞上台阶开挖与支护。待施工空间满足后，两侧工作面可以同时平行施工。

(二)纵向爬坡导洞法

当交叉口段为稳定性较好的Ⅳ级黄土围岩时，斜井施工至正洞交界处，以圆曲线形式转体进入正洞，同时上坡开挖至正洞拱顶高程，并继续沿相同方向按正洞支护形式掘进一定距离，形成作业空间后，转向相反方向施工，扩挖临时支护达到正洞标准断面。

纵向爬坡导坑法施工顺序见表 3—7—3。

表 3—7—3　纵向爬坡导洞法施工顺序

施工顺序	示　意　图	说　　明
1	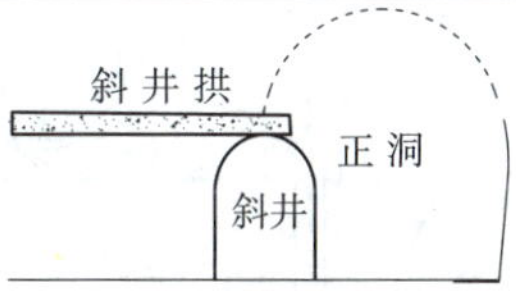 斜井拱 正洞 斜井	1. 斜井掘进至正洞开挖轮廓线后，在交叉口处施做加强环 2. 及时施做斜井交汇段二次衬砌
2	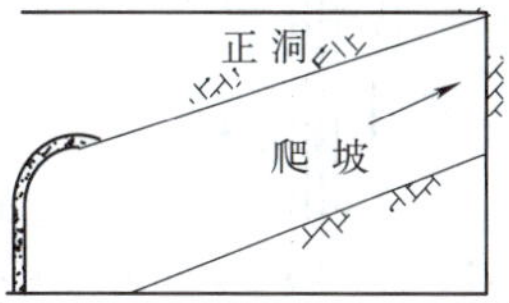 正洞 爬坡	1. 按确定的曲线半径测设爬坡导洞中线 2. 沿隧道一侧方向，斜向上开挖爬坡导洞至正洞拱顶 3. 爬坡导洞断面视土质情况可进行调整 4. 爬坡导坑支护参数按斜井错车道支护参数
3	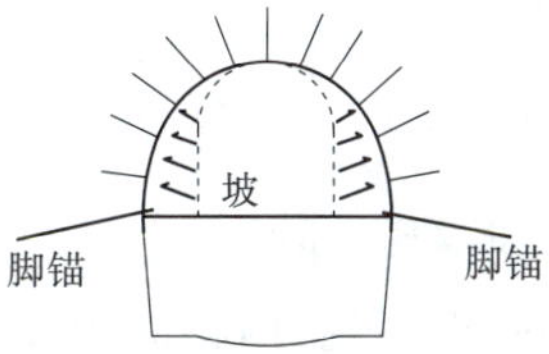 坡 脚锚 脚锚	爬坡导洞拱顶和正洞拱顶位于同一高程后，在导洞内直接向正洞进行扩挖，一端正洞施工 10 m 后，喷射混凝土封闭掌子面
4	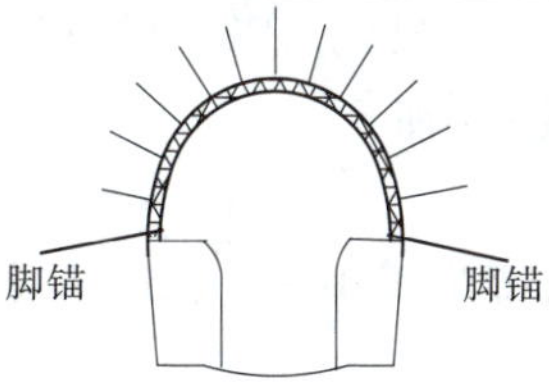 脚锚 脚锚	1. 调头按正洞Ⅳ级围岩施工方案开挖上部弧形导坑，开挖过程中仅对有影响的爬坡导坑的钢架进行拆除 2. 施工中可根据需要开挖一段距离后，暂停该方向开挖，并喷射混凝土封闭掌子面，再回头按正常工序进行正洞的开挖及初期支护
5	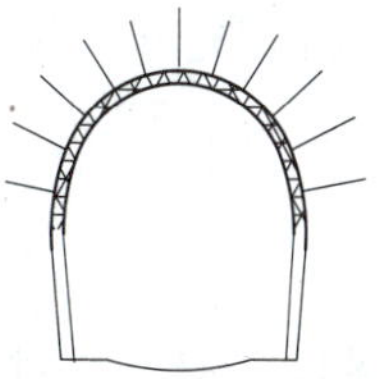	按照弧形导坑预留核心土法进行正洞施工

1. 斜井交叉段施工

除了斜井洞身不在交叉段处抬高之外，其余设置基本与横向棚洞法相同，同样需在斜井与正洞交接处设置长 0.6 m 的加强环，但此时在门型钢架横梁上设置的 I_{25a} 钢桩头，是作为正洞钢架的支撑点(此方法不设置套拱)。

2. 爬坡导洞开挖

完成斜井加强环和交叉段二衬后，爬坡导洞先以斜井断面形式，按 $R=10\sim15$ m 的圆曲线半径，以不大于 30% 的坡度爬到正洞拱顶的高程(如图 3—7—6 所示)，同时爬坡导洞的净宽也由 5.5 m 迅速增至 9 m。

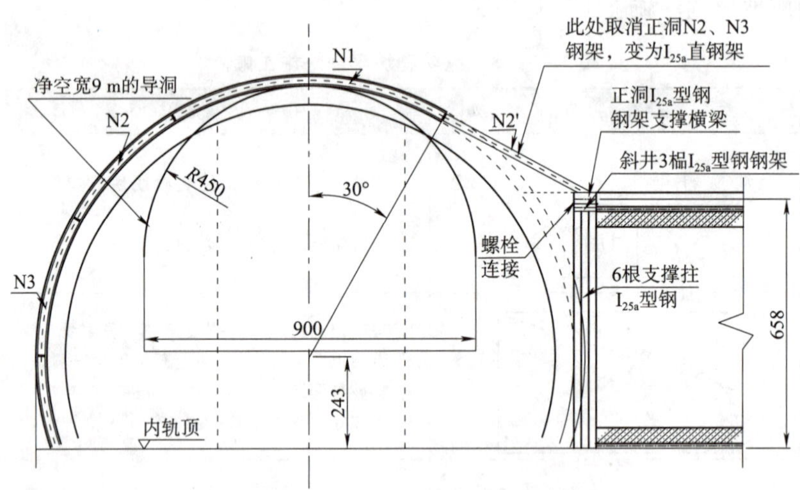

图 3—7—6　斜井进入正洞立面(单位:cm)

爬坡导洞设计净宽 9 m，支护参数为：HW_{125} 型钢钢架，间距 1 榀/m，ϕ22 mm 锚杆，长度 3.0 m，间距 1.0 m×1.0 m，梅花型布置；ϕ6 mm 钢筋网，网格间距 0.2 m×0.2 m；喷射 C20 混凝土，厚度 18 cm。在支护施工过程中，要严格保证锁脚锚杆和纵向连接筋的施工质量。爬坡导洞结构形式与参数如图 3—7—7 所示。

3. 正洞施工

完成爬坡后，在导洞内向一端直接扩挖正洞，待施工 10 m 后，喷混凝土封闭掌子面，回过头进行反向正洞施工。

反向开挖按正洞Ⅳ级围岩上部弧形导坑的高度进行，先开挖顶部，再开挖两侧。开挖时仅对有影响的导洞钢架进行拆除，按正洞设计要求间距进行钢架施工，相应完善其他支护。

(三)施工要点

(1)由斜井进入正洞开挖前，必须先完成斜井交叉段二衬。二衬挡头板沿正洞线

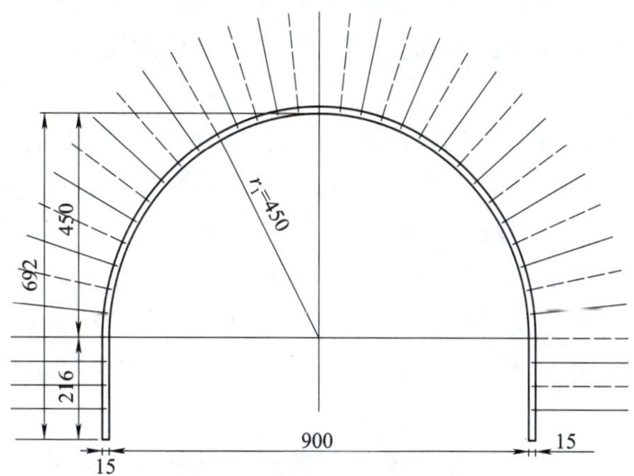

图 3—7—7　爬坡导洞结构形式与参数(单位:cm)

路方向安设。

(2)斜井交叉口的加强环应深入正洞的初期支护断面,保证为正洞的支护提供有力的支撑。

(3)横向棚洞法中进入正洞的第一榀棚洞钢架应与斜井钢架采取可靠的连接。

(4)在斜井向正洞转化的整个施工过程中,加强监控量测工作,并及时根据量测数据进行调整支护参数和施工工序。

(5)正洞交叉口段开挖后要及时进行正洞仰拱、二衬的施工,以便初期支护与仰拱尽早成环,确保施工安全。

(6)正洞交叉口段的一环二次衬砌,应在斜井断面宽度范围外的两侧各设置一道沉降缝,防止不均匀沉降,引起交叉口处正洞混凝土衬砌开裂。

(7)正洞交叉口段的围岩应降低一个等级,提高隧道结构强度,以适应大跨度临空的受力要求。

(8)加强交叉口段内的通风,在抬高进入正洞的导洞内应设置电风扇或冷气等降温设备。

(四)两种方案技术经济比较

1. 安 全 性

(1)纵向爬坡导洞法:以小断面的爬坡导洞和圆顺的曲线进入正洞,相对减少了应力集中,再以爬坡导洞断面扩挖至正洞断面,有利于受力。但需拆除爬坡导洞两侧边墙的支护,此时应加强量测。在进行正洞扩挖前增置超前小导管,使每环开挖都在小导管形成简支梁的保护下进行。

正洞施工的转换过渡段长,致使正洞仰拱和二衬不能及时施做,不能及时封闭成环。施工斜井断面范围内正洞拱顶钢架(N1 钢架)时,架立高度较大,需搭设钢管架临时作业平台。经监控量测表明,正洞隧道拱顶沉降最大值为 19 cm,整个施工过程处于安全稳定状态。

(2)横向棚洞法:斜井施工到正洞隧道后,先施工正洞的上台阶即挑顶,待上部施工完毕后立即进行正洞的下部施工,突然加大了临空面,对围岩扰动大,偏压应力快速重新分布并全部作用于该小段的初期支护上,应力集中明显。该方案通过在正洞初期支护外增设套拱支护来加强支护强度,以承受过大的偏压应力。

正洞的仰拱和二衬能及时施做封闭成环,提高了支护结构的稳定性。量测结果表明正洞隧道拱顶沉降最大值为 19 cm,整个施工过程处于安全稳定状态。

2. 施工进度

(1)纵向爬坡导洞法:爬坡导洞要以圆曲线形式转体进入正洞,并需在正洞内经上坡开挖后才能过渡至正洞拱顶高程,然后才能进行正洞施工。由于爬坡导洞空间狭小、长度长、坡度大,不能充分利用机械,人工施工工作量大,挑顶施工时间长,需 40 d 完成施工转换。

(2)横向棚洞法:棚洞与正洞的相互位置为正交,施工长度短(正洞宽度的 2/3),棚洞施工后形成的空间直接为正洞断面,不用进行二次扩挖,人工施工工作仅为正洞的上台阶(长度斜井断面宽度内),其余工作均可使用机械,故挑顶施工时间短,只需 30 d 就完成了施工转换。

3. 经 济 性

(1)纵向爬坡导洞法:爬坡导洞长度大,临时支护多,拆除工作量大,挑顶费用相对较高。

(2)横向棚洞法:临时支护少,拆除工作量小(仅为棚洞的两侧),挑顶费用相对较小。

第八节　施工通风与防尘技术

一、施工通风的特点与要求

郑西铁路客运专线全长 454 km,其中隧道共 38 座,总长 76 703 m。在 38 座隧道中,黄土隧道占大多数。隧道长度最短的(山神庙隧道)150 m,最长的(张茅隧道)8 460 m。根据施工组织设计调查:独头掘进长度较短,没有增设斜井导坑的共 28 座;其中独头通风长度 $L<500$ m 以下的居多,有 21 座;独头通风长度 500 m $<L<$ 1 000 m 的有 6 座;达到 2 000 m 的有 1 座(金银山隧道)。设有施工辅助斜井的 10 座,多数斜井长度不超过 500 m,仅函谷关隧道 1 号斜井长 589 m,2 号斜井长 963 m。设有斜井的

10座隧道，均通过斜井向进、出口正洞双向施工，多数单向施工长度不足1 000 m，利用隧道进出口正洞单向施工长度小于2 000 m。由于采用双线单洞隧道设计，隧道开挖断面大，一般为165 m^2 左右。开挖方式一般为非钻爆法的人工配合挖掘机开挖的台阶法、CD法和CRD方法等，20 t自卸汽车运渣，初期支护主要设备为混凝土搅拌车及湿式喷射机等无轨运输施工模式。

郑西铁路客运专线黄土隧道断面大、无轨运输、延程黄土粉尘大，传统隧道通风量不足，施工通风有其特点与要求。

(1)施工通风系统设计应紧密结合施工方法，满足施工组织设计和计划进度的要求；

(2)施工通风系统应在正常施工条件下，隧道主要工作面作业场区的劳动环境符合国家劳动卫生标准。在最不利条件下作业面的主要劳动卫生条件基本达到国家标准，即CO含量低于30 mg/m^3，氮氧化合物(NO_x)等低于5 mg/m^3，粉尘浓度低于2 mg/m^3，洞内平均温度不超过28 ℃；

(3)施工通风设计应尽可能降低通风技术难度，便于施工管理。系统形式简约，不宜频繁移动和更换风机；

(4)尽可能减少控制风门，减少通风对施工运输的干扰；

(5)多工作面同时施工的通风系统中，满足施工要求的前提下，在最大掘进深度时可以考虑将排烟、运输等控制用风量的工序适当错开，然后进行通风计算，确定合理的系统规模。通风设备的种类和数量应相对较少，并尽可能利用承包商已有设备；

(6)贯彻"以人为本"的建设理念，保证施工安全，优化施工环境；

(7)坚持节省投资、节约能源的设计原则；

(8)尽可能使用国产低噪声、高效率专用隧道风机，暂时国内不能生产的，也应该立足国内技术力量，自行研究开发。

二、大断面长隧道施工通风

(一)通风系统设计依据

(1)结合郑西铁路客运专线铁路隧道工程实际，隧道施工通风按平均海拔1 000 m以下计算，不考虑空气重率高程修正系数。

(2)通风管道的平均百米漏风率：国产风管取 $P_{100}=(1.0\sim1.5)\%$，引进的风管取 $P_{100}=0.55\%$。

(3)取管道的达西系数 $\lambda=0.015$，管道的摩阻系数 α 为

$$\alpha=\frac{\lambda\times\rho}{8}=\frac{0.015\times0.835}{8}=1.57\times10^{-3}\ kg/m^3$$

(4)洞壁沿程摩阻系数按锚喷支护巷道，取 $\lambda=0.088$。

(5)钻爆法施工时，最大循环钻孔深度取4.5 m，有效爆破深度取平均4.0 m。

(6)炸药用量:全断面开挖时取 1.6 kg/m³,导坑开挖时取 1.8 kg/m³。

(7)排出炮烟的通风时间:小断面取 $t=15$ min,大断面取 $t=30$ min。

(8)洞内施工人员用风指标取 4.0 m³/(min·人)。

(9)洞内机械设备用风指标取 4.0 m³/(min·kW),安装废气净化装置的柴油机按实际使用功率计算。

(二)张茅隧道 1 号斜井通风

张茅隧道是郑西铁路客运专线中最长的黄土隧道,设有两座斜井。其中 1 号斜井长 300 m,向正洞进口方向计划施工 1 300 m,向正洞出口方向计划施工 2 200 m。正洞开挖断面积 165 m²,采用无轨运输出渣。受斜井断面限制,斜井内只能安装两路直径 ϕ1.2 m 通风管道。斜井口安装 2 × 110 kW 风机(设计风量 1 800 m³/min,全压 5 000 Pa)两台,分别配用直径 ϕ1.2 m 通风软管向进、出口两个工作面供风(图 3—8—1)。现场估计,采用该通风系统难以满足出口方向正洞施工 2 300 m 的要求,提出第二阶段施工通风方案(图 3—8—2)。

1. 正洞施工 1 300 m 的通风方案

斜井施工、并完成正洞进、出口方向 1 300 m,施工通风方法如图 3—8—1 所示。

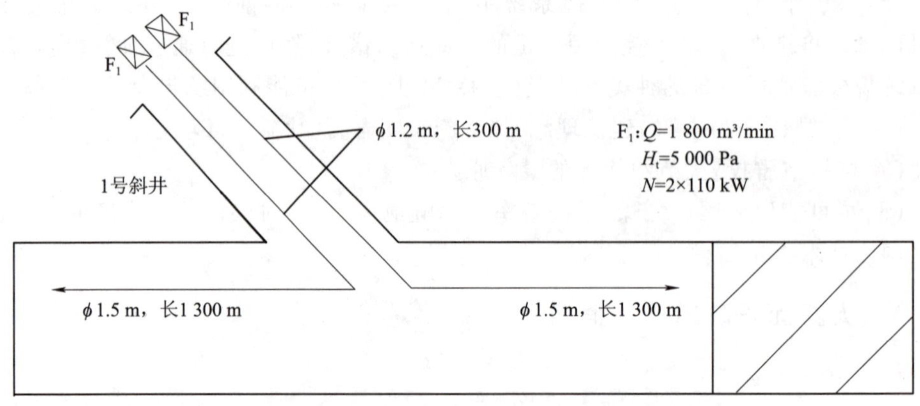

图 3—8—1 张茅隧道 1 号斜井掘进 1 300 m 通风方案

2. 正洞出口方向 1 300 ~ 2 300 m 施工通风方案

待进口正洞 1 300 m 掘进任务完成后,利用现有系统的两台风机 F_1,再新购置 1 台风机 F_2,形成混合式通风系统,如图 3—8—2 所示,完成 1 300 ~ 2 300 m 施工任务。

(三)函谷关隧道 2 号斜井混合式通风方案

函谷关隧道全长 7 851 m,设三座斜井。其中 2 号斜井全长 963 m,通过斜井向正洞进口方向施工 830 m,出口方向施工 1 125 m。正洞开挖断面积 165 m²,无轨运输施工方式。该斜井施工通风方式是采用混合式通风,如图 3—8—3 所示。

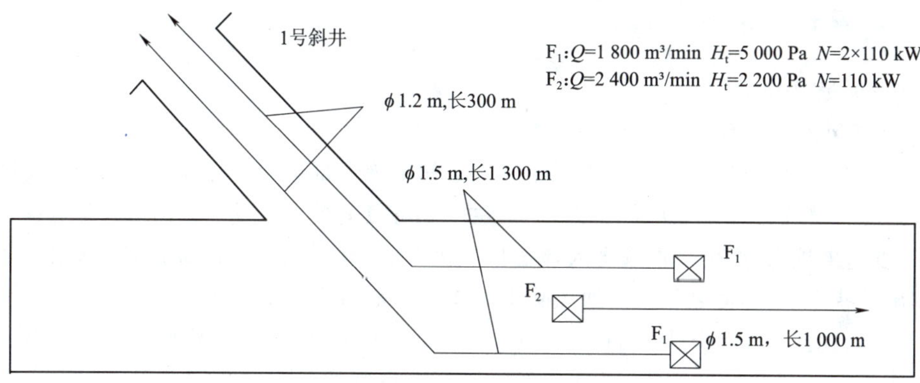

图 3—8—2　张茅隧道 1 号斜井掘进 1 300 m 以后通风方案

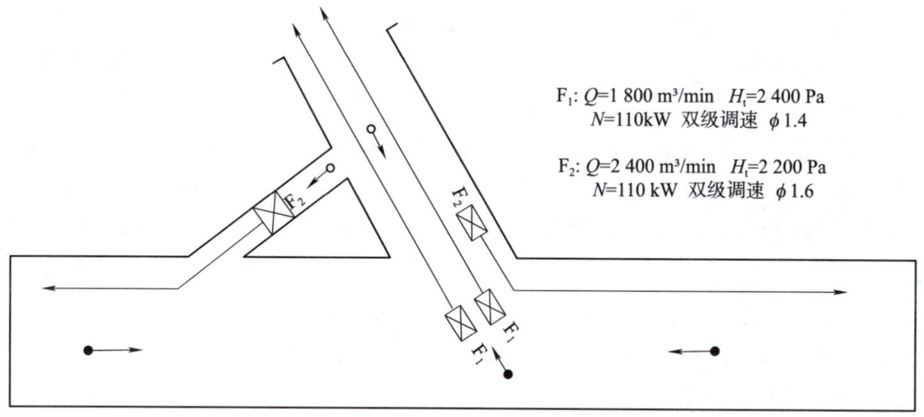

图 3—8—3　采用混合式通风

该系统中，新鲜风流从斜井流入洞内，由二台风机 F_2 和压入式管道分别送至两端工作面，工作面的污风回流至斜井底部，由二台风机 F_1 和压出式管道送往洞外，从而形成混合式通风系统。

根据前面计算结果，送往两个工作面的压入式风机 F_2 的设计风量为 2 400 m^3/min，全压 2 000 Pa，电动机功率 110 kW，配用直径 ϕ1.6 m 通风管道送风长度 1 125 m。两台压入式风机的风量之和，即斜井流入的总风量应大于两台 F_2 风机的风量之和，但考虑到两个工作面不会同时出渣，因而总风量可以适当减少，现取总风量为 3 600 m^3/min。采用双回路通风时，每台风机的风量为 1 800 m^3/min，则配用直径 ϕ1.4 m通风管道时，设计全压应为 2 400 Pa，电动机功率 110 kW。F_1 和 F_2 风机均采用双级调速控制，以调整风量，节约能耗。

三、施工防尘、降尘措施

（一）通风除尘

1. 通风除尘的作用

洞内各产尘地点，均产生一定量的粉尘，其中绝大部分是小于 10 μm 的粉尘，进入空气之中。微细粉尘能长时间悬浮于空气中，如继续有粉尘产生，则空气中粉尘逐渐积累，浓度越来越高，将会严重危害人体健康。因此，必须采取有效的通风措施，稀释和及时排出这些微尘，不使之积累。通风除尘的作用就是稀释和排出洞内空气中的粉尘。

经验表明，通风除尘是综合防尘措施中不可缺少的重要环节，是其他措施不能替代的。

为保证通风除尘的效果，必须使新鲜风流有良好的风质。我国有关部门规定新鲜风流中粉尘浓度不许大于 0.5 mg/m^3。

2. 排尘风速

能使对人体最有危害的微细粉尘（5 μm 以下）在空气中保持悬浮状态并随风流运动的最低风速称为最低排尘风速。它的大小与粉尘的沉降速度和洞壁摩阻系数有关。

最低排尘风速一般由试验方法确定。根据试验观测资料，当洞内风流达到0.15 m/s 时，5 μm 以下的粉尘能够悬浮并与空气均匀混合而随风流运动。我国煤炭、冶金及铁道部门颁发的有关规定要求掘进巷道工作面的最低排尘风流速度不小于 0.15 m/s。

排尘风速增大时，粒径稍大的尘粒也能悬浮并被排走，同时增强了稀释作用，在产尘量一定的条件下，粉尘浓度将随排尘风速增大而降低。当风速增大到一定数值（一般在 1.5 ~ 2 m/s 之间）时，作业地点粉尘浓度降到最低值，这一风速叫做最优排尘风速。风速再增高时，因能吹扬起已沉降的粉尘，将使粉尘浓度再度增高。在产尘量大、粉尘比重大、通风条件比较困难的作业地点，应适当增大排尘风速。

排尘风速增加亦即增加通风风量，因新鲜风量增加而增强了风流的稀释作用。由于连续产尘过程，风流的稀释作用可由下表示为：

$$Q = \frac{G}{c - c_0}$$

式中 Q——通风风量（m^3/s）；

G——产尘强度（mg/s）；

c——稀释后粉尘的浓度（mg/m^3），要求达到允许浓度；

c_0——进风的原始粉尘的浓度（mg/m^3），要求不超过 0.5 mg/m^3。

由于风速过高会引起粉尘的二次飞扬，《铁路隧道施工规范》规定洞内最高风速不能超过 6 m/s。

3. 通风排尘系统

通风排尘效果除了与风速有关外，还与通风方式、风筒布置、通风时间有关。

采用压入式通风时，风流能有效地清洁工作面，比抽出式通风排尘能力强，但含尘风在整个隧洞流动，所以通风时间较长。抽出式通风，只有当风筒吸风口距工作面很近(2～3 m)，通风排尘效果才显著表现出来。和上述两种通风方式相比，混合式通风的除尘效果最好。

另外，风筒的悬挂位置，应位于隧道一侧并使风筒轴线保持与隧道平行，避免由风筒吹出的风流在工作面形成涡流或直接吹向渣土堆，而增加空气的粉尘含量。

在隧道施工中，通风设备兼有排烟、排尘、排除内燃废气及通风换气等多方面的用途，在考虑通风排尘系统布置时，还必须考虑其他方面的要求。

(二)湿式作业

湿式作业是矿山和铁路、交通、水工等隧道施工中普遍采用的一项重要的防尘技术措施，其设备简单、使用方便、费用低、效果较好，在有条件的地方应尽量采用。按其除尘作用可分为用水湿润沉积的粉尘和用水捕捉悬浮于空气中的粉尘。

1. 洒水降尘

对黄土隧道无轨运输道路，洒水是最有效的防尘、降尘措施、实践证明，坚持适量的洒水，可减少粉尘 90% 以上。

2. 喷雾捕尘

(1)喷雾捕尘的特点。

用水捕捉悬浮在空气中的粉尘，是把水雾化成微细水滴并喷射于空气中，使其与尘粒碰撞接触，则尘粒被水捕捉而附于水滴上或者被湿润的尘粒互相凝聚成大颗粒，从而加快其降尘速度。

影响喷雾捕尘效率的因素有水滴的粒度、水滴喷射速度、含尘风流的速度等。水滴雾化越充分，喷射速度越高，含尘风流的速度越低，捕尘的效率也就越高。

(2)捕尘设备。

喷雾降尘的设备主要是喷雾器，其形式很多，按喷雾动力分为单水喷雾器和风水喷雾器两种。

风水喷雾器是靠压力作用使水成雾状喷出。这种形式喷雾器的特点是喷雾面积大、雾粒细、射程远、喷射速度高，缺点是消耗压力、耗水量大。使用时，在特制的喷头内发生旋转和冲击，使水形成水雾喷射出去。

而喷头的种类很多，金属矿山使用较多的是武安-4 型。此种喷雾器结构简单、轻便，具有耗水量小，雾粒细、扩张角大等特点，缺点是射程小，适于向固定尘源喷雾。

(三)个人防护

个人防护也是综合防尘措施之一。目前主要方法是佩戴防尘口罩。普通纱布口罩防尘效率低，呼吸阻力大，而且潮湿后佩戴不舒服。推荐佩戴各种专用防尘口罩，其阻尘率均在 90% 以上。

第四章
大断面黄土隧道下穿构(建)筑物施工技术

郑西铁路客运专线黄土隧道多次下穿既有铁路和公路,隧道埋置深度和黄土工程性质差异大,为保证既有铁路运营和隧道快速施工需要,分别采取不同技术和方法实现了安全施工,取得了良好的效果。

第一节 浅埋黄土隧道下穿既有铁路施工技术

一、工程概况

郑西铁路客运专线高桥隧道位于陕西省潼关县,起讫里程为 DK348 + 110 ~ DK349 + 568,长 1 458 m,为双线黄土隧道。隧道除进口端 564 m 位于 R = 8 000 m 的曲线地段,出口端 158 m 位于 R = 12 000 m 的曲线地段外,其余洞身位于直线上。洞身进口段纵坡为 -9‰,出口段纵坡为 -3.5‰。出口位于磨沟右岸陡坡,下穿南同蒲线与磨沟大桥相连,交通非常不便。

隧道出口段于 DK349 + 455.86 处与南同蒲铁路挖方路堑小角度下穿立交,相交角度为 23°58′49″,下穿段隧道施工长度约 90 m,最小埋深仅为 12.89 m。隧道出口段埋深浅,线路左侧边坡基本由坍滑堆积体组成,土体较松散,地形严重偏压。

隧道通过区范围内地层岩性简单,为Ⅰ级黄土台塬区,出口端表层为第四系上更新统风积砂质黄土及黏质黄土,下伏第四系中更新统风积砂质黄土及黏质黄土,中间夹有数层古土壤层。隧道洞身大部为砂质黄土(Q_3),下部为砂质黄土(Q_2)。

南同蒲铁路为Ⅱ级正线,单线无缝线路,60 kg/m 钢轨,Ⅱ型混凝土轨枕,碎石道床。该段铁路位于深路堑内,其中 50 m 位于缓和曲线上,15 m 位于直线内,曲线半径 400 m,缓和曲线长 80 m,超高 125 mm,缓和曲线一端接磨沟大桥,另一端接磨沟隧道。南同蒲线日行车密度为 19 对,日行车平均间隔时间 30 min 左右,经调查最大行车间隔时间约 45 min,列车行驶较频繁。

高桥隧道与南同蒲既有铁路相对位置关系如图 4—1—1 所示。

二、架空既有线、双侧壁导坑法方案

隧道出口 DK349 + 410 ~ + 500 为Ⅴ级围岩下穿南同蒲铁路段,采用一孔跨度

图 4—1—1　高桥隧道与南同蒲既有铁路相对位置关系

64 m的八七式铁路应急抢修钢梁架空铁路,梁两端置于隧道开挖轮廓以外的群桩基础之上。每段群桩 4 根,深度 43 m,承台尺寸 8.4 m×4.25 m×3.0 m(长×宽×高),群桩与承台均采用 C30 钢筋混凝土。高桥隧道在架空线路的条件下采用双侧壁导坑法暗挖通过,既有铁路在限速 15 km/h 的条件维持运营。初期支护采用 35 cm 厚喷射混凝土,全断面设 I_{25a}型钢钢架,间距 1 榀/0.6 m,拱部设 ϕ42 mm 超前小导管(1～4.5 m,环向间距 40 cm,外插角 5°～10°,搭接长度≥1.5 m)。二次衬砌采用 80 cm 厚的钢筋混凝土结构。

该施工方案存在的问题:

(1)施工要求既有铁路列车运行速度小于 15 km/h,而根据铁道部文件铁办〔2005〕133 号及西安铁路局文件西铁办〔2005〕292 号的规定,各项施工要求按规定控制慢行距离和慢行速度,桥涵顶进施工慢行速度不应低于 45 km/h。

(2)八七式铁路应急抢修钢梁净宽(4.974 m)比南同蒲铁路界限宽度(4.88 m)只宽出 94 mm,而该段既有线的曲线外矢距为 93 cm,不满足铁路的运营要求。

(3)既有线位于路堑内,前后分别为磨沟隧道和磨沟大桥,施工桩基和八七式抢修梁的材料和设备运输困难,既没有便道,也没有施工场地。

(4)架空方案实施时,影响南同蒲铁路的正常运营。

基于以上原因,该方案在施工场地困难,且既有铁路曲线半径较小时不宜采用。

三、超前管棚、双侧壁导坑法方案

在洞内管棚超前支护后采用双层支护的双侧壁导坑法,该方案施工周期长,为了保证无砟轨道铺设沉降期的要求,需增设新的工作面加快施工进度。

为了保证隧道施工工期，降低施工难度和风险，在 DK349 + 379 处增设一座长 127 m斜井，既可保证自斜井至进口段的正常施工，又可自斜井向出口段反向掘进通过下穿南同蒲铁路段。

利用增设的斜井自洞内向洞口方向进行掘进，在 DK349 + 410 ~ + 500 下穿段采用双侧壁导坑法开挖，拱部 120°范围内设置 ϕ159 mm 管棚进行超前支护，初期支护采用双层支护形式，二次衬砌采用加强钢筋混凝土结构。

洞内超前支护采用 ϕ159 mm 管棚，钢管内压注水泥浆。管棚设计参数：拱部 120°范围内设置 ϕ159 mm 钢管，壁厚 6 mm，每根钢管长 100 m，环向间距 20 cm，外插角 0° ~1°。

初期支护采用双层支护形式。初期支护为 35 cm 厚的喷射混凝土，拱墙挂 ϕ8 mm 钢筋网，网格间距为 20 cm × 20 cm，全断面设 I_{25a} 型钢钢架，间距为 2 榀/m，边墙设置 ϕ22 mm 砂浆锚杆，长 4 m，间距 1 m × 1 m，梅花型布置，二次支护为全断面设 35 cm 钢筋混凝土结构，主筋采用 ϕ22 mm@ 250 mm。

临时侧壁及临时横撑采用锚喷支护，喷射混凝土厚 25 cm，设 I_{25a} 型钢钢架，间距为 2 榀/m。临时侧壁设置 ϕ22 砂浆锚杆，长 2. 5 m，间距 1 m × 1 m，梅花型布置。

二次衬砌采用加强钢筋混凝土结构，厚度为 40 cm，二衬主筋采用 2ϕ22@ 200 mm（内外侧每处布置 2 根）。

在隧道开挖影响范围内既有线 K861 + 952 ~ K862 + 072 共计 120 m 段，对既有铁路采用每侧 7 扣 P50 轨加固线路。

双侧壁导坑法施工步骤如图 4—1—2 所示。

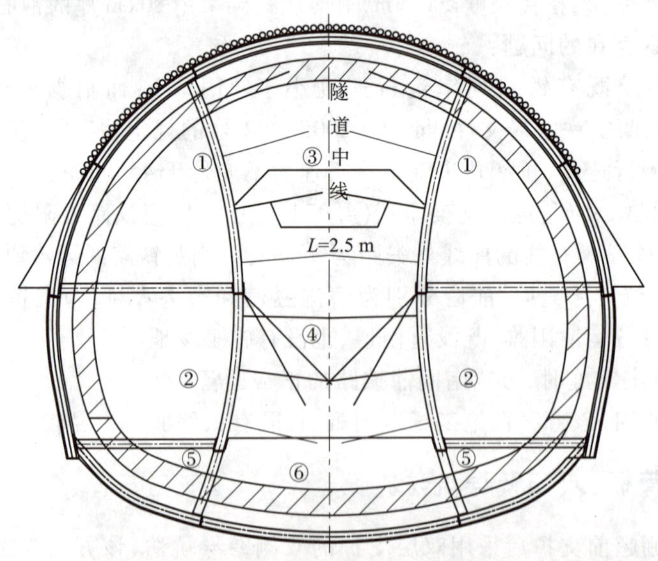

图 4—1—2 隧道下穿南同蒲段双侧壁法施工步骤

该方案二次支护因为模筑钢筋混凝土,所以施工进度相当慢,且成本高,未予采用。

四、超前管棚、弧形导坑法方案

由于高桥隧道下穿段埋深浅,与南同蒲铁路相交角度小,下穿段施工长度长,且该段既有线位于小半径曲线和傍山深路堑内,既有线路左侧为黄土高边坡,隧道偏压严重。考虑施工工期原因,设计施工方案一直在不断优化改进中,经历了几次设计变更和专家研讨,最终决定采用超前预加固、双层支护和弧形导坑法施工。

(一)施工方案

利用增设的斜井自洞内向洞口方向采用超前预支护、双层支护和弧形导坑法开挖施工下穿段,在隧道开挖影响范围内,对既有线 K861 +952 ~ K862 +072 共计 120 m 段的既有铁路采用每侧 7 扣 P50 轨加固线路。

洞内超前支护采用 ϕ159 mm 管棚,钢管内压注水泥浆。管棚设计参数:拱部 120°范围布设 ϕ159 mm 钢管,壁厚 6 mm,每根钢管长 100 m,环向间距 20 cm,管棚自 DK349 +407处施做至 DK349 +507 段。

采用双层支护形式,初期支护为全断面喷射 35 cm 厚的喷射混凝土,拱墙挂ϕ8 mm 钢筋网,网格间距为 20 cm × 20 cm,全断面设 I_{25a} 型钢钢架,间距为 2 榀/m;边墙设 ϕ22 mm砂浆锚杆,长 4.0 m,间距 1 m × 1 m,梅花型布置;初期支护在每分部开挖隧道两侧钢架分节处各设置 4 根 ϕ42 mm 锁脚锚管,每根长 4.0 m;上台阶的二次支护钢架在拱脚处提前预埋 2 根 ϕ42 mm 锁脚锚管,每根长 3.5 m;二次支护为 25 cm 厚 C25 喷射混凝土,全断面设 I_{20a} 型钢,每榀间距为 0.6 m,钢架间用 ϕ42 mm 钢管连接,环向间距1 m,同时设双层 ϕ8 mm 钢筋网片,网格间距为 20 × 20 cm。

二次衬砌采用 50 cm 厚的钢筋混凝土,主筋为 2ϕ25 mm@ 200 mm(内外侧每处布置两根)。

(二)与超前、管棚、双侧壁法施工方案的比较

虽然最终施工方案只是将双侧壁开挖法优化为弧形导坑法,二次支护由钢筋混凝土变为喷射混凝土,厚度减少 10 cm,二次衬砌厚度增加10 cm,其余基本不变,但两种方案在以下几个方面有较大差异。

1. 开挖工序步骤及工期控制

采用双侧壁导坑法开挖工序繁多,共分 9 部分,每部分由于空间受限限制了大型施工机械的使用,基本靠人工开挖,工效低、速度慢、不利于早成环的要求。结合前期高桥隧道出口双侧壁施工经验,经分析 33 天才能完成一环衬砌的 8.9 m,则下穿段施工工期为 11 个月。采用弧形导坑法,为三台阶七步工序,工序简单,可以使用大型挖掘机开挖,成环快且施工工法较成熟,从开挖到一环衬砌完成的循环时间为 13 天,下

穿段工期只为4个多月。

2. 二次支护施工

二次支护采用模筑混凝土施工，安装钢筋及模板都需搭设脚手架，混凝土入模工序也要靠人工完成，施工周期长、难度大。而采用喷射混凝土则省去了模板安装及脚手架的搭设，且工序用时短，强度增长快。

3. 支护封闭距离控制

采用双侧壁导坑法开挖，仰拱距掌子面距离最短能控制在10～12.5 m以内，二衬距掌子面控制在11～20 m以内。实际下穿段采用弧形导坑法开挖步长可控制到仰拱距掌子面距离在9～14 m以内，二衬距掌子面控制在9～18 m以内，管棚可以更好地发挥梁的作用，从而保证围岩的稳定。由此可见，在控制安全距离方面来讲弧形导坑法同样能有效地保证隧道安全距离的控制。根据经验，黄土隧道仰拱封闭越早变形越小，仰拱封闭变形即趋于稳定，所以采用弧形导坑法开挖同样利于隧道尽早封闭成环。

4. 临时支护撤换

双侧壁导坑法施工必须设置中隔壁及横撑作为临时支护系统，不但存在经济投入大的问题，在拆除临时支护系统时存在较大安全隐患，而采用弧形导坑法则不存在这些问题。

5. 洞内外变形的控制

根据在黄土隧道使用弧形导坑法的施工经验以及在管棚保护下采用双层支护和弧形导坑法的实践，能够控制隧道塌方，主要问题是控制既有铁路沉降，而采用弧形导坑法开挖洞内外变形均处于可控状态。对轨道的变形由于有砟轨道可采用扣轨梁加固线路，而且铁路工务部门随时根据检测（频率为每2小时1次）情况进行补砟整道，能保证运营安全。

6. 对既有线的影响

下穿段采用弧形导坑法开挖施工工期为4个月，而采用双侧壁导坑法开挖则需要11个月，从既有线铁路运营安全和线路维修安全考虑，弧形导坑法开挖显然优于双侧壁导坑法开挖。

（三）ϕ159 mm长管棚工作室地段施工

在DK349＋399～＋407段施做8 m长的ϕ159 mm长管棚工作室，工作室比正常隧道扩大80 cm，以保证ϕ159 mm长管棚施工作业空间。在长管棚工作室施工前，对既有铁路120 m范围内采用每侧7扣P50轨进行加固，如图4—1—3所示。

ϕ159 mm长管棚工作室地段原设计采用双侧壁导坑法开挖，由于双侧壁导坑法初支有临时支撑，ϕ159 mm长管棚在临时支撑处不能施做，同时双侧壁导坑中部的拱部开挖高度约7 m，远大于ϕ159 mm长管棚所需5 m的工作空间，给ϕ159 mm长管棚

图 4—1—3　南同蒲既有铁路的扣轨加固

施工带来不便。为了保证 ϕ159 mm 长管棚两个月的施工工期和安全，在 DK349 + 395 ~ +415 段施工间距 0.35 m、长 20 m 的 ϕ108 mm 管棚预支护，ϕ159 mm 长管棚工作室地段采用了弧形导坑法开挖。

(四)下穿段施工

1. ϕ159 mm 长管棚施工

高桥隧道下穿段围岩为 Q_3 新黄土，不能采用给水钻孔工艺，否则易塌孔和黄土湿陷软化而导致管棚下挠侵限，故下穿段采用"风动导向跟管钻进"一次成孔的施工方法进行管棚施工，即将 ϕ159 mm 钢管加工成每节 6 m 的钻杆，利用水平导向钻机将 ϕ159 mm 的钻杆分节钻入。钻孔时利用空气压缩机产生的高压空气将钻渣吹出孔外，利用有线导向仪器控制钢管的打设精度。

本工程选用 HTG-100 全液压水平钻机，钻机平台能平移和升降，推进回拖力15 t，扭矩 4 000 N · m，打设最大孔径 ϕ219 mm 的钢管。钻杆为 ϕ159 mm × 8 mm 钢管，每根加工成 6 m 长，两端为 ϕ159 mm × 10 mm 接手。钻头为楔型钻头，钻头楔掌板旋转直径 $\phi \leq 165$ mm，楔型面与钻具(钻杆)交角 ≤ 20°。采用 SE-1 型有线导向仪的定向钻进方法，严格控制导向精度。在楔掌斜板钻头后面 200 mm 处将有线导向探棒焊牢，用连接线与操作平台显示屏连接。

根据钻头在钻进过程中的位置和方向同设计轨迹的差异，利用能调节方向的钻头（楔型钻头）改变钻头的钻进方向，从而完成钻进工作。钻头内装有特制的传感器，传感器由信号线连接显示屏。

2. 双层支护弧形导坑法施工方法

(1)上台阶弧形导坑开挖支护。上台阶每循环开挖长度为0.5 m(即一榀初期支护钢拱架的间距)，拱部采用人工开挖，核心土和两侧拱脚采用挖掘机开挖。上台阶开挖高度约3.9 m，台阶长度约4 m，核心土距拱顶1.5~2.0 m，核心土两侧距开挖面约2 m。开挖后及时初喷4 cm厚混凝土、架设I_{25a}钢架，在钢架拱脚以上30 cm高度处设置四根ϕ42 mm长4.0 m的锁脚锚管，锁脚锚管与钢架牢固焊接，同时在预设位置准确埋设二次支护拱脚处的两根锁脚锚管，之后挂设钢筋网片，分层喷射初期支护混凝土。二次支护根据初期支护长度及时跟进，一般滞后初期支护0.5~1.0 m。

(2)中台阶和下台阶边墙开挖支护。待上台阶超前中台阶4 m后，交错开挖中台阶左侧和下台阶右侧边墙，每次开挖控制在1~2榀，使左右暴露开挖面的拱部初期支护不同时处于悬空状态，同时及时安装拱架、挂网和喷射混凝土。中台阶长度控制在3 m左右。

(3)仰拱开挖支护。待下台阶开挖长度达到5.0 m时停止开挖，封闭掌子面进行仰拱开挖。仰拱分两次开挖，每次开挖长度为2.5 m，紧跟施做仰拱初期支护和二次支护，然后进行4.5 m仰拱二衬和仰拱填充混凝土施工。再待下台阶长度达到5.0 m长度时，重复上面的施工方法，完成4.4 m仰拱二衬和仰拱填充混凝土施工。

(4)二衬施工。待仰拱填充施工长度达到8.9 m长时，搭设钢管架工作平台进行防水板铺设和二衬钢筋安装，经检查合格后，拆除钢管架，台车就位浇筑二衬混凝土，二衬浇筑段长度为8.9 m。

(五)监控量测

为保证隧道施工和列车运营安全，需要对隧道洞内及地表位移、既有线的变形等情况进行监测，及时收集相关数据并进行整理，绘制时态曲线图，判定围岩的稳定状态，以及时反馈指导施工。

1. 地表变形监测结果

结合现场实际地形情况在高桥隧道下穿既有南同蒲铁路段地表和既有线上布设三种观测点，对地表沉降和既有线变形情况进行监测。第一部分是在既有线西边地表较平坦处设置沉降观测点，平均每8 m设置一个断面，共设置9个断面，每个断面2~7个测点；第二部分是在既有线东边的路堑边坡平台上设置沉降观测点，每个台阶设置一个断面，共设置4个断面，每个断面设6~9个测点；第三部分是在既有线轨枕和钢轨上设置变形观测点，以既有线和郑西线左线中心线的交点为对称点，沿既有线每10 m布设一个断面，涵盖既有线80 m范围，共布设9个断面，每个断面在轨枕两端各布设一个沉降观测点,对应的钢轨位置布设一个轨距变化及轨道高差观测点,每个断面总共设 4 个测点。截至 2008 年 1 月 29 日安全穿过南同蒲既有铁路段(衬砌完成),完成 56 点的观测,累积沉降最大值 103 mm,累积沉降平均值为85 mm;既有线轨道一次沉降最大值为 8 mm,一次沉降平均值为 3.35 mm,发现沉降时西安铁路局西安工务段华山车间防护人员就及时对线路进行了整道处理。

2. 洞内净空位移监测结果

洞内按 3 ~5 m 的间距设置量测断面,量测频率为每天三次。洞内 17 个断面拱顶下沉平均值为 69 mm,最大值为 109 mm,最小值为 54 mm。

比较高桥隧道出口端 DK349 +552 ~ DK349 +500 段,采用双侧壁导坑法施工,洞内 9 个断面拱顶下沉平均值为 67.3 mm,最大值为 138 mm,最小值为 35 mm。

3. 实施效果评价

(1)根据高桥隧道出口双侧壁施工情况统计,分析下穿段 33 天能施做一环衬砌,而采用弧形导坑法的三台阶七步开挖法,工序简单并可以使用大型挖掘机开挖,且施工工法较成熟,从开挖到一环衬砌完成的循环时间为 12 天,即 8 h 可完成上、中、下台阶的一个掘进循环,即一榀钢架的间距(包括二次支护),则掘进 9 m 长度(一组衬砌长度)需要 6 天的时间;仰拱分 2 ~3 次施工,需要 2 天的时间;4 天可完成一环二衬。

(2)扣轨梁和长管棚预支护措施施做后,洞内开挖及初支在列车通过时没有受到任何影响,洞内可听到列车通过的声音但没有掉块、掉土现象,说明预支护措施是有效的。

(3)下穿段施工时,仰拱是在下台阶开挖长度达 10 m 时,分三次开挖及初支后一次性完成 8.9 m 仰拱施工的,此时拱顶下沉平均值为 69 mm,如能分三次每次 3 m 一段进行仰拱施工,则根据大断面黄土隧道仰拱施做后变形即趋于稳定的规律,拱顶和地表沉降值应能控制在 50 mm 以内。

(4)对于下穿铁路、公路的隧道,由于需要与外部有关部门进行多次反复的协调,以及方案的优化报批,持续时间长,严重制约施工工期,所以建议根据现场的地形条件增设斜井,开辟作业面,保证下穿段以外的施工能持续不间断的进行,这是确保合同工期最有效的途径。

第二节　浅埋黄土隧道下穿(高速)公路施工技术

郑西铁路客运专线函谷关隧道全长 7 851 m,正洞和斜井下穿连霍高速公路及其收费站三次,下穿段隧道洞顶覆盖层从 12 m 到 40 m 不等,下穿段均采用大管棚超前支护,分部法施工,钢筋混凝土二次衬砌,全部安全通过。下面以函谷关隧道进口工区下穿连霍高速公路为例,介绍浅埋黄土下穿高速公路施工技术。

一、工程概况

函谷关隧道起讫里程为 DK270 + 429 ~ DK278 + 280,隧道全长 7 851 m,是国内最长的黄土隧道。隧道主要穿过砂质新黄土,结构疏松,具有中等 ~ 严重自重湿陷性。其中进口于 DK270 + 600 ~ DK270 + 750 段下穿连霍高速公路,公路路面距隧顶约 40 m,高速公路与线路交角为 35°,高速公路为填方路堤,路堤高 10 m。

二、施工工艺

(一)超前支护

下穿段超前支护采用 ϕ89 mm 大管棚,长 40. 0m,管棚的环向间距 0. 4 m,在拱部 120°范围内布置,每环 46 根。由于本隧道地质为新黄土地区,常规的湿式钻进方法会使黄土变得松软、塌陷。因此采用“导向跟管钻进”法干式钻进法施工,以保证隧道周围土体少受影响。

(二)开挖、支护施工

隧道下穿高速公路采用 CRD 法开挖,各部施工顺序及工艺流程如图4—2—1和图 4—2—2 所示。

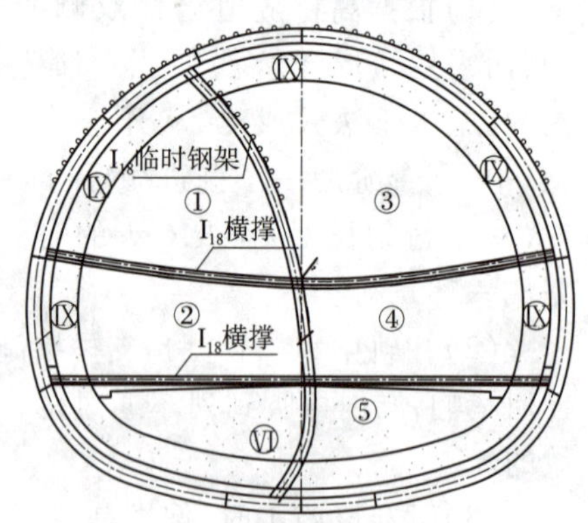

图 4—2—1 CRD 法施工工序横断面

(三)初支背后回填注浆

(1)初期支护拱部钢架架立时预先焊接注浆管,注浆管设计初支厚度外露 20 cm,纵向间距 3 m,环向间距 3 m,在拱部设置 3 排,梅花形布置。

(2)局部超挖、滑坍处可增设注浆孔。

(3)注浆孔喷射混凝土前应以编织袋封口,以免喷混凝土堵塞注浆孔。

(4)初支背后注浆随开挖进度跟进,水灰比1∶1,终压 0. 3 MPa。

(5)初支背后回填灌浆分期进行,第一期在开挖①、③部完成以后;第二期在②、④部完成后;第三期在仰拱封闭成环完成以后,施做二次衬砌以前。在施工时可根据拱顶下沉情况增加注浆次数。

(四)仰拱施工

仰拱开挖采取分部分段开挖支护的方法。仰拱施工距①部掌子面距离控制在25 m 以内,仰拱施工时,采用 12 m 栈桥保证隧道施工运输的畅通。为保证安全施工,仰拱施做时,暂不拆除伸入仰拱部分的中隔墙钢架,待仰拱填充混凝土施工完毕后割除。

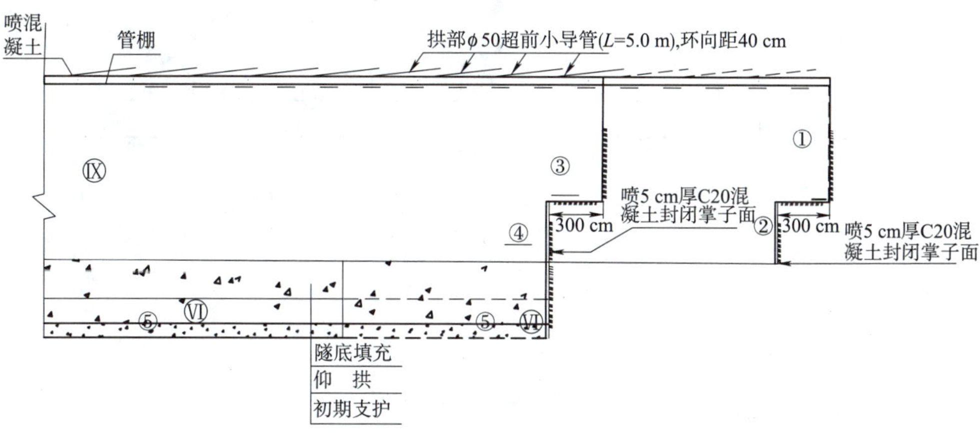

图 4—2—2　CRD 法施工工序纵断面

(五)中隔壁拆除

一环仰拱填充施工完毕后,即可安排拆除中隔壁、临时仰拱、临时支撑钢架,拆除长度与仰拱施工长度相同。

(1)中隔壁拆除应逐榀拆除,切不可数榀钢架同时拆除,防止隧道因体系转换应力过大,造成初期支护失稳。

(2)钢架拆除过程中,量测人员发现拱顶下沉异常时,暂停钢架拆除,并适当采取加固措施。特别异常时,立即发出警报,通知洞内人员立即撤离。

(六)拱墙衬砌

拱墙衬砌采用全断面液压衬砌台车,衬砌台车长 10.5 m,每次衬砌长度为 10.4 m,搭接长度 0.1 m。

三、监控量测

下穿高速公路施工过程中,对洞内和洞外地表实行监控量测,其目的在于掌握围岩动态、预报险情、确保安全,同时通过现场监测获得围岩动态信息,为修正和确定初期支护参数提供信息依据。

(一)隧道洞内外测试内容和测点布置

地表测点布置于高速公路两侧路缘石上和中心隔离带,并沿公路纵向每 5 m 布置 1 个点,如图 4—2—3 所示。洞内水平收敛、拱顶下沉点布置在同一里程断面上,如图 4—2—4所示。

(二)监测管理

1. 变形管理标准

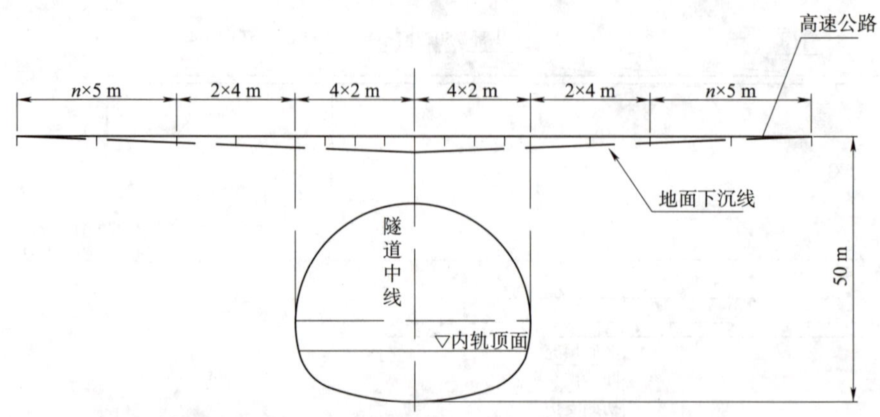

图 4—2—3　洞顶地表下沉量测断面布置

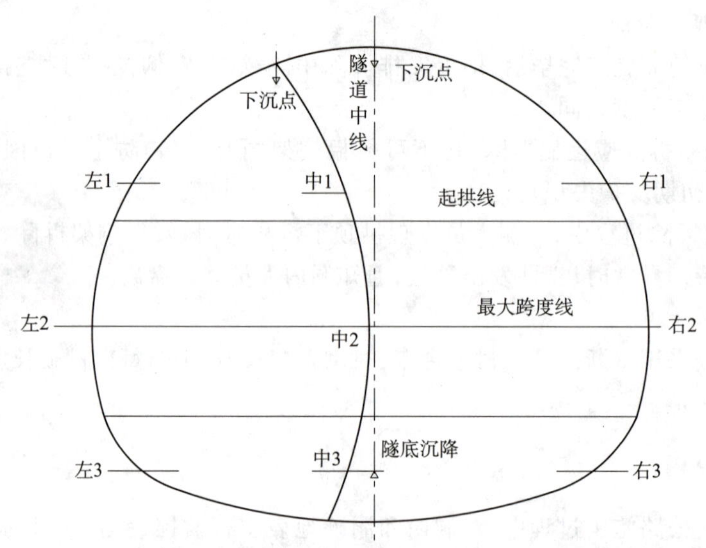

图 4—2—4　CRD 法拱顶下沉、水平收敛量测布置

监测管理值包括极限值、警戒值及安全值。警戒值及安全值是依据设计预估变形量的百分比制定。试验段警戒值为 50% 的设计预估变形量。隧道的极限值为 100% ~125% 的设计预估变形量，且实际监测变形量不得超过允许值的范围。

监测管理依据设计地质条件、选定支护形式及开挖方法，结合国内外类似隧道工程的成功经验制定。初支监测洞内变形量的管理值见表 4—2—1。

表 4—2—1　洞内变形量管理值

开挖阶段	极限值(mm)	警戒值(mm)	日变形速率(mm/d)	超过警戒值的工程措施
上台阶开挖	40	20	6	(1)加设超前小导管 (2)加设开挖面稳定锚杆 (3)增加外侧壁锚杆 (4)增加内侧壁锚杆 (5)加设仰拱 (6)缩短循环进尺
下台阶开挖	50	25	6	(1)加设超前小导管 (2)加设开挖面稳定锚杆 (3)增加外侧壁锚杆
仰拱闭合	10	5	6	加设仰拱锚杆

地表沉降警戒值按下阶段通过的高速公路路面控制标准制定,以使试验结果可直接应用于下穿连霍高速公路的施工。为确保高速公路行车安全,并制定合理沉降坡度,其路面沉降管监测理值,见表 4—2—2。

表 4—2—2　地表沉降监测管理值

项　目	离隧道中线距离(m)	警戒值(mm)	安全值(mm)	极限值(mm)
1	-20	4	2	5
2	-10	20	10	25
3	-5	36	18	45
4	0	40	20	50
5	5	36	18	45
6	10	20	10	25
7	20	4	2	5
8	沉降坡度	1:679	1:350	1:280
9	日变形速率	12	6	20

2. 变形速率(加速度)管理标准

变形速率分为日变形速率(R)、日变形加速度(A)与月变形速率,其管理见表 4—2—3和表 4—2—4。

表 4—2—3　日变形速率管理基准

项　目	变形加速度	初支状态	判　断
1	$A<0$	趋于稳定	依据日变形速率可接受
2	$A>0$	趋于不稳定	预期出现问题

表 4—2—4 月变形速率管理基准

项 目	月变形速率	初支状态	判 断
1	0~1	稳定	初支整体稳定完成
2	1~2	趋于不稳定	持续量测
3	2~3	潜变中	考虑后续补强措施
4	>4	不稳定	采取必要补强措施

(三)监测结果与分析

1. 洞内变形

下穿公路地段隧道拱顶下沉平均5 cm,最大下沉量6.9 cm,净空收敛平均3 cm,最大收敛4 cm。与没有采取措施地段(一般地段平均拱顶下沉量15 cm,净空收敛6 cm)进行对比,下穿高速采取的技术措施和隧道施工工艺有效地控制了初期支护的变形和沉降。

洞内下沉收敛变形量主要集中在下部隧道与仰拱开挖期间,初期支护封闭成环前时间内完成。

2. 地表沉降

公路路面下沉平均4 cm,最大下沉量5.9 cm,与没有采取措施地段(一般地段地表下沉量9.5 cm)进行对比,说明下穿高速采取的技术措施和隧道施工工艺有效地控制了路面沉降。

地表沉降滞后隧道掌子面10天开始沉降,至隧道仰拱封闭后1个月内结束。从路面沉降量与洞内拱顶下沉量关系上看,公路地段路面沉降比拱顶下沉量小1 cm左右,在一般地段,地表下沉量比拱顶下沉量小6 cm左右。

四、安全质量保证措施

(1)开挖时严格控制各分部之间的距离,各分部支护应及时封闭。

(2)①部、②部必须保证临时仰拱紧跟掌子面(以核心土为标准),临时仰拱必须满喷混凝土。

(3)各分部的土层必须保证在同一高度,土层高度不得超过钢架底脚30 cm。

(4)钢架间距严格按设计要求控制,开挖一榀封闭一榀。

(5)各分部喷混凝土完毕后必须及时清理回弹料,保证各部连接处的平整。

(6)钢架安装必须严格按技术交底进行,各部连接板必须栓焊双接,连接板之间必须满焊,焊缝必须饱满。

(7)施工期间,监控量测人员严格执行观测频率标准,发现异常情况,立即停止开挖,并采取加固措施。待隧道稳定后方可进行施工。

(8)隧道开挖要遵循"短进尺、快封闭"的施工原则。待仰拱施工完毕封闭成环后,安排拆除临时支撑。

(9)仰拱填充混凝土的养生,采用土工布覆盖的方式进行养生。养生时,采用喷雾器湿润土工布,但土工布不得有滴水情况,以防止养生水侵入隧底黄土,造成黄土失陷。

(10)在高速公路路面进行监控量测时,在距量测地点前后 500 m 处设置警示标志,确保量测人员的人身安全。

(11)与公路部门保持紧密联系,万一洞内发生滑塌、下沉等异常情况时,应立即通知高速公路管理部门,对公路执行必要的交通疏解。

第三节　浅埋黄土隧道下穿构筑物(公路)施工技术

一、工程概况

贺家庄隧道原设计在 DK241 + 740 ~ DK241 + 800 范围内下穿三门峡市张三公路,该段围岩设计为Ⅴ级,Ⅴ级加强衬砌断面,全环设置 I_{25a} 型钢钢架,间距 60 cm,超前支护采用 ϕ50 mm 小导管。围岩主要为褐黄色黏质黄土(Q_2),呈硬塑 ~ 坚硬状,结构较紧密,直立性强,含水率约 15% 。

该公路是通往贺家庄隧道进出口、黄龙村隧道、富村隧道及黄龙村特大桥、张家湾 1 号、2 号大桥的唯一通道,加之该处三门峡高速公路服务区正在扩建,所有运料的重型货车都必须从这里经过,行车比较密集。经现场实测,该公路与隧道中线夹角约 34°,以深挖方形式在洞顶 DK241 + 754 ~ DK241 + 784 处通过,隧顶覆盖层厚度为 12. 5 m,公路路面宽度为 7. 65 m,如图 4—3—1 和图 4—3—2 所示。

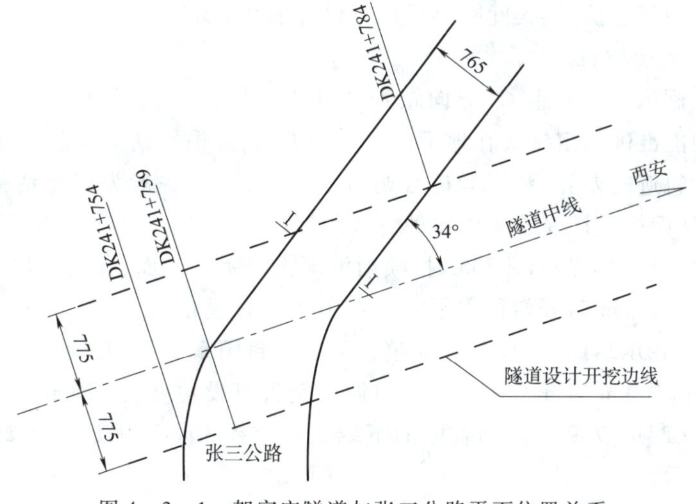

图 4—3—1　贺家庄隧道与张三公路平面位置关系

图 4—3—2 隧顶公路实景(覆盖层 12.5 m,路面宽 7.65 m)

二、施工方法

为确保公路运输及隧道施工安全,施工中对 DK241 +749 ~ DK241 +789 段采用 40 m 长大管棚超前支护,弧形导坑预留核心土短台阶开挖。

拱部 135°范围内采用 ϕ159 mm 双层大管棚超前加强支护,每层管棚环向间距 0.4 m,层间距 0.3 m,管棚长 40 m,呈梅花型布置。

沿大管棚下轮廓线进行开挖(比设计开挖线大 40 cm 左右),采用双层钢拱架进行初期支护,施工时先在拱部架立 I_{20} 钢拱架,喷混凝土至设计轮廓开挖线,然后再按原设计要求进行初期支护,拱架间距仍采用原设计的 0.6 m。

(一)超前大管棚施工

超前大管棚施工中采用了“导向跟管钻进法”进行洞内长管棚施工,该方法要求在钻进过程中能准确测定钻头在地下的位置和方向,并根据钻头在钻进过程中的位置和方向同设计轨迹的差异,利用能进行调节方向的钻头(一般为楔型钻头)改变钻头的钻进方向,从而按设计要求完成各种管线的铺设。

当掌子面开挖到 DK241 +735 时,喷射混凝土封闭掌子面,开始上层管棚钻孔,初始外插角 4°,钻至 8 m 时开始往水平方向调节钢管打设角度,至 14 m 左右趋于水平;当掌子面开挖到 DK241 +739 时,再次喷射混凝土封闭掌子面,开始下层管棚钻孔,初始外插角 4°,钻至 4 m 时开始往水平方向调节钢管打设角度,至 10 m 左右趋于水平。实际施工至 DK241 +749 后实测管棚的下端距开挖线 30 cm,满足设计要求。具体见图 4—3—3 所示。

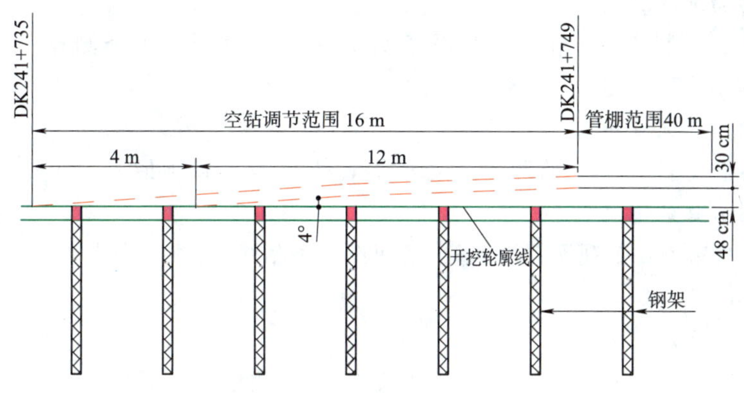

图 4—3—3　拱顶管棚布置示意

(二)短台阶开挖

施工中采用短台阶法开挖,即在大管棚超前支护下,将隧道断面分为上中下三个台阶分步开挖,仰拱紧跟下台阶并及时闭合成环。采用该法施工时,在上、中、下各台阶形成一定的步距,而且同一台阶左右工作面相互错开后,即可在各工作面按每循环进尺进行平行流水作业。施工时每循环进尺 0.5 m,各台阶步距控制在 3 m,同一台阶左右工作面错开 1 m。

短台阶施工工序如图 4—3—4 所示。

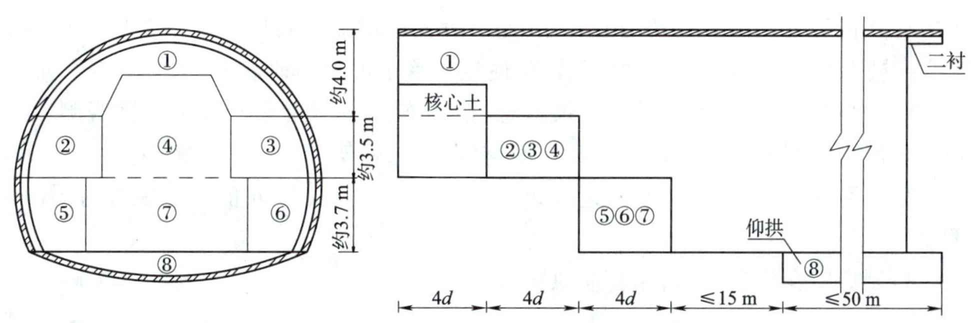

图 4—3—4　短台阶施工工序

注:d 为钢架间距,单位为 m。

三、施工监测

施工中严格按照规范要求进行围岩量测,用量测数据指导施工,及时调整施工参数,确保安全。

(一)路面沉降观测

由于地形限制,在公路路面布设了两个观测断面,共 14 个测点,监测频率为 1 次/d,实测最大下沉量 29 mm。

(二)拱顶下沉量测

洞内共布置了 8 个点,监测频率按 1 次/d 进行,实测拱顶最大下沉量 30 mm。

(三)围岩收敛情况

施工中共布置 6 个观测断面,每个断面设三条测线,监测频率为 1 次/d,实测最大收敛 19.94 mm。

(四)仰拱下沉情况

施工中共布置两个测点,监测频率为 1 次/d,实测最大下沉 5 mm。

从量测资料看,公路路面及洞顶下沉量得到了较好的控制,路面未见明显病害出现。

四、施工质量及安全保证措施

(1)严格按变更设计方案进行施工,确保施工质量,进而保证施工安全。

(2)严格控制每循环进尺,上、中、下导坑严格按 1 榀钢架间距进行开挖,即每循环进尺 0.6 m。

(3)隧道开挖变形受控于各分部开挖闭合时间的长短,各分部施工必须尽快封闭,并尽早使仰拱初支闭合成环。

(4)严格控制拱顶下沉及围岩收敛,变形过大可增加锁脚锚管和钢架纵向连接钢筋,扩大拱脚基础,增设支撑垫板等措施,使拱脚置于可靠的地基上,减小拱顶下沉。

(5)加强围岩监控量测,及时反馈信息、指导施工,特别是洞顶路面沉降观测。

(6)严格控制超欠挖及初喷混凝土平整度,确保钢架背后与围岩密贴。

(7)公路两侧设置限速牌,限速 5 km/h 通过,并派专人 24 h 值班并随时与洞内保持联络。

(8)制定安全应急预案,储备应急物资。

第五章
黄土隧道施工监控量测技术

监控量测是在隧道开挖过程中使用各种类型的仪表和工具，对围岩、支护及二次衬砌的位移、力学状态以及它们之间的力学形态进行观测，评价其稳定性和支护结构状态。因此监控量测对保证黄土隧道工程质量和施工安全、提高工效、降低成本具有非常重要的作用。

第一节　黄土隧道施工监控的重点与方法

一、监控量测项目及重点

隧道施工中监控量测旨在及时收集可以反应施工过程中围岩和支护的动态信息，及时判断隧道围岩的稳定状态、采用的支护结构参数和施工方法的合理性。这就要求监控量测方法操作简便、经济、量测结果稳定可靠、形象直观，同时根据黄土本身的特性、黄土隧道围岩变形特点、隧道开挖方法、开挖断面大小，可将洞内外观察、土工试验、拱顶下沉、拱脚下沉、水平收敛、地表沉降等项目作为监测的重点。必要时选择上述具有特殊意义和代表性质的量测断面，对地中位移、锚杆轴力、围岩压力、接触压力、钢架应力等项目进行量测，以验证支护结构的变形、围岩和支护体系的力学动态关系，以求更深入地了解围岩的松动范围、稳定状态及支护结构的效果。

二、监控量测方法

(一)洞内外观察

隧道施工过程中应进行洞内外状态观察，这是判断围岩动态、支护效果和预测前方地质条件最为直接的手段。将洞内外观察结果和量测结果一起分析，对施工作出正确的决策是十分重要的。

洞内观察可分开挖工作面观察和已施工地段观察两部分。开挖工作面观察主要是黄土土性(砂质黄土还是黏质黄土)、黄土的节理(垂直还是倾斜)及与隧道轴线的位置关系、开挖面稳定情况(有无拱顶掉块还是边墙片帮现象)及有无地下水等。对已施工地段观察主要是初期支护有无环向、斜向和纵向裂缝，喷层混凝土有无压碎或掉(粉)块,钢架有无变形,临时横撑有无变形、连接处有无拉裂,二次衬砌施工缝有无开裂等。

洞外观察重点应在洞口段和洞身埋置深度较浅地段,其观察内容应包括地表开裂、地表沉陷、陷穴、偏压、冲沟、边坡及仰坡稳定状态、地表水渗透、地表构(建)筑物变形开裂情况等。

(二)土工试验

黄土是一种特殊性质的土体,因土性、时代成因、含水率、饱和度等的不同,其力学性质有很大的差异。施工过程中应对开挖面围岩的天然密度、干密度、塑限、液限、天然含水率、饱和含水率、地基承载力等项目进行试验。

(三)隧道洞内位移量测

围岩变形是围岩应力形态变化最直观的表现,围岩的坍塌和支护系统的破坏都是变形发展到一定程度的必然结果。因此隧道洞内位移量测是判断隧道围岩稳定、调整初期支护参数、安排施工工序、选择应急措施、确定仰拱封闭和二衬施做时间的重要依据。隧道洞内位移量测项目包括拱顶下沉、拱脚下沉和水平收敛三项。

拱顶下沉量测点设置在拱顶轴线附近,拱脚下沉量测点设置在上台阶拱脚上方 50 cm处。每组水平收敛的两个测点应在同一断面和同一水平线上,如图 5—1—1 所示。

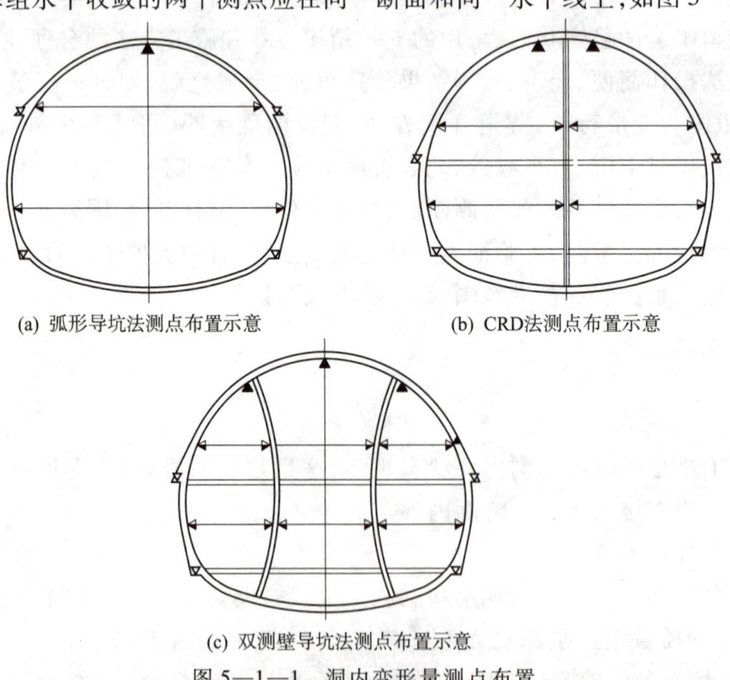

(a) 弧形导坑法测点布置示意

(b) CRD法测点布置示意

(c) 双测壁导坑法测点布置示意

图 5—1—1 洞内变形量测点布置

▲—拱顶下沉测点;◁—水平收敛测点;▽—拱脚下沉

拱顶下沉和水平收敛的量测测点应紧靠掌子面，其初读数宜在开挖后3～6 h内完成，且在下一循环开挖前必须完成。

1. 接触式监控量测方法

隧道洞内位移量测，水平收敛一般采用收敛计，拱顶下沉量测一般采用挂尺和水准仪抄平等接触式方法进行。这种方法具有成本低和操作简便、可靠等优点。但对于大断面黄土隧道存在以下几个问题：

(1)大断面黄土隧道各种施工方法的上台阶开挖都采用预留核心土的形式，使水平收敛量测不能贴近掌子面进行，无法挂尺进行拱顶下沉量测，因而难以获取开挖初期的变形，严重影响监测的效果。

(2)由于拱脚下沉大(尤其是深埋地段的弧形导坑)，采用三角收敛基线量测拱顶下沉时，误差相当大，不能正确反映实际的拱顶下沉量。

(3)对拱脚下沉的量测应在上台阶开挖时进行，但此时由于拱脚处空间的限制，常规立尺水准抄平方法无法实施。

(4)由于隧道净空高度大，人工挂钢尺比较困难，观测时间长，并对施工工序干扰大。

2. 非接触式监控量测方法

为了解决常规接触式位移量测方法难以满足大断面黄土隧道洞内位移监控量测要求的问题，适应大断面黄土隧道施工工法的要求和施工监测环境，可采用全站仪自由设站，以极坐标法进行非接触三维位移观测的方法。该方法不受掌子面核心土以及拱脚空间的影响，避免了上述常规接触式位移观测的不足，同时具有自动化程度高、观测快速、省力的特点。

该方法现场只需一台全站仪和安装反射膜片的测点、基准点，采用相对坐标，基准点坐标可自行设置(一般取为原点)而不必测定，测站也可以自由设站不需固定。

(1)观测系统。

全站仪必须具有三同轴光学系统(即经纬仪视准轴与测距仪的发射、接收光轴共轴)和红色可见光激光指示和目标照明功能。测角精度应达到±1″，分辨力达到0.1″，测距精度在100 m以内能达到±1 mm，分辨力达到0.1 mm，防尘等级不小于IP5。为适应快速施工的要求，提高隧道内监测作业的速度和观测精度，可使用带ATR功能的自动观测全站仪(测量机器人)。

反射膜片采用70 mm×70 mm规格的膜片，不得使用尺寸小于50 mm×50 mm的膜片。

(2)观测方法。

①基准点布置。全站仪自由设站坐标系的基准点由两点组成，其中一点为坐标原点要求稳固不动，另一点用于确定横轴方向，该点沿竖轴和横轴方向的位移不影响测

点的位移观测。对隧道观测而言,上述基准点应布置在已完成仰拱封闭及铺底的两侧边墙上(距铺底高度 1 m 左右,以不影响通视为宜),两基准点连线应垂直洞轴。对于带中壁的双侧壁法、CRD 法和 CD 法断面,应将坐标原点置于边墙上,横轴方向点置于内壁或中壁上。双侧壁法、CRD 法和 CD 法断面拆撑时,应及时将基准点移出。

②测点布置。上台阶位移测点宜埋设在距掌子面第二榀钢架上(第一榀上容易被挖掘机碰掉),以后该断面的各台阶位移测点均埋设在该榀钢架上,埋设后在该处设置醒目标志。埋设时应尽量减小膜片与仪器光轴的入射角,即将觇板对准测站方向后再固定测点。

③反射测点制作。反射测点(包括基准点和测点)由膜片、觇板和埋设杆组成。觇板用厚度 5 mm 矩形钢板制作,钢板短边长度 = 膜片尺寸 + 10 mm,长边长度 = 膜片尺寸 + 20 mm。埋设杆采用 ϕ16 ~ 20 mm 钢筋,长度 10 ~ 30 cm(以膜片伸出混凝土表面 15 ~ 20 cm 为宜)。埋设杆以对焊方式焊在觇板短边中线处。

④测站设置。采用自由设站的仪器不需对中,但固定测站比不固定测站的观测精度高,因此测站位置应大致固定。而测站设置的关键是测站的位置不能距测点断面太近,否则仪器光轴与膜片入射角过大会影响回复反射的性能。一般言,测站与监测断面间距离应大于 25 m,这时光轴与膜片的入射夹角可控制在 30°以内。同时,测站的位置也不能太远,否则不能满足所用膜片尺寸的最大测程。根据现场测试,合适的站位采用 70 mm × 70 mm 膜片时测程应控制在 30 ~ 60 m,采用 50 mm × 50 mm 膜片时应控制在 30 ~ 45 m。

(3)观测要点。

①基准点坐标可自行设置不必测定,但应设置后方校核点对基准点进行定期复核观测。

②用全站仪进行简单的相对收敛变形观测时,不需要照准基准点。

③反射膜片应在测点埋设后再粘贴到觇板上,并在喷混凝土前包裹测点。

④观测时应采用双盘测回法,避免单盘观测。为提高观测精度,可采用三次重复照准、必要时重复设站的冗余观测法,即每个盘位分别连续、重复照准三次目标点读取 2 × 3 次读数,然后取其平均值为一次观测值。重复设站时对每站位观测值取平均值。

⑤在观测作业前,应对系统进行精度评定,以确认所用系统及方法是否满足精度要求。

⑥自动全站仪观测时,应避免望远镜视场内同时出现两个及以上反射测点。

通过实践和有关资料证明:采用徕卡 TC2002 全站仪(仪器精度 0.5″、1 + 1 ppm)、RS 反射膜片,三次重复照准及三次重复设站冗余观测方法时,测点位移量最大中误差≤0.5 mm(平均 0.09 mm)。采用徕卡 TCA1201 自动全站仪(带有 ATP 功能,测角精度 1″,分辨率 0.1″、测距精度 2 + 2 ppm,分辨率 0.1 mm)、RS 反射膜片、惠普 PDA 终端

（内置自由设站三维坐标计算软件），观测采用每盘重复三次照准取 2×3 次读数平均值方法，系统观测精度为：测站固定时（位置大致固定），水平方向的点位一次观测中误差为 0.33～0.52 mm（平均 0.41 mm），垂直方向为 0.24～0.43 mm（平均 0.35 mm）。测站不固定时（即洞内一左一右站位），水平方向的点位一次观测中误差为 0.94～3.06 mm（平均 1.94 mm），垂直方向为 0.98～2.60 mm（平均 1.77 mm）。

（四）地表沉降量测

黄土隧道浅埋地段，一般会产生较大的地表沉降，地基为砂质黄土，偏压段更为明显。为了评判隧道围岩的稳定性和支护效果，地表沉降量测尤为重要。地表沉降量测是在隧道未开挖前就可以进行观测，因此可以获得开挖全过程的沉降值，而洞内位移量测仅能获得全部位移的一部分，开挖前至观测之间所发生的洞内位移是无法取得的。从这方面来讲，浅埋地段地表沉降量测更具有特殊的意义。

地表沉降横向量测范围按下式计算：

$$D = B + 2 \times (H + H_0) \times \tan(45° - \phi/2)$$

式中　D——开挖影响范围；

B——隧道开挖宽度；

H——隧道开挖高度；

H_0——隧道覆土深度；

ϕ——围岩内摩擦角。

横断面方向应在隧道中线两侧每隔 4～5 m 布设地表下沉测点，每个断面布设不少于 11 点，监测范围应在隧道开挖影响范围以内，如图 5—1—2 所示。

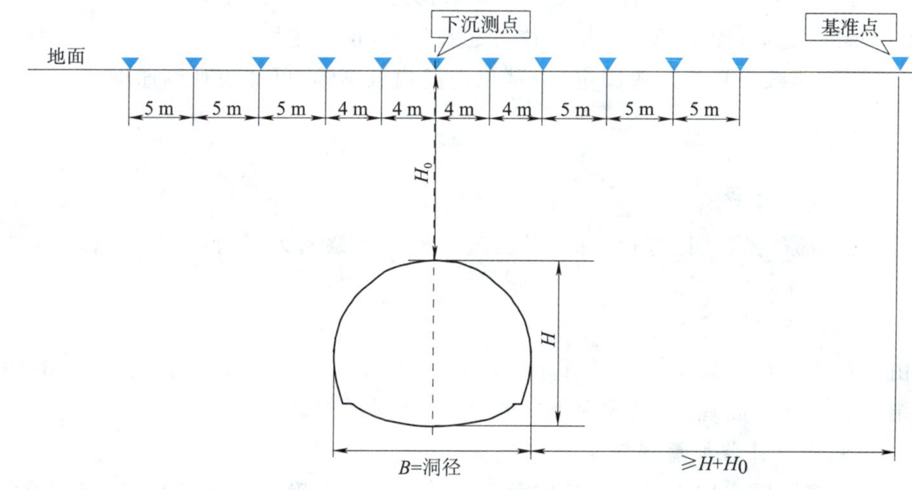

图 5—1—2　地表沉降量测点布置

纵向断面测点超前掌子面距离按下式计算：

$$L = (H + H_0) \times \tan(45^\circ - \phi/2)$$

式中　L——布置测点的超前距离；

其余符号意义同前。

地表沉降初测断面超前掌子面的距离应大于按上式计算的结果。当地表有建筑物时，应在建筑物周围增设地表和建筑物沉降观测点。

1. 仪器配置

宜选择带毫米刻度的且整根长度为 3 m 的玻璃钢标尺。水准仪折返差不大于 1 mm/km，望远镜倍率宜大于等于 30 倍，可在较远视距下能清晰分辨毫米刻度。

2. 观测方法

仪器测站应选择在通视条件良好的地方，以便在一个测站上观测到尽可能多的测点，尽量使转点次数减少，同时尽量保证视线长度不大于 50 m。受现场环境限制，前后视距差不能达到《建筑变形测量规程》(JGJ/T 8—97)技术要求时，为了消除仪器 i 角误差带来观测精度上的影响，测站位置应固定。

3. 观测要点

(1)地表下沉量测可采用相对高程，即取基准点高程为零点。

(2)测点布置时应进行放线测量，以准确定出中线点位置和标高。

(3)为了保证地表下沉数据的可靠性，对基准点应定期复核观测，一般可一个月左右进行一次基准点复核观测。

(4)在量测作业前，应进行精度评定，以确认是否满足精度要求。为提高观测精度，可采用三次读数取其平均值方法。出现数据异常情况应进行复测。

(5)观测人员应固定(2~3 人)，做到定人观测、定人跑尺。

(6)测设路线一旦选好应固定，以避免现场找点麻烦，可加快观测速度。

三、监控量测频率

(一)洞内外观察频率

工作面观察每次开挖进行一次；对已施工地段观察每天进行一次；浅埋段洞外观察每天进行一次。

(二)土工试验频率

由于黄土土性比较均匀，一般每隔 20 m 进行一次土工试验，并与其他量测断面吻合。结合洞内开挖面观察，当发现土质变化时，及时增加试验频率。

(三)洞内位移监控量测频率

量测频率根据位移速率和距开挖面距离两方面因素确定。如表 5—1—1 所示，在选择量测频率时，如果位移速率、距开挖面距离两者有差异时，为保证施工安全，原则上取量测频率较高的作为实施的量测频率，同时当各台阶开挖面通过量测断面时应增加观测频率。

表 5—1—1　洞内变形量测频率

位移速度(mm/d)	量测断面距开挖面距离(m)	量测频率
≥5	(0～1)B	2 次/d
1～5	(1～2)B	1 次/d
0.5～1	(2～3)B	1 次/2～3 d
0.2～0.5	(3～5)B	1 次/3 d
<0.2	>5B	1 次/7 d

注：B 为隧道开挖宽度。

监控量测断面间距：洞口浅埋Ⅴ级围岩段、浅埋下穿构(建)筑物每 5 m 设置一个量测断面，一般Ⅴ级围岩、浅埋或含水率超过 18% 的Ⅳ级围岩段每 10 m 设置一个量测断面，一般Ⅳ级围岩段每 20～30 m 设置一个量测断面。

(四)地表沉降监控量测频率

地表沉降量测在按上述要求超前掌子面规定距离进行初测外，其余量测频率应与隧道洞内位移的量测频率相同。地表沉降量测断面应与隧道净空量测断面设置在同一断面里程。

以上各项量测作业均应持续到围岩基本稳定后，再以 1 次/7 d 的量测频率量测三周即可结束量测作业。

第二节　量测信息分析与反馈

一、洞内外观察信息分析与反馈

对洞内掌子面由于黄土粉感强、节理发育而导致开挖时拱顶掉块、掌子面片帮，可设置超前小导管或加密超前小导管间距、缩短一次掘进长度、开挖后及时喷射混凝土封闭掌子面等措施处理。

初期支护表面出现斜向或环向裂缝时，可在混凝土喷层中增设钢筋网、缩小环向连接钢筋的间距、在洞内设置竖撑或斜撑等。初期支护表面出现纵向裂缝，可加密型钢钢架间距、设置临时横撑、增设临时仰拱等。必要时应暂停掌子面开挖，紧跟仰拱和二衬。

洞顶地表出现开裂或沉陷应布设测点进行观测，在结合洞内监控量测结果后采取措施，对地表裂缝采用三七灰土进行夯填处理，浅埋偏压段可采取减载反压措施。

二、洞内位移信息分析与反馈

由于隧道工程地质条件和施工工艺的复杂性，开挖导致隧道围岩的变形并不是单调的增加。因此，围岩变形随时间的变化，在初始阶段施工工艺是呈波动的，然后逐渐趋于稳定。

（一）量测数据的整理

现场实测数据，必须计算分析量测时间间隔、累计量测时间、水平收敛差值、累计收敛差值、当日收敛速度、平均收敛速度、拱顶下沉差值、累计拱顶下沉值、当日拱顶下沉速度、平均拱顶下沉速度、量测断面至开挖面距离等。在此基础上，及时绘出量测断面水平收敛差值及累计收敛差值与时间关系的散点图、当日收敛速度及平均收敛速度与时间关系的散点图、拱顶下沉差值及累计拱顶下沉值与时间关系的散点图、当日拱顶下沉速度及平均拱顶下沉速度与时间关系的散点图。

在监控量测时应准确记录量测所对应的日期、小时和分钟，量测时间间隔以天为单位，在实际量测中不足或超出的小时及分钟，应全部折算成净天数。

根据现场量测数据的计算结果绘制的围岩变形—时间曲线散点图，其纵坐标表示围岩变形（可为拱顶下沉和水平收敛，也可为变形量和变形速度），横坐标表示时间或距离。在图中应注明量测时工作面施工工序和开挖工作面距量测断面的距离，以便分析施工工序、时间、空间效应与量测数据的关系。

（二）围岩变形的分析处理

1. 当日变形速度或变形量

这两个指标能及时反应当天所发生的变形速度或变形量，变形值具有反应灵敏，信息反馈迅速的特点，在施工初期对预报险情起着重要的警报作用。

2. 变形速度或变形量趋势

由于反映围岩变形的各种因素之间的相互关系十分复杂，实际观测数据不可避免地受随机因素的干扰，存在着各种误差，使得变量之间的因果关系呈现比较复杂的关系，需根据情况利用不同的回归模型建立变量之间的关系。

利用最小二乘迭代法原理对实测量测的各组数据做回归计算，拟合出一条最佳曲线。由量测数据进行曲线拟合所得回归方程的表达式有以下几种：

对数函数：

$$U = A + B\ln(t+1)$$

$$U = A\ln\left(\frac{B+T}{B+t_0}\right)$$

指数函数：

$$U = Ae^{-B/t}$$

$$U = A(e_0^{-Bt} - e^{-BT})$$

双曲函数：
$$U=\frac{t}{A+Bt}$$

$$U=A\left[\left(\frac{1}{1+Bt_0}\right)^2-\left(\frac{1}{1+BT}\right)^2\right]$$

式中　U——变形值(mm)；

A,B——回归系数；

t——量测时间(d)；

t_0——测点初读时距开挖时的时间(d)；

T——量测时距开挖时的时间(d)。

3. 实测变形值和全变形值

由于不可能在开挖后立即紧贴开挖面埋设元件并进行测量，因此量测零读数取得时，已有部分变形释放。此外，在隧道开挖面尚未到达量测断面时其实也已有部分变形产生。这两部分变形都加到变形量测值上以后才是围岩全变形，即

$$U=U_m+U_1+U_2$$

式中　U_m——实测变形值；

U_1——量测滞后变形值；

U_2——开挖前变形值。

设回归分析所得之时态曲线 $U=f(t)$，如图 5—2—1 所示。U_1 可用回归曲线外延的办法估算，即 $U_1=f(0)$。根据有关文献，开挖前变形值 $U_2=\lambda_0 U$，$\lambda_0=0.265\sim0.33$，则

$$U=\frac{U_m+|f(0)|}{1-\lambda_0}$$

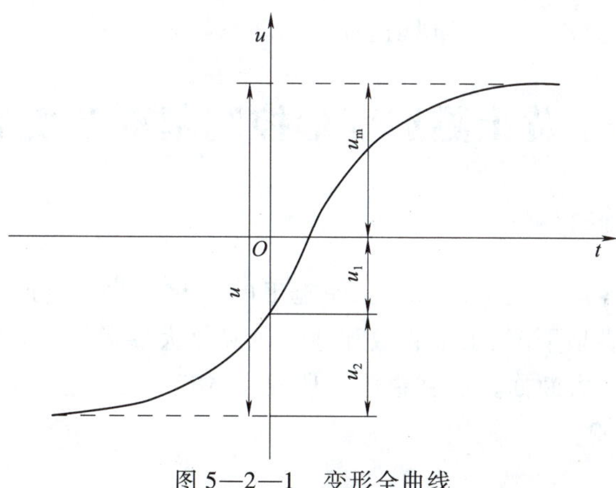

图 5—2—1　变形全曲线

(三)变形较大时的工程措施

水平收敛较大时,可设置临时横撑、在上横撑上增设纵向连接型钢、增强横撑连接点的强度、在两道横撑间设置斜撑、及时封闭仰拱等。

拱顶下沉较大时,可减小钢架间距、大角度打设锁脚锚管、增大拱(墙)脚、设置临时竖撑、减小一次进尺长度、及时封闭仰拱。

必要时封闭掌子面暂停施工,在采取上述有关措施且变形稳定后,跟进仰拱和二衬,然后再恢复施工。

三、土工试验信息分析与反馈

根据塑限和液限计算黄土的 I_p(塑性指数)、I_L(液性指数)、$I_L=0$(坚硬状态)时的界限含水率、$I_L=1$(流塑状态)时的界限含水率。

(1)土性分类:$I_p<10$ 为砂质黄土,$10 \leqslant I_p<17$ 为黏质黄土。

(2)界限含水率:Q_2砂质黄土 $I_L=0$ 时的含水率为 18%,Q_3砂质黄土 $I_L=0$ 时的含水率为 17%。

当 Q_2砂质黄土含水率大于 18% 或 Q_3砂质黄土含水率大于 17% 时,并综合围岩变形结果,可采取的措施:连续不间断的开挖、避免积水浸泡基础、及时封闭仰拱(或临时仰拱),控制仰拱封闭的距离、及时施做二衬,控制开挖面至二衬的距离、增加锁脚锚管根数、缩小钢架间距、增大二衬钢筋直径或缩小二衬钢筋间距。

施工中应将现场监控量测作为工序引入作业循环,并结合地质预报作出评价,优化设计参数,实施动态管理。监控量测工作必须紧跟开挖、支护作业,按设计要求布设监测点,并根据具体情况及时调整或增加量测的内容。量测数据应及时分析处理,并将结果反馈给设计、监理部门,实现动态设计、动态施工。

第三节　黄土隧道变形控制基准及变形管理

一、变形判别标准

通过郑西铁路客运专线中铁二十三局施工的大断面黄土隧道施工和监控量测结果,经数据统计,其拱顶下沉、水平收敛和地表沉降最大变形值见表 5—3—1。

根据郑西客运线大断面黄土隧道施工所发生的最大变形值,提出隧道实测变形控制指标,见表 5—3—2。

表 5—3—1 大断面黄土隧道最大变形值

工程名称 \ 项目		地面最大沉降(mm)	拱顶最大下沉(mm)	水平最大收敛(mm)
潼洛川隧道	进口	143	112	16
	斜井		161	70
	出口	210	160	58
高桥隧道	进口	223	201	45
	出口		182	42
凤凰岭隧道	进口	69	170	34
	出口		75	11

表 5—3—2 大断面黄土隧道变形控制指标

状态 \ 项目	拱顶下沉(mm)		净空收敛(mm)	中隔壁拆除变形增量(mm)
	上、下台阶施工	仰拱施工		
安全	130	160	50	6
预警	180	210	80	12
极限	230	260	120	24

注:安全状态为正常施工;预警情况为调整支护参数后继续施工;极限状态为应停止施工,并拿出切实可行的初期支护加强措施后方可恢复施工。

二、位移速率判别标准

(1)根据位移变化速度,当拱脚水平相对净空变化速度大于 10 ~ 20 mm/d 时,表明围岩处于急剧变形状态;当变化速度小于 0.2 mm/d 时,可认为围岩达到基本稳定。

上述判断准则不适用于浅埋及特浅埋地段,浅埋及特浅埋地段应加强初期支护的强度和刚度,严格控制变形发展。

(2)根据回归后位移时态曲线的形态,当围岩位移速度不断下降时表示围岩趋于稳定状态;当位移速度保持不变时表示围岩不稳定;当位移速度不断上升时表示围岩进入危险状态。

三、变形管理等级

根据量测结果按表 5—3—3 所列变形管理等级指导施工。

表 5—3—3　变形管理等级

管理等级	管理位移	施工状态
Ⅲ	$U<U_0/3$	可正常施工
Ⅱ	$U_0/3\leqslant U\leqslant 2U_0/3$	应加强支护
Ⅰ	$U>2U_0/3$	应采取特殊措施

注：U 为实测位移值；U_0 为表 5—3—2 所列极限位移值。

第四节　黄土隧道施工变形规律

一、地表沉降与工序及雨水的关系

大断面黄土隧道浅埋段地表覆盖层较薄，隧道开挖后在地表均出现纵向和横向的地表裂缝，且裂缝随着开挖面而向前发展。因此隧道开挖后不能形成自然拱，覆盖层土体重量直接作用在初期支护上，对隧道安全产生较大的隐患。

根据变形观测资料显示，隧道地表沉降在上导坑掌子面施工后 1～3 d 变化较大，约 4～8 mm/d，之后变化减少，但仍以 1～2 mm/d 的速度下沉；下导坑开挖最大沉降速率 8 mm/d，平均沉降速率 2 mm/d，最大沉降量 14 mm，平均下沉量 10 mm；仰拱开挖最大沉降速率 4 mm/d，平均沉降速率 2 mm/d，最大沉降量 9 mm，平均下沉量 6 mm，仰拱完成后基本趋于稳定。地表下沉在下雨期间较为明显，个别点平均下沉达到 10 mm/d，即使当隧道处于稳定时，一遇下雨，地表下沉仍达 1～3 mm/d。可见雨水对隧道地表沉降有直接关系，雨水会造成地表覆盖层重量加大，加速隧道下沉。

由监控量测结果表明，浅埋段隧道地表沉降最大可达 23 cm。由于浅埋段隧道地质基本属于湿陷性黄土，地基承载力较弱，在仰拱封闭成环以前，由于覆盖层自身重量会造成隧道的整体下沉，因此，要尽可能缩短仰拱施工时间，改善隧道整体受力结构，减少隧道的整体下沉量。

二、地表沉降与拱顶下沉的关系

根据隧道拱顶监控量测资料表明，在掌子面开挖完成后的 2～3 d 时间内，下沉比较显著，平均 5 mm/d，之后下沉量逐渐渐少，但仍有下沉趋势；下导坑开挖最大下沉速率 6 mm/d，平均下沉速率 2 mm/d，最大下沉量 21 mm，平均下沉量 13 mm；仰拱开挖最大沉降速率 7 mm/d，平均沉降速率 3 mm/d，最大沉降量 27 mm，平均下沉量 10 mm，在仰拱施工完毕后基本趋于稳定。由监控量测资料表明，隧道拱顶最大下沉量已达

20 cm，为控制隧道拱顶下沉，尽快施做仰拱很有必要，只有仰拱完成隧道才能形成封闭的受力结构，拱顶下沉才能趋于稳定。

浅埋隧道拱顶下沉与地表下沉情况基本上是一致的，下沉趋势也基本一致，可见浅埋隧道在覆盖层压力下在整体下沉，特别是在雨天的下沉较为明显，个别点平均达到 12 mm/d，而平时平均在 1 ~ 2 mm/d，一直存在下沉趋势，直至仰拱完成后下沉才逐渐趋于稳定。

三、洞内收敛变形规律

根据监控量测资料表明，洞内收敛在开挖初期 3 ~ 4 d 较为明显，平均 2 ~ 3 mm/d，随后每天的变化基本上在 1 mm 左右。1 mm 以下的变化居多，并与开挖面的远近、是否雨期无多大关系，基本上在 20 ~ 30 d 范围内趋于稳定。收敛值基本在 5 cm 以内，这与黄土的直立性能好有直接的关系。

四、中隔壁撤除变形规律

由高桥隧道洞口Ⅴ级围岩段，拆除中隔壁的施工实测可知，拆除中隔壁施工时变形很小，拱顶最大日沉降量一般小于 5 mm，最大累计沉降量小于 20 mm，平均日沉降量为 0.5 ~ 1.0 mm，拱顶沉降在拆除施工后的前三天比较明显，之后逐渐趋于稳定。

第六章
黄土隧道施工地表裂缝成因与防治技术

黄土常具有不同方向的原生与构造节理，特别是垂直节理发育并具有一定的延续性，结构多孔、疏松、松散、密度低；不抗水的粒间结构使黄土遇水易崩解、剥落，新黄土多具湿陷性，易产生潜蚀。隧道开挖时，由于断面大，土体极易沿节理方向张开或剪断，破坏区域大，较难形成通常的承载拱；隧道埋深较浅时，地表附近地层施工扰动拉力过大而开裂，常伴随隧道开挖产生地表平行及环形裂缝。而偏压多阶滑坡地层的隧道施工裂缝多为沿黄土构造节理而形成。

隧道施工地表裂缝对黄土隧道施工和运营安全将产生影响，为了尽量减少这些影响，应掌握地表裂缝发展破坏机理、地表裂缝与隧道施工变形相关关系、地表裂缝的产生对隧道长期稳定的影响及隧道施工地表裂缝预防控制与处理方法等。

第一节　黄土隧道施工地表裂缝调查与测试

为了解大断面黄土隧道施工地表裂缝的状况，开展了黄土隧道施工引起的地表裂缝现场调查。

一、调查内容

黄土隧道地表裂缝调查主要针对以下几个方面：

(1)地质资料的收集：主要包括隧道的设计图，施工方法（开挖方法），地表沉降，拱顶下沉，洞内收敛量测记录资料，掌子面里程，地下水状况等。

(2)施工前隧道位置地表是否存在地表裂缝，以及裂缝的情况，原始地貌（冲沟、冲槽、冲缝等），偏压情况，裂缝的分布与原始地貌和偏压的关系。

(3)施工裂缝特征调查：主要包括裂缝形式（纵向与环向），每条裂缝的方向、宽度、可见深度，纵向裂缝与隧道中线距离，环向裂缝与环向裂缝间的距离等，以此掌握裂缝的形成规律。

裂缝调查记录形式见表6—1—1，郑西铁路客运专线上黄土隧道裂缝调查结果见表6—1—2。

表 6—1—1　裂缝调查记录表

隧道名称	掌子面里程	原始地貌（冲沟、冲槽、冲缝等）	偏压情况	开挖方法	地表沉降	拱顶下沉	洞内收敛	纵向裂缝	环向裂缝
隧道 A 隧道 B									

表 6—1—2　黄土隧道施工地表裂缝情况

名　称	埋　深（m）	最大地表变形（mm）	最大洞内变形（mm）	纵向裂缝		横向裂缝	
				位置	宽度（mm）	位置	宽度（mm）
潼洛川隧道进口	15～23	175	155	两侧 1 对	0.2～15	洞口	0.2～30
凤凰岭隧道进口	13～57	43	130	左侧 1 条	10～90		未发现
凤凰岭隧道出口	14～96			两侧 2 对	0.5～40	洞口	0.2～2
高桥隧道出口	36～61	80	167	左侧 1 条	5～50		未发现
黄龙村隧道出口	11～18	252		两侧 2 对	10～20	浅埋段	5～20
贺家庄隧道出口	25～27	140	224	右侧两条	10～30	地表渗水段	2～30
张茅隧道出口		9			未发现		未发现
长山隧道进口		22			未发现	洞口	20～30
涵古关隧道进口	14～47	250	230	两侧 1 对	10～40	洞口	10～30
吕家崖隧道进口		200		两侧 1 对	60～80	洞口段	10～20
阌乡隧道进口	30	210		两侧 1 对	10～60	洞口	1～3
巩义隧道进口	22～41	70		洞口	5～10		未发现
台村隧道进口	16～25	600	604	两侧 1 对	90～200	全隧	10～90

二、隧道施工地表裂缝规律

黄土隧道浅埋段洞口段的一般变形规律为，隧道开挖半个月左右，洞口仰坡洞周范围外两侧喷混凝土面出现纵向裂缝；洞顶平坦没有偏压的，30～45 d 后地表中线两侧（从隧道开挖界墙脚以 15°～30°角交于地表处）各出现一条与隧道中心线平行的纵向裂缝，而且随着开挖向前推进裂缝跟着向前发展，如果开挖暂停 3 d 以上，则对应掌子面的地表处会出现一条横向裂缝，与纵向裂缝联通形成环抱式；若为偏压段，只在埋深大的一侧出现一条与隧道中心线平行的纵向裂缝，裂缝有错台现象；大断面黄土隧道在埋深 45～60 m 的Ⅳ级围岩（砂质黄土）段开挖后地表也会出现纵向裂缝，砂质黄土偏压段埋深达到 70 多米的地表仍然可能开裂、甚至出现错台。

（1）黄土隧道洞口浅埋区段地表多可见裂缝，并大多位于 40 m 埋深以内；在隧道偏压区段，容易在偏压外侧出现滑坡形式的滑动裂缝，并出现错台。

(2)黄土隧道施工地表沉降监测记录为 9 ~ 252 mm，地表可见裂缝或宽大裂缝多发生于地表沉降值在 80 mm 以上。

(3)当采用台阶法开挖，在埋深为 11 ~ 12 m、用上台阶开挖时，地表会产生两条对称于隧道中线的纵向裂缝，下台阶开挖还会产生两条纵向裂缝，纵向裂缝多于横向裂缝，纵向裂缝的宽度大于横向裂缝宽度。

(4)砂质黄土隧道地表裂缝宽度要明显大于黏质黄土的裂缝宽度。

(5)开挖掌子面前方已有可见裂缝产生，随着隧道开挖裂缝不断发展。

根据开展的“大断面黄土隧道地表裂缝控制措施研究”科研项目地表裂缝分析结果表明：不同埋深台阶法开挖地层裂缝的发生趋势是，地层裂缝首先从洞周发生，当隧道埋深小于 40 m 时，地层裂缝能够到达地表，埋深增加，地表裂缝距隧道中心距离均增大，裂缝倾角也增大，范围在 56° ~ 62°；而埋深大于 40 m 后，地层裂缝不能发展到地表。

三、黄土隧道施工地表裂缝深度规律物探测试

(一)测试原理

针对不同的地形条件和隧道埋深，选择高密度电法、探地雷达法、地质地震映象法、瑞雷波法等物探方法。

1. 高密度电阻率法

高密度电法(高密度电阻率法)是用高密度布点，通过对观测数据的快速采集和对大量数据的实时处理，根据电阻率低阻区位置判断地表裂缝存在的勘察技术。使用多功能激电仪及高密度电阻率仪电极转换器，辅以电脑、电极、电缆等其他辅助设备。

2. 探地雷达法

探地雷达法采用探地雷达，原理与探空雷达技术相似，也是利用高频电磁脉冲波的反射来探测目标体，通过对电磁波在地下介质中传播规律的研究与波场特点的分析，查明介质结构、属性、几何形态及其空间分布特征。

探地雷达由地面上的发射天线 T 将高频电磁波(主频为10^6 ~ 10^9 Hz)以宽频带、短脉冲形式送入地下，经地下目标体或不同电磁性质的介质分界面反射后返回地面，为另一接收天线 R 所接收，而其余电磁能量则穿过界面继续向下传播，在更深的界面上继续反射和折射，直至电磁能量被地下介质全部吸收，如图 6—1—1 所示。

根据图 6—1—1，回波走时(电磁波行程所需时间)t 为

$$t = \sqrt{4z^2 + x^2}/v$$

式中 x 为两天线的间距；z 为反射点 A 的法线深度；v 为电磁波在地下介质中的波速。

当地下介质的波速 v 为已知时，则可根据天线间距（已知值）x 和雷达记录的回波走时 t，由上式可求出反射体的埋深。反射体或目标体的埋深及其变化，是描述其空间分布最重要的参数之一，因此也是探地雷达方法必须获得的基本数据。

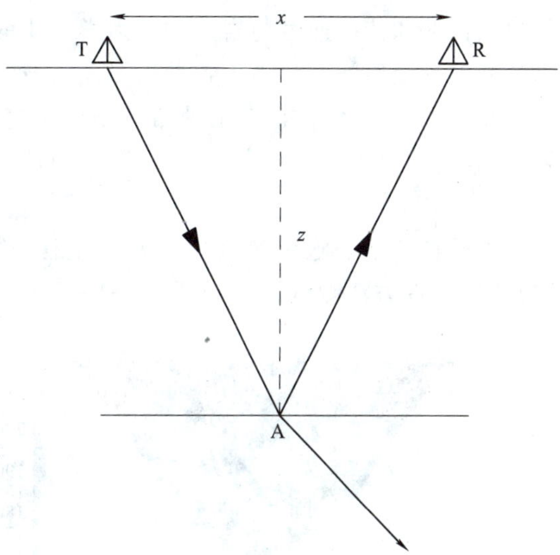

图 6—1—1 反射探测原理

雷达所记录的回波走时 t 是从雷达剖面上读取的。图 6—1—2 为一地质模型及其对应的雷达记录（即雷达剖面）示意图。设发射天线 T 与接收天线 R 的中点为记录点，则测线上各测点的接收天线所接收的反射波均记录在各自记录点的下方，从而形成雷达剖面。在雷达剖面上，横坐标为测点点位，纵坐标为双程走时，各点的反射均以波的形式被记录下来。波形的正、负峰分别以黑、白色表示，或以灰色或彩色表示。这样，同相轴、等灰度或等色线即可直观地表示地下反射界面的形态及深度变化。根据同相轴图谱的不连续性判断地裂缝存在。

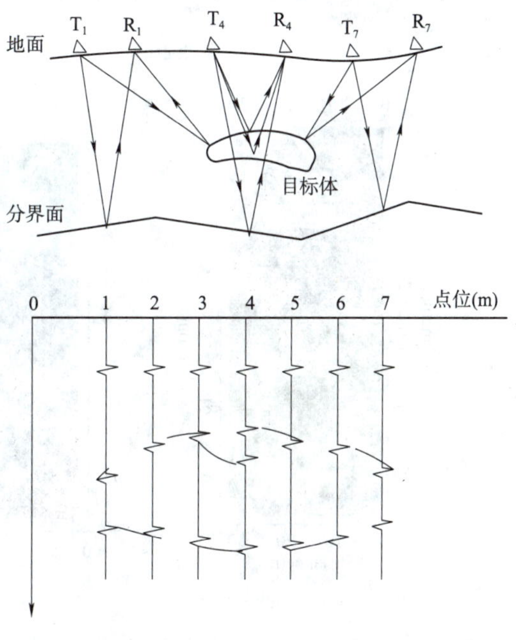

图 6—1—2 雷达记录示意

3. 地质地震映象法

地质地震映象法采用地震仪，是在离震源较近的若干点上，测定地震波从震源到不同弹性地层分界面上反射回到地面的旅行时间。当地层倾角不大时，反射波的路径几乎是垂直的，因此，在测线的不同位置上法线反射时间的变化就反映了地下地层的构造特点。通过这一特点，利用波形映象不连续性判断地裂缝的存在。

4. 瑞雷波法

瑞雷波法(面波法)是一种新兴的岩土原位测试勘探方法,利用其在分层介质中的频散特性和传播速度与岩土物理力学性质的相关性来进行地下勘探和地层划分,解决各种工程地质问题。由于各种岩石瑞雷波速度值与横波、纵波速度值之间存在着密切的联系,观察瑞雷波波速低速带判断地裂缝存在,从而达到勘查的目的。这种方法采用面波仪,另配相应放大器及检波器,锤击或爆破震源激发。

(二)测试实例

高桥隧道地表施工裂缝用高密度电法、探地雷达、地质地震映象法、面波(瑞雷波)法等物探方法测试,结果如图 6—1—3 所示。

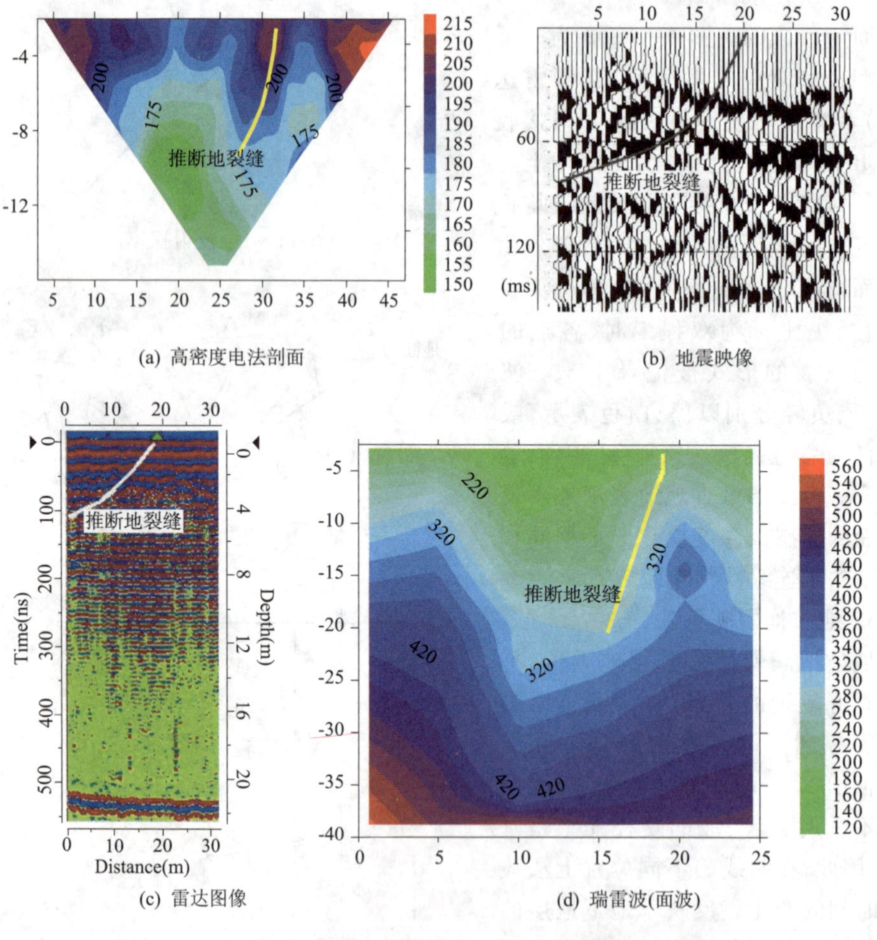

图 6—1—3 不同物探方法测试结果

高密度电法、探地雷达、地质地震映像和瑞雷波等物探方法测试隧道施工地表裂缝深度是可行的。物探结果表明施工地表纵向裂缝由地表向下、向隧道内侧方向倾斜，其深度推断分别为 10 m、5 m、12 m 和 15 m。通过对各种方法的综合分析，推断该平行隧道右侧（山坡外测）的纵向裂缝深度为 10 m ~ 12 m，小于隧道埋深（34 m）。

四、坑探测试

1. 测试方法及结果

坑探测试裂缝是先在较明显裂缝位置灌注白色双飞粉搅拌液，然后用洛阳铲等工具进行探坑开挖，开挖至不见白色颜料为止，然后测试裂缝深度、裂缝宽度和走向趋势的方法。坑探测试方法是最直观、最可靠的测试施工地表裂缝的方法。

图 6—1—4 为高桥黄土隧道施工地表裂缝坑探测试结果。探坑位置在线路右侧，距线路中心线 35 m 左右，探坑开挖宽度 50 cm，垂直下挖至 0.3 m 处裂缝开始向隧道内侧倾斜，裂缝宽度为 4 ~ 5 cm；开挖深度 1.4 m 时裂缝宽度减小为 3 ~ 4 cm；探坑挖深达 2.2 m 时裂缝宽度约 0.5 cm；深度为 2.7 m 时裂缝宽度约 0.3 ~ 0.5 cm；深度为 3.7 m 时裂缝宽度约 0.3 cm；深度为 4.4 m 时裂缝宽度约 0.2 ~ 0.3 cm。坑探深度和裂缝宽度详见表 6—1—3。

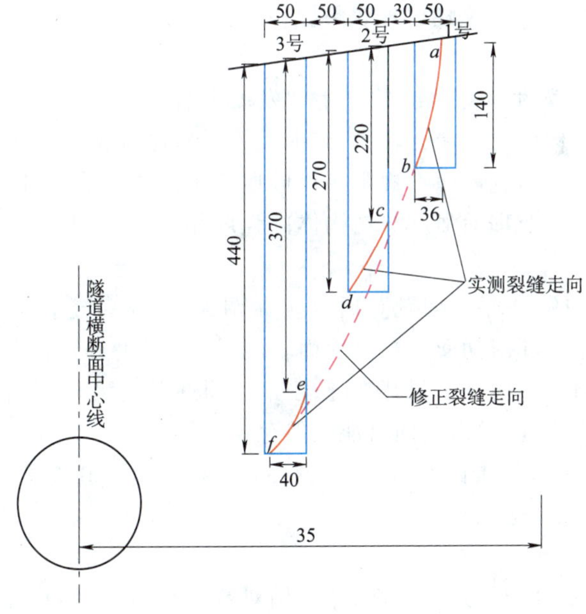

图 6—1—4　高桥隧道探坑深度及裂缝走向（单位：cm）

表 6—1—3 现场探坑实测数据

隧道名称	测点深度(m)	裂缝宽度(cm)
高桥隧道	0.3	4~5
	1.4	3~4
	2.2	0.5
	2.7	0.3~0.5
	3.7	0.2~0.3
	4.4	0.2~0.3

高桥隧道进口地表裂缝一个6 m深探坑中的裂缝情况(隧道埋深20 m):地表以下1~3 m范围内的裂缝宽0.5~1.5 cm,地表以下4~6 m范围内的裂缝宽0.3~0.8 cm;另一个10 m深探坑中裂缝情况:地表处裂缝宽3 cm,地表以下1 m裂缝宽2.5~3 cm,裂缝宽度随着深度增加逐渐变小。

高桥隧道出口地表裂缝10 m深探坑的裂缝情况:地表处裂缝宽度3~3.5 cm,地表以下3~5 m范围内裂缝宽度2~3.5 cm,地表以下6~8 m范围内裂缝宽度1.5~2.5 cm,地表以下9 m处裂缝宽度约1~1.5 cm,地表以下10 m处裂缝消失,表明地表裂缝没有贯通到隧道顶部。

根据开展的“大断面黄土隧道地表裂缝控制措施研究”科研项目坑探和物探结果表明:

(1)黄土物理力学性质对裂缝的产生和发展有着重要影响。黏质黄土由于含有较多的黏土颗粒,结构体内黏聚力较大,其形成的裂缝在地表层垂直深度较大,类似于黏土边坡破坏情况,且裂缝表面不规则。而砂质黄土中黏粒含量相对较少,结构体内黏聚力也比较小,因此节理面强度与结构体内强度相差不大,其产生的竖向垂直裂缝深度一般较小或没有。

(2)关于裂缝的发展深度问题。通过实际调查发现,黄土体由于隧道施工的扰动,土体内部会产生破坏滑动面。当滑动面较陡时(近似垂直),由于土体内部产生的拉应力和竖向节理作用,而发生张开裂缝;当滑动面逐渐变缓时,由于土体竖向自重应力作用,不可能产生裂缝,但滑动面可能仍然存在。

(3)埋深10 m多的砂质黄土隧道,地表裂缝基本达到隧道顶部,而埋深在30 m左右的隧道地表裂缝没有达到隧道顶部。

2. 裂缝深度预测

对裂缝深度和宽度数据进行处理,即采用对数函数、指数函数和幂函数等进行拟合,通过相关系数的大小确定与哪种曲线更加符合,进而采用相应函数预测裂缝深度。

图6—1—5为高桥黄土隧道地表裂缝深度与宽度回归曲线,隧道地表裂缝深度与

裂缝宽度关系符合对数函数和指数函数，相关系数均在 90% 以上，通过拟合关系式，推算裂缝开展的最大深度见表 6—1—4。

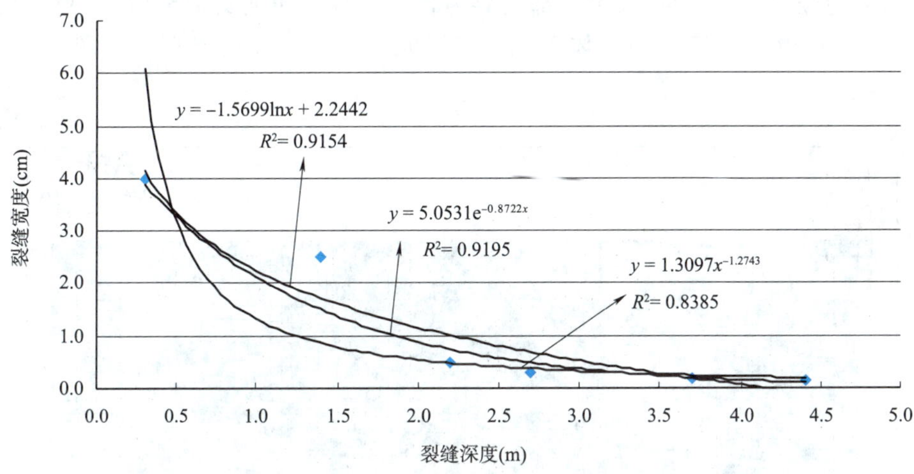

图 6—1—5 高桥黄土隧道裂缝宽度与深度的关系曲线

表 6—1—4 裂缝深度预测结果

拟合函数	函数表达式	相关系数 R^2	预测裂缝最大深度(m)
对数函数	$y=-1.5699\ln x+2.2442$	0.9154	4.0
指数函数	$y=5.0531e^{-0.8722x}$	0.9195	5.3
乘幂数	$y=1.3097x^{-1.2743}$	0.8385	13.0

注：预测最大裂缝深度时，裂缝宽度值取 0.05 cm。

第二节 黄土隧道施工地表裂缝规律数值分析

黄土隧道施工地表裂缝的发展趋势可以采用有限元方法进行分析，而裂缝的发展过程可采用离散元法进行。

一、黄土隧道施工裂缝趋势有限元分析

(一)原 理

有限元的研究对象为连续体，黄土裂缝形成后是非连续体，因此黄土隧道施工地层裂缝有限元分析目的是分析隧道开挖后产生裂缝的趋势和大致发展范围。在连续体的条件下，可能产生裂缝的位置判断主要依据是：剪应力大于地层抗剪强度；相同埋深下水平位移最大点连线(位移突变点)；竖直位移反弯点连线。

(二)黄土隧道施工裂缝趋势分析

计算分析采用ANSYS平面应变有限元分析模型,两侧面边界为水平位移约束,底面边界为竖向位移约束,模型上部边界为自由边界。初期支护采用BEAM3梁单元,围岩采用PLANE42平面实体单元。有限元分析模型和网格划分如图6—2—1所示。

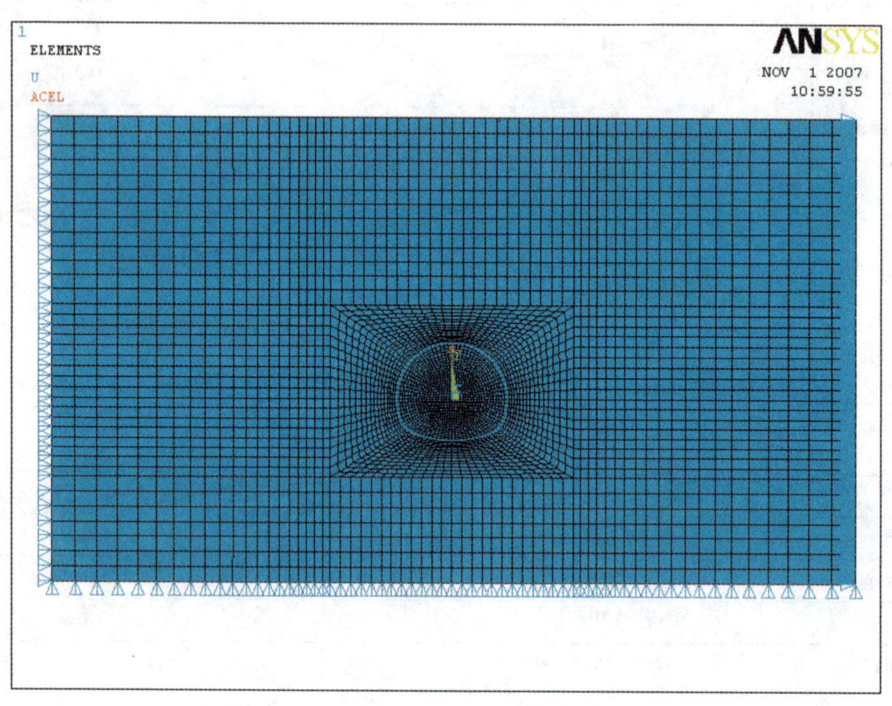

图6—2—1 有限元分析模型和网格划分

围岩与初期支护的计算参数采用黄土隧道现场试验资料,见表6—2—1。

表6—2—1 围岩及材料物理力学指标

材 料	含水率(%)	天然密度ρ(g/cm^3)	黏聚力c(kPa)	内摩擦角φ(°)	泊松比μ	弹性模量(MPa)	基床系数(MPa/m)
新黄土(较干)	12.0	15.4	25.2	19.4	0.3	43.2	42.0
新黄土(较湿)	25.0	19.5	10.0	15.0	—	29.2	18.0
老黄土(较干)	19.2	20.0	35.0	25.6	0.3	45.0	80.0
老黄土(较湿)	29.0	21.5	15.0	21.0	—	30.0	40.0
支护喷混凝土	—	20.0	1030	30	0.2	29500	—

隧道埋深 40 m，全断面开挖法条件下，经过计算得到隧道在同一深度下地层水平位移、竖直位移、剪应力及它们与距隧道中心距离的关系曲线分别如图 6—2—2 ~ 图 6—2—4 所示，隧道中线拱顶以地层竖向位移与深度的关系曲线如图 6—2—5 所示。

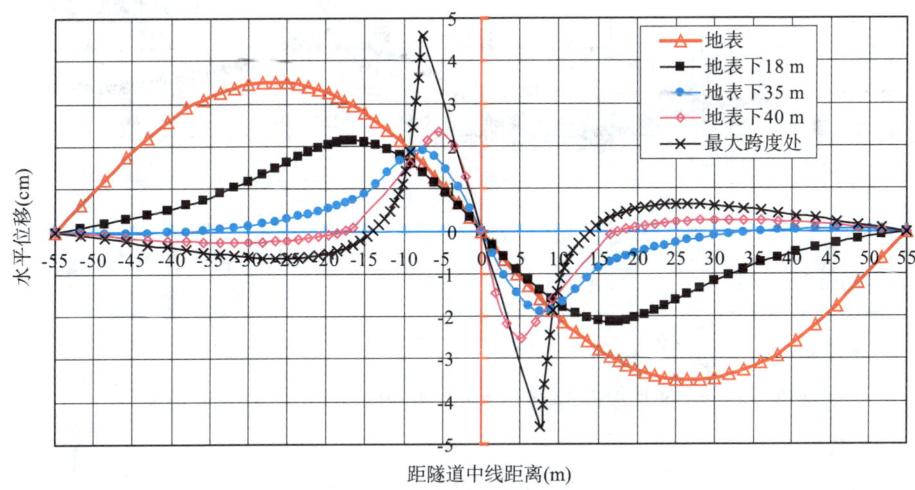

图 6—2—2 隧道埋深 40 m 地层水平位移与隧道中心距离的关系曲线

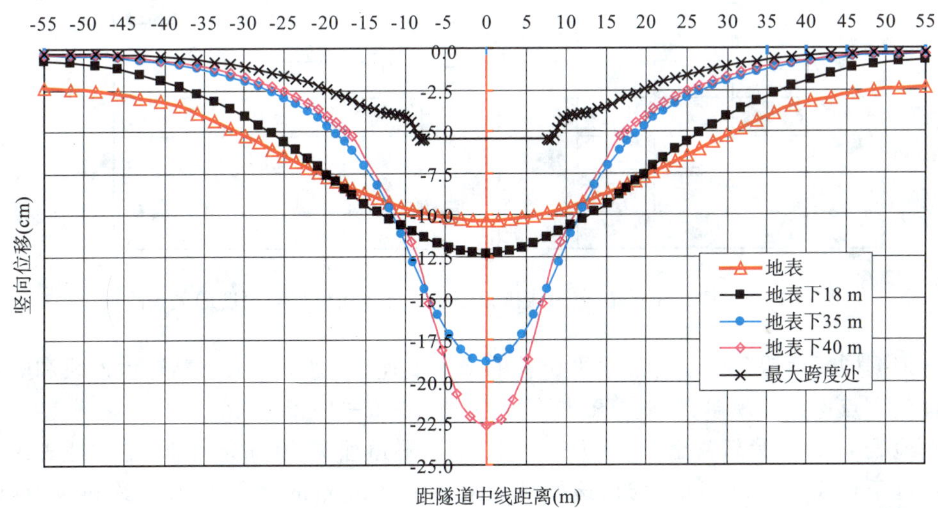

图 6—2—3 隧道埋深 40 m 地层竖直位移与隧道中心距离的关系曲线

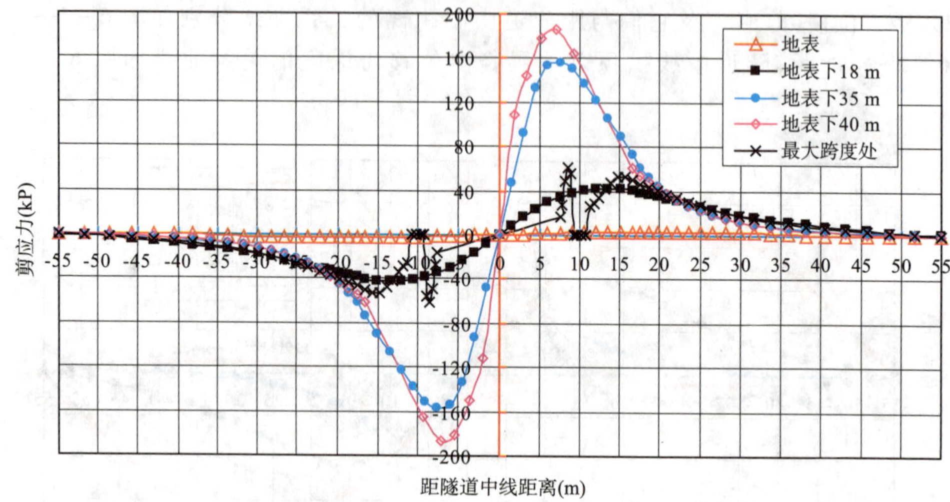

图 6—2—4 隧道埋深 40 m 地层剪应力与隧道中心距离的关系曲线

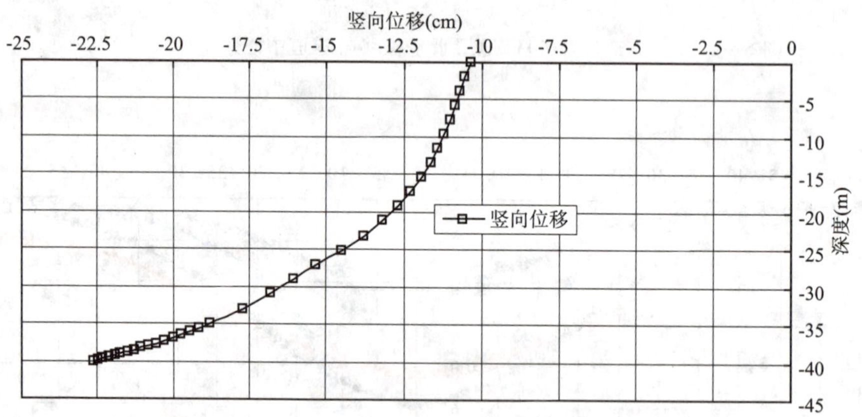

图 6—2—5 埋深 40 m 隧道中线拱顶以上地层竖向位移与深度的关系曲线

依据同一埋深条件下地层水平位移的最大值连线、剪应力大于黏聚力连线和竖向位移反弯点连线的规律，裂缝位置和深度范围如图 6—2—6 所示。

地表下 20 m 为新黄土，以下为老黄土地层，隧道埋深 40 m 条件下，施工地表纵向裂缝位于轴线两侧 26.5 m 附近，该处最大水平位移 3.5 cm，裂缝以倾角约 64.1°向隧道内侧，直到隧道拱腰（拱顶下 2.66 m）。地表可出现裂缝，深度为 42.7 m。其中隧道拱顶下沉 22.7 cm，水平收敛 5.5 cm。

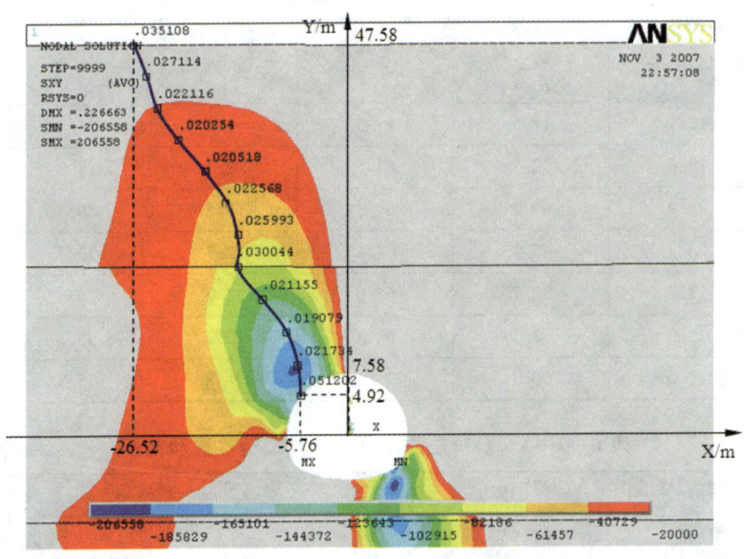

图 6—2—6　隧道埋深 40 m 裂缝趋势线

针对不同开挖方法和隧道埋深也进行了上述分析。不同埋深、全断面法开挖的地层裂缝发生趋势是：裂缝从拱顶向地表发展，当隧道埋深小于 50 m 时，地层纵向裂缝能够到达地表，埋深增加后，裂缝深度、裂缝距隧道中心距离均增大，裂缝倾角有变化，范围在 56°~67°之间；而埋深大于 50 m 后，地层裂缝不能发展到地表，地表附近滑动趋势变小，而裂缝距离隧道中心距离不变，深度增加，倾角变大。

不同埋深、台阶法开挖的地层裂缝发生趋势是：裂缝从拱顶向地表发展，当隧道埋深小于 40 m 时，地层纵向裂缝能够到达地表。埋深增加，裂缝深度、裂缝距隧道中心距离均增大，裂缝倾角也增大，范围在 56°~62°之间；而埋深大于 40 m 后，地表附近滑动趋势变小，地层裂缝不能发展到地表，裂缝距离隧道中心距离基本不变，深度增加，倾角变大。

全断面施工与台阶法施工相比较，在相同埋深时地层纵向裂缝距隧道中心距离基本相同，而全断面法施工的地层裂缝深度、裂缝倾角、裂缝最低点到拱顶距离以及隧道拱顶下沉和水平收敛值均要大于台阶法。全断面法施工、埋深大于 50 m 时，裂缝不能达到地表，台阶法时埋深大于 40 m 时裂缝不能达到地表。因此从控制地层裂缝方面看，台阶法优于全断面法。

不同埋深、不同施工方法，地层纵向裂缝位置和范围分别见表 6—2—2 和表 6—2—3。

表 6—2—2 全断面施工地层纵向裂缝位置和范围

埋深(m)	裂缝与隧道中心距离(m)	裂缝向上扩展深度(m)	裂缝倾角(°)	裂缝最低点到拱顶距离(m)	变形最大值(cm)	
					拱顶下沉	水平收敛
10	12.1	11.5	55.3	1.5	23.8	5.5
20	15.6	22.7	64.5	2.7	18.3	5.7
30	20.9	32.2	64.3	2.2	20.4	3.8
40	26.5	42.7	64.1	2.7	22.7	5.5
50	28.2	52.7	65.0	2.7	24.8	5.3
80	25.0	53.1	68.3	2.2	33.3	5.1
100	25.0	60.7	71.7	1.8	35.3	5.4

表 6—2—3 台阶法施工地层纵向裂缝位置和范围

埋深(m)	裂缝与隧道中心距离(m)	裂缝向上扩展深度(m)	裂缝倾角(°)	裂缝最低点到拱顶距离(m)	变形最大值(cm)	
					拱顶下沉	水平收敛
10	12.1	11.5	55.3	1.5	14.2	3.0
20	15.6	21.8	61.9	1.8	13.5	3.2
30	20.9	31.8	63.3	1.8	15.8	2.2
40	26.5	41.5	62.0	1.5	15.2	2.3
50	26.5	35.0	58.5	1.5	18.3	2.7
80	25.0	50.1	65.2	1.1	25.8	2.9
100	25.0	54.5	68.7	1.1	30.6	2.8

二、黄土隧道施工地层裂缝发展规律离散元分析

(一)原　理

离散单元法是将所研究的区域划分成一个个分离的多边形块体单元,单元之间可以看成角—角接触、角—边接触或边—边接触,而且随着单元的平移和转动,允许调整各单元之间的接触关系。最终,块体单元达到平衡状态,也可能一直运动下去。离散单元法理论基础是结合不同本构关系的牛顿第二运动定律,因而可以采用动态松弛法和静态松弛法进行迭代求解。

3DEC 程序是以二维的 UDEC 应用程序为基础,用离散单元法(Discrete Element Method,DEM)写成的数值分析程序,可仿真三维节理岩体的力学行为。

3DEC 将岩体视为由许多完整岩块所组成,各完整岩块间由岩体中不连续面分隔,而各完整岩块间之接触面视为岩块边界。完整岩块可被模拟成刚体(rigid block)

或可变形体(deformable block)。3DEC在模拟可变形岩块时,将岩块自动分割成许多次级块体(sub-block),每个次级块体可配合所选用的材料类型以及外力作用下的受力及变形。在节理的模拟方面,主要根据位移~作用力法则,计算岩块在节理面上的剪应力和法向应力,作为岩块的应力边界条件,因此可模拟岩块大位移与转动的情况。

因此在不同隧道埋深、新黄土或老黄土、洞室形状和施工方法等(表6—2—4)条件下,通过预设垂直节理,分析隧道开挖施工中预设节理面相对位移变化(张开或闭合),对黄土隧道施工地层裂缝发展规律进行系统研究。

表6—2—4　离散元分析研究条件

原始节理深度	5 m	15 m	20 m	25 m	至拱顶	至拱腰	至隧底
隧道埋深	20~100 m						
节理方向	与隧道方向平行的纵向垂直节理、与隧道方向垂直的横向垂直节理						
黄土性质	新黄土、老黄土、上新下老黄土						
洞室形状	圆形、马蹄形						
施工方法	全断面法、台阶法						

(二)黄土隧道施工裂缝发展规律分析

黄土地层和地层原始纵、横向垂直节理的3DEC隧道模型如图6—2—7所示。

(a) 原始纵向垂直节理隧道模型

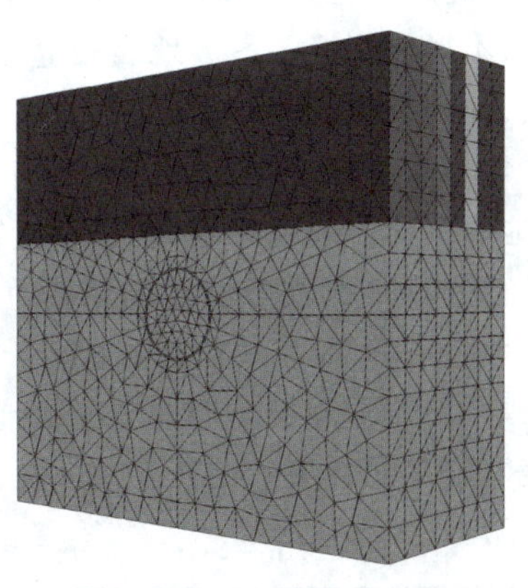

(b) 原始横向垂直节理隧道模型

图6—2—7　原始纵、横向垂直节理3DEC隧道模型

1. 上覆新黄土地层存在纵向原始垂直节理的圆形隧道施工地层裂缝规律

假定地表下20 m为新黄土,以下为老黄土,上覆新黄土地层存在纵向原始垂直节理、圆形隧道,不同隧道埋深和支护封闭时机条件下,施工地层裂缝最可能发生位置、

最大地表裂缝宽度和最大地表沉降之间的关系见表6—2—5。

表6—2—5 不同条件下地表裂缝发生位置和宽度

隧道埋深(m)	仰拱施做时机	地表裂缝最可能发生位置(距隧道中线)(m)	最大地表裂缝宽度(mm)	最大地表沉降(cm)
埋深30	仰拱支护落后拱墙支护1 m	32	1.3	6.2
	仰拱支护落后拱墙支护8 m	24～32	2.8	9.3
	无仰拱支护	32～40	3.5	10.8
埋深50	仰拱支护落后拱墙支护1 m	56～64	2.1	6.6
	仰拱支护落后拱墙支护1 m	56～64	3.4	10.8
	无仰拱支护	56～64	3.8	12.0

地表裂缝最可能发生位置，随着隧道埋深增加，裂缝至隧道轴线的距离变大。隧道埋深较浅时，地表裂缝宽度随埋深增加而增加；隧道埋深大于某一深度时，地表裂缝宽度随埋深增加反而减小。黄土原始垂直节理裂缝开展宽度，在地表最大、地表以下逐渐减小。隧道正上方，对应地表沉降槽底部范围内原始垂直节理由于受扰动地层的挤压作用，不形成裂缝。最大地表裂缝宽度与施工地表沉降有一定的对应关系，地表沉降越大，地表裂缝宽度相应增大。

施工地表裂缝最可能发生的位置与地表沉降曲线中的拐点位置接近。同一埋深条件下，地表沉降曲线越平缓，地表裂缝宽度越小。

2. 上覆新黄土地层存在纵向原始垂直节理的马蹄形隧道施工地层裂缝规律

假定地表下20 m为新黄土，以下为老黄土，上覆新黄土地层存在纵向原始垂直节理的马蹄形隧道，不同覆土埋深情况下地表裂缝最可能发生位置，最大地表裂缝宽度，施工地表沉降之间的关系见表6—2—6。

表6—2—6 台阶法施工地表裂缝发生位置和宽度

隧道埋深(m)	开挖顺序	地表裂缝最可能发生位置(距隧道中线)(m)	最大地表裂缝宽度(mm)	最大地表沉降(cm)
埋深30	上台阶贯通	32	3.2	9.6
	开挖下台阶	32	3.8	11.5
埋深60	上台阶贯通	56～64	3.8	10.9
	开挖下台阶	56～64	4.6	13.8

台阶法施工地表裂缝最可能发生位置，随着隧道埋深增加，裂缝至隧道轴线的距离也变大。隧道埋深较浅时，地表裂缝开展宽度随埋深增加而增加；隧道埋深大于某一深度时，地表裂缝开展宽度随埋深增加反而减小。黄土原始垂直节理裂缝开展宽度，在地表最大，地表以下逐渐减小。

隧道正上方，对应地表沉降槽底部范围内的原始垂直节理，由于受扰动地层的挤压作用不形成裂缝。台阶法施工过程中，上台阶施工对地层扰动较大，大部分地表沉降和地表裂缝开展都是在上台阶施工过程中发生发展的。

3. 隧底以上黄土均存在纵向原始节理的马蹄形隧道施工地层裂缝规律

假定地表下 20 m 为新黄土，以下为老黄土，隧底以上黄土均存在纵向原始节理、马蹄形隧道，不同覆土埋深情况下地表裂缝最可能发生位置，最大地表裂缝宽度，最大地表沉降之间的关系见表 6—2—7。

表 6—2—7　隧底以上黄土均存在纵向原始节理时地表裂缝发生位置和宽度

隧道埋深（m）	地表裂缝最可能发生位置（距隧道中线）（m）		最大地表裂缝宽度（mm）		隧道周边原始垂直节理张开宽度（mm）	最大地表沉降（cm）
	位置 1	位置 2	位置 1	位置 2		
20	24	无	4.66	0	2.0	6.3
30	32	16	2.8	2.34	2.3	6.4
60	48 ~ 64	16	3.46	2.76	5.4	12.0

原生深层垂直节理在地表至一定深度均张开，但没有达到隧道拱顶。地表裂缝最可能发生在两处，一处随着隧道埋深增加，地表裂缝发生位置至隧道轴线的距离变大，另一处在邻近隧道开挖边界的预设裂缝处。原始垂直节理裂缝开展宽度，在地表最大，地表以下逐渐减小。

隧道开挖周边位置一般形成地层施工裂缝，裂缝宽度基本相同，为 2.0 ~ 3.0 mm。

4. 隧底以上黄土均存在横向原始节理的马蹄形隧道全断面施工地层裂缝规律

假定地表 20 m 为新黄土，以下为老黄土，隧底以上黄土均存在横向原始节理的马蹄形隧道，全断面施工，不同埋深时施工对黄土原始横向垂直节理的影响见表 6—2—8。

表 6—2—8　隧道施工对黄土原始横向垂直节理的影响

埋深（m）	最大裂缝宽度（mm）	裂缝宽度最大时开挖面同横向节理距离（m）	裂缝闭合时开挖面同横向节理距离（m）	地表沉降（cm）
20	5.2	落后 12	落后 4	13.0
30	4.5	落后 10	落后 2	13.1
60	1.4	落后 12	超前 2	12.7

隧道施工对黄土原生横向垂直节理的影响，随着开挖过程掌子面前方节理张开，并随开挖裂缝增大，但随掌子面临近时横向地表裂缝会逐渐减小，甚至出现闭合。隧道覆土深度越大，横向原始垂直节理张开宽度越小。

5. 施工地表纵向裂缝倾角

按地面纵向裂缝与隧道墙脚的连线视为纵向裂缝平均倾角，离散元分析结果见表6—2—9。

表6—2—9 地表裂缝规律分析汇总

因素 埋深(m)	裂缝位置 (m)	最大裂隙宽度 (mm)	地面至隧底倾角 (°)
20	24	4.7	37.0
30	32	2.8	36.4
60	48	3.5	33.7
平均	34.6	3.7	35.1

第三节 黄土隧道施工地层裂缝规律室内模型试验

黄土隧道施工地层裂缝模型试验，主要目的是分析在不同埋深和隧道施工方法条件下的黄土隧道施工地表裂缝的形成条件，裂缝发生、发展与分布规律。试验要考虑的主要影响因素有：裂隙(缝)黄土工程地质特征；黄土隧道的覆土深度；黄土隧道施工方法。

一、模型试验相似比的确定

隧道开挖导致黄土体内出现暴露的临空面，在地层荷载和施工重分布荷载作用下，地层产生变形甚至破坏。裂缝的产生和发展与围岩变形关系密切，而地层变形与土体颗粒间的惯性力、摩擦力、黏聚力和土体的重力、弹性力、应力及外力等有关。此外，摩擦力、弹性力及黏聚力要受到土体的变形、变形速度及土体失水而使土体相对变硬(强度提高)等因素的影响，还有湿度、温度等许多参数对土体的影响等，情形较为复杂。因此，影响围岩变形和地层裂缝的物理量有：

惯性力：$F_1=\rho L^2 v^2$

重力：$F_g=\rho g L^3$

黏聚力：$F_c=cL^2$

内摩擦力：$F_f=N\mu=N\cdot\tan\phi$

外力：F

弹性力：$F_e = L^2 E\varepsilon$

应变率：$\dot{\varepsilon} = \dfrac{\varepsilon}{L}$

面力：$F_\sigma = \sigma L^2$

式中 ρ 为土体的密度；c 为土体的黏聚力；μ 为土体的内摩擦系数；ϕ 为土体的内摩擦角，假定它是与土体变硬程度、变形及变形速度无关的常数；L 为长度；v 为速度；N 为压力；g 为重力加速度；E 为土体的弹性模量；ε 为土体的应变；σ 为应力；η 为黏性系数。

在隧道二维平面上，破裂滑动面如图6—3—1所示。

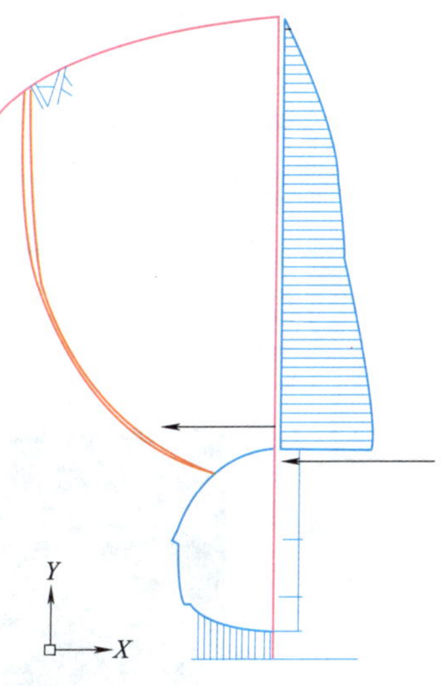

图 6—3—1 黄土隧道开挖后稳定性分析几何模型

根据上述分析及所建模型，施工地层裂缝主要相关参数有含水率 w（或干密度 ρ_d）、埋深 H、隧道开挖断面的几何尺寸 B、地层变形模量 E、泊松比 v、内摩擦角 ϕ 和黏聚力 c。

考虑到土的变形模量 E，泊松比 v 以及土体中的应力 σ 与土的含水率 w、干密度 ρ_d 以及埋深 H 相关，故可将其中的 ρ_d、H、ϕ、c 视为独立变量。

即裂缝：

$$d = f(\rho_d, c, E, l, w, \phi)$$

根据相似理论量纲分析得相似判据：

$$\pi_1 = \frac{\rho_d \cdot d}{c}, \pi_2 = \frac{\rho_d \cdot l}{c}, \pi_3 = w, \pi_4 = \phi$$

确定模型几何相似比后，据此计算各物理量的相似比。

二、模型试验装置

黄土隧道施工地层裂缝试验可以根据几何相似比的大小在模型槽（图 6—3—2）或模型箱（图 6—3—3）内进行。

隧道采用人工开挖，初期支护采用石膏，喷射浆体采用自制压浆机，喷射压力 0.1 MPa。

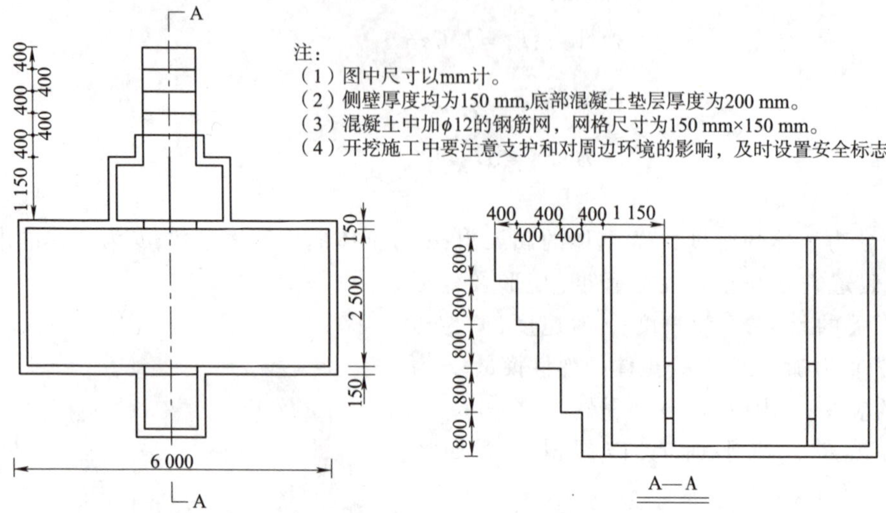

图 6—3—2　模型试验槽构造尺寸

图 6—3—3　模型试验箱(3m × 2m × 1m)

模型槽壁在填土使用前用薄塑料板贴面,减少端部摩擦应力。

三、模型试验相似材料选择

(一)黄土裂缝性能试验

根据郑西铁路客运专线黄土干密度 1.55 g/cm^3,含水率 w =12.0% 的统计值,按相同干密度和含水率进行室内重塑,土样采用分块制样,后将两块土样合并的方法进行黄土裂缝试验。直剪试验结果见表 6—3—1，均质黄土剪切平均值 c 为 14.6 kPa，平均值 ϕ 为 36.9°；黄土裂缝剪切平均值 c 为 1.7 kPa，平均值 ϕ 为 35.9°。黄土裂缝剪切强度基本接近黄土自身的残余强度。

表 6—3—1　黄土裂缝直剪试验参数

性　能	c(kPa)	ϕ(°)
黄　土	14.6	36.9
裂　缝	1.7	35.9

黄土裂缝三轴试验，土样采用制样器后（分三层击实）再用钢片切割形成裂缝，试验结果见表 6—3—2，均质黄土 c = 12.8 kPa，ϕ = 33.4°；黄土裂缝 c = 3.6 kPa，ϕ = 30.7°。

表 6—3—2　不同围压下黄土的峰值抗压强度

围压 σ_3(kPa)		0	6.5	31.5	56.5	106.5
峰值抗压强度平均值(kPa)	均质黄土	48.6	99.2	186.3	273.7	457.5
	裂隙黄土	32.0	74.0	152.0	228.1	394.2
强度损失比(%)		34.2	25.4	18.4	16.7	13.8

（二）地层黄土模型材料性能试验

黄土模型试验材料分别可用黄土状粉土 + 滑石粉，或黄土状粉土 + 滑石粉 + 细砂，对其进行力学性能试验，确定合理配合比。

模型材料在相同干密度条件下，压缩模量与含水率呈递减关系，含水率越高则压缩模量越低。不同配比材料在不同密实度下，材料性能影响显著，最均确定的黄土隧道模型试验材料参数见表 6—3—3。

表 6—3—3　不同干密度下的压缩模量、黏聚力和内摩擦角试验数据

干密度(g/cm^3)	1.55	1.50	1.45	1.35	1.28
压缩模量 E_{s1-2}(MPa)	3.8	3.4	3.0	2.6	2.4
黏聚力 c(kPa)	12.0	9.1	6.0	2.5	1.6
内摩擦角 ϕ(°)	31.1	30.8	30.2	29.1	26.8

（三）支护喷射混凝土石膏模型材料性能试验

不同水膏比、通过掺加不同比例（0.05%、0.025%、0.015%）柠檬酸，试验石膏初凝时间，并确定缓凝剂参量。

应用正交试验方法，减少试验组数。通过采用不同水膏比分析石膏模型材料力学性能（不同养护时间），并确定合理水膏比。通过大量的试验最终确定了模型材料参数如表 6—3—4 所示。

表 6—3—4　模型试验材料基本力学性能

<table>
<tr><td rowspan="4">模型黄土</td><td>液限(%)</td><td>塑限(%)</td><td>塑性指数</td><td>含水率(%)</td><td>密度(g/cm^3)</td></tr>
<tr><td>22.50</td><td>16.80</td><td>5.70</td><td>10.0±1.0</td><td>1.36±0.03</td></tr>
<tr><td>黏聚力 c(kPa)</td><td>内摩擦角(°)</td><td>压缩模量($E_{s0.0\sim0.05}$)</td><td colspan="2">基床系数(MPa/m)</td></tr>
<tr><td>1.0±1.2</td><td>30.0±3.0</td><td>0.43</td><td colspan="2">2.1</td></tr>
<tr><td rowspan="2">模型支护(石膏)</td><td>水膏比</td><td>黏聚力(kPa)</td><td>内摩擦角(°)</td><td>弹性模量(MPa)</td><td>抗压强度(MPa)</td></tr>
<tr><td>1.0</td><td>250</td><td>48</td><td>2.7×10^3</td><td>1.2</td></tr>
</table>

四、室内模型试验工况

完成不同工况的模型试验共计 15 组,具体安排见表 6—3—5。试验重点对隧道施工中产生地表裂缝的位置、深度、宽度和地表沉降以及仰拱封闭滞后的影响进行试验研究。

表 6—3—5　试验分组一览

试验序号	模型比	试验编号	试验日期	埋深(cm)	节理情况	试验目的
1	20	CW—286	07.7.28~7.3	286	无	模型黄土拌和、填筑试验以及开挖
2			07.7.19~7.22	84	无	破坏性试验
3		CW—84	07.7.23~7.26	84	无	获取实验数据
4		CW—50	07.7.27~9.4	50	无	获取实验数据
5		CY—50	07.9.5~9.10	50	有	获取实验数据
6		CY—150	07.9.11~9.18	150	有	获取实验数据
7		CW—150	07.9.21~9.26	150	无	获取实验数据
8		CW—250	07.9.27~10.5	250	无	获取实验数据
9	40	XW—25	07.10.13~10.16	25	无	破坏性试验
10		XW—25	07.10.17~10.18	25	无	获取实验数据
11		XW—75	07.10.19~10.21	75	无	获取实验数据
12		XY—25	07.10.22~10.25	25	有	获取实验数据
13		XY—75	07.10.26~10.30	75	有	获取实验数据
14		XW—T25	07.11.1~11.4	25	无	偏压隧道情况
15		XY—SH75	07.11.5~11.15	75	有	围岩浸水情况

注:C 表示大模型槽;X 表示大模型箱;W 表示地层中无节理情况;Y 表示地层中有节理情况;"—25"等数值表示埋深;T 表示斜坡最小埋深;SH 表示地层浸水。

五、室内模型试验成果

(一)变形结果与分析

1. 隧道施工地表沉降与埋深的关系

每组试验按一次性同时支护(拱、墙、底)、支护仰拱滞后和无支护等三种情形分别进行,对比分析施工过程中地层的变形发展以及地层破坏情况。按一次性同时支护、支护仰拱滞后、无支护的毛洞三种不同条件,出现裂缝时最大地表沉降情况进行汇总,不同比例模型试验结果见表 6—3—6 和表 6—3—7。

表 6—3—6　不同支护封闭时机 1:20 模型试验最大地表沉降汇总

试验分类	埋深(m)	出现裂缝时刻最大地表沉降(mm)	一次封闭支护(mm)	支护仰拱滞后(mm)	无支护(mm)
CW—50	10	50.0	75.4	93.4	116.4
CW—84	16.8	104.0	66.6	97.4	165.0
CW—150	30	77.7	76.6	98.1	123.9
CW—250	50	138.7	125.7	149.0	200.0
CY—50	10	57.4	138.0	159.4	179.4
CY—150	30	55.1	92.1	144.2	198.3

表 6—3—7　不同支护封闭时机1:40模型试验最大地表沉降汇总

试验分类	埋深(m)	出现裂缝时刻最大地表沉降(mm)	一次封闭支护(mm)	支护仰拱滞后(mm)	无支护(mm)
XW—75	30	73.5	28.8	52.4	145.6
XW—25	10	75.4	4.0	11.2	80.8
XY—25	10	36.9	5.2	17.6	123.2
XY—75	30	75.6	24.8	38.0	93.2

根据表 6—3—6 和表 6—3—7 数据可以看出,一次性封闭支护、支护仰拱封闭滞后、无支护等不同支护情况下,一次性支护时地表沉降最小,支护仰拱滞后时次之,无支护时地表沉降最大。相同支护情况下,10 ~ 50 m 埋深试验范围内,随着隧道埋深的增加,地表沉降值增大。相同条件下,黄土具有原生垂直节理时比无原生垂直节理施工沉降变形大。

以1:20模型试验为例,无原生节理,埋深在 30 m 以内,最大地表沉降达到 50.0 ~ 104.0 mm 时,土体内部就有可能产生裂缝。当埋深达到 50 m 时,地表中心沉降在

138.7 mm 左右才能产生裂缝，也就是说，当隧道埋深比较大时，如果控制好施工过程中的变形，则其地表裂缝难以产生。有原生节理，埋深在 30 m 以内，最大地表沉降达到 55.1 ~ 57.4 mm 时，土体内部就有可能产生裂缝，比无原生节理时更易产生地表裂缝。

2. 隧道地表的水平位移

地表的水平位移测试仅进行了 CY—150、CW—150 以及 CW—250 等三组。测试采用内径千分尺，观测桩打入地表下 10 cm，测试结果详见表 6—3—8。无论黄土体内部有无原生节理，施工中隧道中心两侧地表位移方向均指向隧道中心线；从 CY-150 的数据显示，相对水平位移值并不是越靠近中心越大，而是在隧道中心线两侧存在一个水平位移最大点。相同埋深条件下，具有原生节理的黄土体比无原生节理的黄土体产生的水平位移要大；相同支护封闭时机条件下，10 ~ 50 m 埋深试验范围内，随着隧道埋深的增加，地表水平位移值也增大。

表 6—3—8 1:20 模型试验地表最大水平位移汇总

试验分类	埋深(m)	测点编号	初值(mm)	终值(mm)	相对水平位移(mm)	水平位移平均值(mm)
CY—150	30	A	4886.3	4849.6	36.7	38.4
		A′	5243.3	5203.2	40.2	
		B	10361.9	10297.7	64.2	61.9
		B′	10465.2	10405.6	59.6	
		C	20049.2	19986.9	62.3	61.9
		C′	20292.6	20231.1	61.5	
CW—150	30	C	19536.8	19468.3	68.5	57.6
		C′	19919.8	19873.2	46.6	
CW—250	50	B	9863.1	9756.2	106.8	106.4
		B′	9884.6	9778.4	106.2	
		C	19891.9	19817.6	74.2	82.2
		C′	20078.0	19987.8	90.2	

3. 隧道洞内收敛变形

洞内收敛测试仅进行了 CY—150、CW—84 以及 CW—250 等三组。洞内收敛测线位置具体布置如图 6—3—4 所示，测试采用内径千分尺，观测点采用方木楔中心钉小铁钉的方法，木楔打入围岩内 5 cm。测试结果见表 6—3—9。

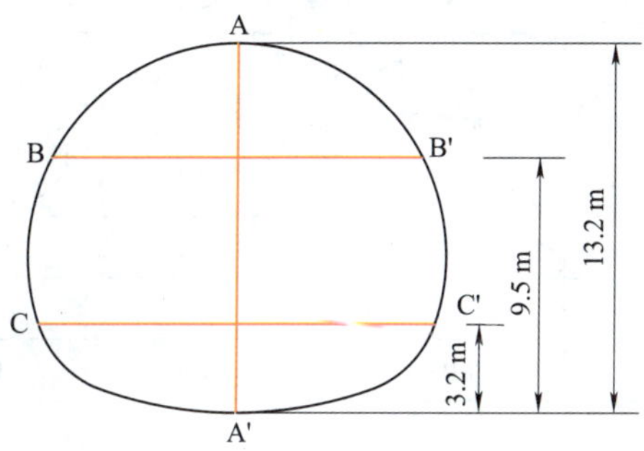

图 6—3—4　洞内收敛测线布置

表 6—3—9　不同支护封闭时机 1∶20 模型试验洞内收敛值汇总

试验分类	埋深(m)	测线编号	一次支护封闭(mm)	支护仰拱滞后(mm)	无支护(mm)
CW—84	16.8	AA′	24.3	36.9	60.7
		BB′	9.5	15.4	23.1
		CC′	8.5	11.8	17.8
CY—150	30	AA′	81.1	125.4	—
		BB′	11.3	24.0	—
		CC′	2.6	19.2	—
CW—250	50	AA′	65.8	80.4	162.7
		BB′	45.4	55.4	90.5
		CC′	37.4	52.0	78.4

从表 6—3—9 数据可知，随着隧道埋深的增大，各个测线位置的收敛值明显增大；同一埋深条件下，拱顶相对变形比墙身位置收敛值大很多，黄土隧道的拱顶下沉量比一般隧道的拱顶下沉量要大；存在原生节理的黄土隧道，拱顶下沉量比墙身位置的收敛值要大 10 倍之多，比无原生节理的黄土隧道的拱顶下沉量要大，而墙身的收敛值则较小，说明存在原生节理的黄土隧道施工过程中更容易发生拱顶塌陷，这与沉降槽的变化趋势相吻合。

（二）地层应力和围岩压力分析

埋深 10 m 无原生节理模型试验围岩压力量测结果列入表 6—3—10。

相同埋深条件下，一次性同时支护、支护仰拱滞后和无支护三种不同情况产生的围岩压力规律性明显，一次性同时支护围岩压力较小，仰拱支护滞后次之，无支护情况（毛洞）产生的围岩压力最大。

表 6—3—10 埋深 10 m 无原生节理模型不同支护情况最大围岩压力值(MPa)

压力盒位置 / 工况分类	右墙腰	左墙腰	拱 顶	右拱腰	左拱腰
一次同时支护	0.074	0.078	0.142	0.116	0.091
仰拱滞后	0.110	0.114	0.161	0.106	0.137
无支护(破坏)	0.148	0.146	0.196	0.133	0.165

(三)隧道施工产生地表裂缝分析

1. 施工地表裂缝机理分析

通常人眼所能鉴别的裂缝宽度在 0.2 mm 左右,试验中裂缝的实际产生时间必然比观察到它的时间要早。通过对位移沉降时程曲线的分析发现,远离隧道中心点在地表裂缝被观察到之前,沉降位移计读数常有不同程度的起伏变化,甚至出现地表隆起现象,如图 6—3—5 所示。

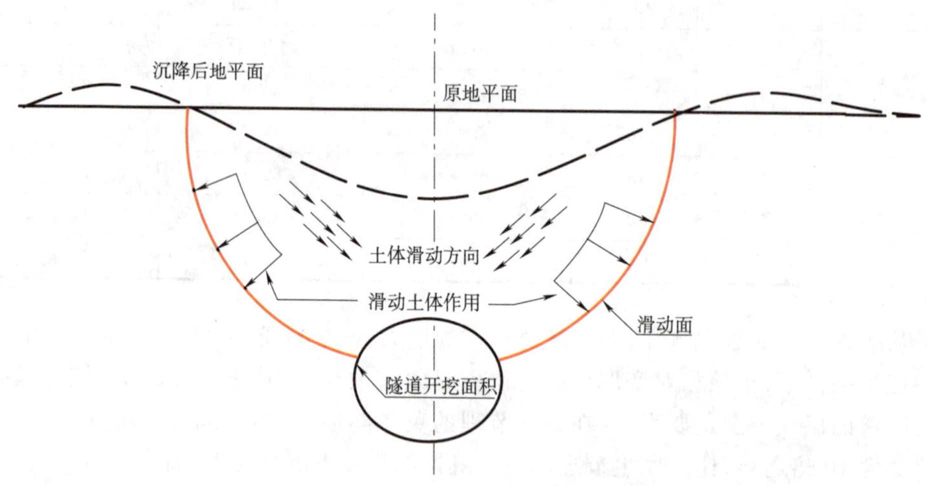

图 6—3—5 施工地层裂缝形成机理示意

土体内部发生剪切破坏时,滑动面内部的土体有向开挖临空面滑动趋势,滑动楔形体向下滑动的同时,滑动体自重力对两侧土体产生推挤作用,滑动楔面切向力作用使滑动面外侧表层土体产生隆起现象。而远处土体受到扰动小而保持稳定不动,当滑动趋势面剪应力大于土体抗剪强度时,形成剪切破坏,产生剪断或拉断裂缝。

无论从地表位移或是围岩压力的分析可以看出,隧道开挖后黄土体内部滑动趋势的产生或滑动面的形成,滑动面的下缘基本上都出现在墙腰与拱腰之间,破坏性试验结果基本都如此，如图 6—3—6 所示。

图 6—3—6　隧道坍塌后实际破裂面的位置

2. 施工地表裂缝与地表沉降关系

地表裂缝的形成与黄土体内部的应力状态有关。当其某一点的剪应力达到黄土体自身的抗剪强度或黄土体内产生的拉应力超过其自身的抗拉强度时，土体内部或表面则形成剪切滑动或拉断。这都有一个变形过程，变形则是黄土体内部力学机制的表观反映。因此，可以通过变形分析找到大断面黄土隧道施工地表裂缝形成的控制方法和手段。显然，控制地表沉降是一个有效的方法和途径。

如前所述，无原生节理时，当埋深在 30 m 以内，最大地表沉降达到 50.0 ~ 104.0 mm时，土体内部就有可能产生裂缝。当埋深达到 50 m，地表中心沉降在 138.7 mm左右时才能产生裂缝。也就是说，当隧道埋深比较大时，如果控制好施工过程中的变形，则其地表裂缝难以产生。

模型试验中，无论黄土体内部有无原生节理面，当隧道埋深大于 10 m 时，一次性同时封闭支护，则未发现地表裂缝产生。因为埋深越大，产生地表裂缝所需的沉降变形也越大，现场实际施工若能严格实现一次性封闭支护，则可以控制其地表变形量，也就可以控制地表裂缝的形成。当隧道埋深较浅时（$D \leqslant 10$ m），由于应力传递很快达到地表，黄土体内部不能形成承载拱，无论黄土体内部有无原生节理面，在一次性支护同时封闭条件下都产生了地表裂缝，特别是有原生节理存在时，无论是1∶20或1∶40模型试验，10 m 埋深时地表都产生了可见裂缝。

3. 地表裂缝位置与埋深关系

当隧道埋深不同，在隧道断面大小、形状和施工方法相同条件下，上述滑动楔形体形状则基本相同，反应到地表的施工裂缝位置有其基本规律。对表6—3—11中的数据进行分析，将每组试验中产生的裂缝位置与埋深进行对比发现，埋深与裂缝距离存在如下关系：

$$D_p(\text{相关系数 } R^2=0.98)=0.0502\times L_p^{1.7956}$$

式中 D_p 为隧道埋深(cm)，L_P 为裂缝至隧道中心线的水平距离。

以黄龙村隧道为例，黄龙村隧道地表近水平，土类为黏质黄土，覆盖层深度为11～12 m，地表裂缝距隧道中心线17～21 m。利用拟合公式计算得到地表裂缝距中心线水平距离在20～21 m，与现场情况极为吻合。

表6—3—11 各组试验地表裂缝位置

试验分组	埋深(m)	东西侧裂缝位置(m)		平均裂缝位置(m)	试验分类	埋深(m)	东西侧裂缝位置(m)		平均裂缝位置(m)
CW—84	16.8	西1	22.0	26.0	XW—75	30	西1	55.6	61.2
		东1	30.0				东1	63.0	
CW—50	10	东2	19.5	19.5	XW—25	10	西3	30.8	30.4
CW—250	50	西1	48.0	48.6			东3	30	
		东1	49.0		XY—25	10	西1	32	31.0
CW—150	30	西1	32.4	32.4			东1	30	
		东1			XY—75	30	西1	64.8	64.0
CY—50	10	西4	23.0	23.2			东1	63.2	
		东4	23.4						
CY—150	30	西1	30.0	30.0					
		东1	30.0						

4. 黄土隧道围岩破裂角统计

隧道工程实践表明，当隧道埋深较小时，开挖影响将波及地表，无法形成承载拱。浅埋隧道开挖后塌滑范围由破裂角 β（如图6—3—7所示）来描述，β 的定义为地表裂缝点到墙脚的连线与墙脚水平线的夹角，按 $\beta=\arctan(h/x)$ 求得。其中 h 在埋深确定时为定值，x 表示地表最初出现的裂缝至墙角处的水平距离。

图6—3—7中的 β' 为地表裂缝点到实测破裂面下缘点连线与水平线的夹角。表6—3—12中的 β'' 为围岩坍塌破坏后实测坍塌面破裂角。

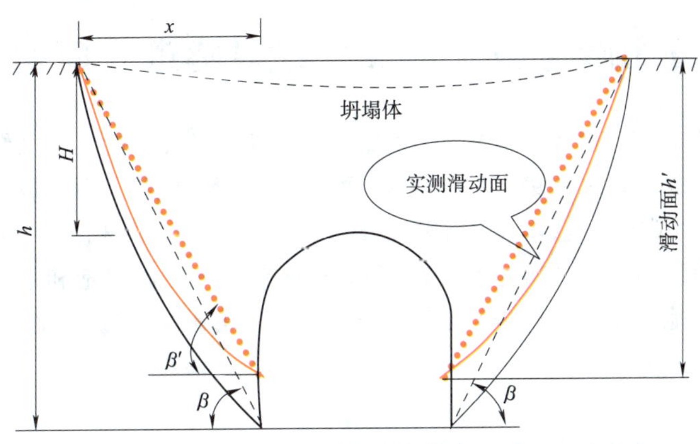

图 6—3—7　破裂角计算示意

表 6—3—12　模型试验破裂角统计

埋深(m)	裂隙情况	破裂角 β(°)	破裂角 β'(°)	坍塌面破裂角 β''(°)
10	无	50.0(45.0)	36.4(25.3)	43.5(56.3,49.7)
10	有	41.0(40.4)	31.8(24.9)	42.0 (51.6)
16.8	无	49.1、45.9	39.2、35.2	57.7
30	无	55.2(34.0)	48.9(28.3)	59.7(62.4)
30	有	53.1(35.2)	46.7(29.3)	(64.5)
50	无	52.4	48.2	70.4
56.8	无	—	—	—
平　均		45.5	35.8	55.8

注:表中无括号数据为1:20模型试验结果,有括号数据为1:40模型试验结果。

按照地表裂缝点到实测破裂面下缘点连线的破裂角 β' 为 32°～49°,平均值为 35.8°左右;按照地面裂缝与墙角计算的破裂角 β 为 41°～55°,平均值为 45.5°左右。

对 1:20 模型破裂角,在埋深 30 m 内逐渐增大,但超过这一埋深,则几乎没有变化。在进行浅埋隧道的设计时,埋深小的破裂角可取小值,埋深大的破裂角可取大值。

5. 浅埋偏压

在较浅偏压时,由于山体偏压造成的沿坡体向下的横向位移,更易产生施工地表裂缝。

6. 地层浸水

由地表开始地层浸水后,地表沉降变形急剧增加,形成明显的湿陷性整体下陷,并在地表面形成多条纵向和横向沉降拉裂缝。

第四节 黄土隧道施工地表裂缝对隧道长期稳定性影响

浅埋黄土隧道施工地表沉降显著,而过大的地表沉降会引起地表裂缝。过大、贯通型地表裂缝易造成地表水汇集,使深部黄土含水率显著增加,降低黄土物理力学性质,引起地表坍陷,地表裂缝扩展,增加已建隧道结构附加应力,降低结构安全和可靠性。在假定隧道施工地表纵横裂缝分布范围、深度和分布区域的地层渗水饱和条件下,应用有限元理论分析地表地层浸水后对隧道结构安全及耐久性的影响,并进行对比分析。

一、分析模型

黄土隧道施工地表裂缝浸水对隧道长期稳定性影响分析,可用 ANSYS、MIDAS 或其他有限元软件,采用荷载—结构模型(图 6—4—1)和地层—结构模型(图 6—4—2)进行分析。

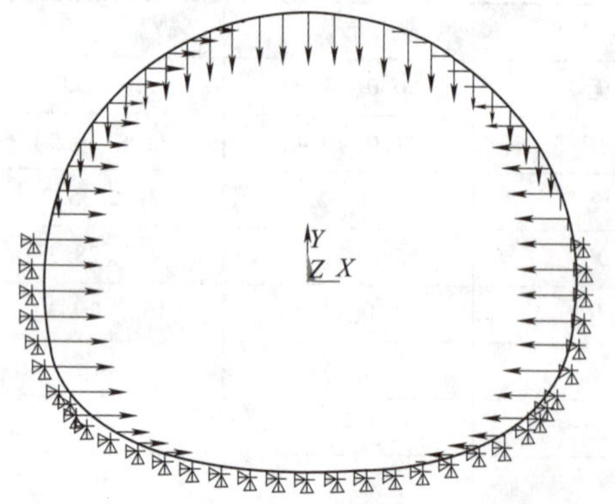

图 6—4—1 荷载—结构 ANSYS 平面模型

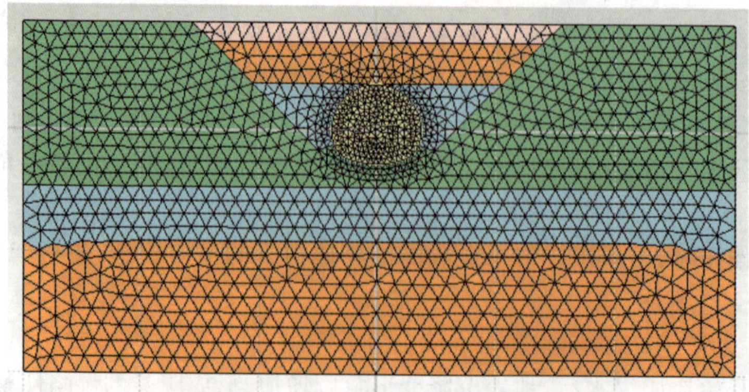

图 6—4—2 地层—结构 MIDAS 平面模型

结构计算参数见表6—2—1。

二、计算结果

图6—4—3为隧道埋深50 m,裂缝浸水后衬砌结构内力,表6—4—1为埋深50 m时衬砌结构关键截面安全系数及结构裂缝宽度。

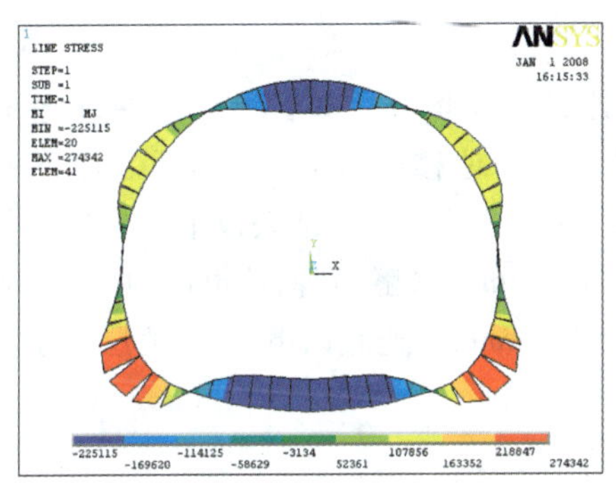

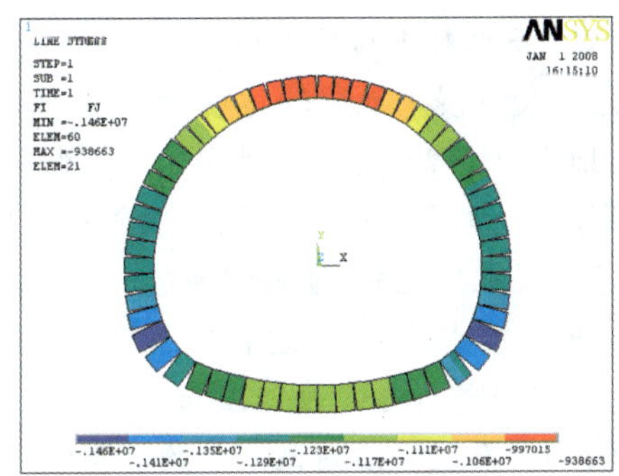

图6—4—3　埋深50 m浸水后衬砌结构内力图

表6—4—1　埋深50 m时衬砌结构关键截面安全系数及结构裂缝宽度

	位　置	轴力(N)	弯矩(N·m)	安全系数	裂缝宽度(mm)
天　然	拱　顶	-789 930	-213 360	9.48	0.064
	拱　腰	-970 400	70 467	15.16	0.021
	拱　脚	-1 099 100	13 140	9.18	0.004
	墙　脚	-1 087 500	152 160	8.14	0.046
	仰　拱	-958 230	-98 618	11.06	0.030
浸　水	拱　顶	-938 660	-225 120	8.44	0.067
	拱　腰	-1 112 100	48 291	13.71	0.014
	拱　脚	-1 236 400	41 418	9.16	0.012
	墙　脚	-1 280 700	250 640	6.22	0.075
	仰　拱	-1 143 200	-224 250	7.46	0.067

由计算可以看出,在天然条件下衬砌结构的安全系数均较大,裂缝浸水后地层自重增加、引起的地基弹性抗力系数下降后,对衬砌结构的受力产生了一定的影响,但结构的安全系数以及裂缝仍能满足规范规定的要求。

三、一般认识

(一)浸水对黄土性质的影响

过大、贯通型地表裂缝造成地表水汇集,使深部黄土含水率显著增加,降低了黄土物理力学性质,新黄土地层抗力系数由 42 MPa 降低到 18 MPa,老黄土地层抗力系数由 80 MPa 降低到 40 MPa。

(二)浸水对变形的影响

地表裂缝浸水地层软化后,地表的竖向位移明显增加。如黄土隧道在埋深 10 m 时,当地表以下 2 m 地层浸水软化后,地表附加竖向位移为 3. 1 mm;当地表以下 10 m(拱顶以上)地层浸水软化后,地表附加竖向位移为 9. 6 mm;当地表以下及边墙两侧破裂区地层浸水软化后,地表附加竖向位移为 13. 6 mm。在隧道埋深 50 m 时,当地表以下 2 m 地层浸水软化后,地表附加竖向位移为 4. 6 mm;当地表以下 10 m 地层浸水软化后,地表附加竖向位移为 21. 7 mm。

(三)地层浸水后对隧道结构的影响

在裂缝深度超过 10 m,若裂缝浸水地层完全软化后,仅从衬砌结构强度(荷载—结构模式)考虑衬砌结构安全。但从结构刚度(地层—结构模式)考虑时,若浸水深度大于 10 m,不仅地层附加位移大,而且结构附加内力大,导致结构安全系数的迅速降低。

第五节　黄土隧道施工地表裂缝防治技术

一、隧道施工时地表裂缝的产生和发展规律

(一)地表裂缝出现时间

在黄土隧道洞口浅埋段,隧道开挖半个月左右,洞口仰坡洞四周范围外两侧喷混凝土面出现纵向裂缝;洞顶地表平坦没有偏压的,30 ~45 天后地表中线两侧各出现 1 ~2条与隧道中心线平行的纵向裂缝,而且随着开挖的推进,裂缝也向前发展,如果开挖暂停 3 天以上,则对应掌子面前方地表处会出现 1 条横向裂缝,与纵向裂缝连通,形成怀抱式横向裂缝。

(二)地表裂缝出现的隧道埋深

现场调查大断面黄土隧道出现地表裂缝多在隧道埋深 60 m 以内,在倾斜地形条件下可出现在 60 m 以下;数值理论分析出现地表裂缝的埋深在 50 m 以内;室内模型试验出现地表裂缝的隧道埋深在 57 m 以内。因此,可以认为出现地表裂缝的隧道覆土埋深多在60 m以内。

（三）地表裂缝出现位置

现场调查大断面黄土隧道出现地表裂缝位置（地表裂缝与隧底的倾角）统计平均57.1°，均质体有限元理论分析出现地表裂缝位置65.2°，离散体理论分析出现地表裂缝位置57.7°，模型试验出现地表裂缝位置45.5°，综合统计平均出现地表裂缝位置56.4°。结合滑动楔形围岩压力计算，为偏于安全建议黄土楔形体滑面倾角为45°。滑动楔形体的滑面位置都与地面最大水平位移位置、地表沉降曲线反弯点的位置相对应。

（四）地层裂缝深度

黄土隧道施工地层裂缝是因楔形滑动体滑动面剪裂或拉裂，并且首先开裂是从隧道周边开始逐渐向外或向上发展。在地表裂缝随楔形滑动体变形而张开，在地层内部主要表现为错动。其中横向裂缝在开挖面前先张开，在开挖面到达和通过后随地层变形裂缝又闭合。

地表可测试的可见裂缝深度有限，约为3～15 m，除极浅埋黄土隧道外，一般不会到达隧道顶部。

（五）地表裂缝与地面沉降

现场调查地表可见或宽大裂缝多发生于地表沉降值在80 mm以上；数值理论分析出现地表裂缝时的施工地表沉降95～128 mm（台阶法、全断面法施工）。模型试验发现在埋深在30 m以内，最大地表沉降达到50～104 mm时，地表就有可能产生裂缝；当埋深达到50 m时，地表中心沉降在130 mm以上才能产生裂缝。

在支护不及时时，黄土隧道开挖中易发生围岩坍塌并可到地表，而坍塌面多为沿隧道最大开挖跨度的近乎直立面，少见由楔形滑动面的坍塌。

因此，减小施工地表沉降的有效方法之一就是支护封闭更加及时，模型试验中在一次性支护封闭、支护仰拱封闭滞后、无支护等不同支护情况下，支护仰拱滞后比一次性支护封闭地表沉降平均增加31.5%，无支护比一次性支护封闭地表沉降平均增加78.1%。

二、有害地表裂缝施工预防控制

（一）防止有害地表裂缝形成的施工控制标准

采用“快开挖、强支护、快封闭”施工原则，使支护封闭距离小于一倍隧道跨度，施工地表沉降变形小于80 mm，可有效防止出现施工地表裂缝。

支护封闭距离小于两倍隧道跨度，施工地表沉降变形小于100 mm，可防止出现宽大施工地表裂缝。

（二）控制有害地表裂缝的洞外施工措施

完善地表排水系统，对洞顶冲沟、陷穴等及时回填处理。为了防止地表水沿裂缝下渗，对已形成的裂缝采用注浆和回填灰土的方法及时进行封闭。

(三)控制有害地表裂缝的洞内施工措施

(1)加强施工现场用水管理,严禁浸泡初期支护基础造成拱顶下沉。

(2)控制开挖进尺及步长,如采用弧形导坑法施工的上中下三部分步长控制在3~5 m,上导坑每次开挖一榀钢架的距离,中下部根据地质情况可一次开挖1~2榀钢架的间距,仰拱开挖控制在3~5 m;采用CRD法施工左右侧开挖的间距控制在10 m左右。

(3)保证锁脚锚管的施工质量,增加锚管数量。根据实际变形情况,认真施做锁脚锚杆,保证质量。在每分节处可增设两根锁脚锚杆,监控量测结果显示该措施对控制初支变形效果显著。

(4)扩大拱墙脚,增加拱墙脚的稳定性,从而控制初支拱顶变形量和收敛值。

(5)加强地基承载力,采用在拱墙脚下垫设槽钢或混凝土垫块,增加初支拱墙脚受力面积,减小初期支护闭合前的整体下沉量。

(6)加强钢拱架间的纵向连接,加密初期支护钢拱架的纵向连接钢管,提高钢架间的整体受力能力。

(7)保证钢拱架与围岩密贴,开挖时严格控制超、欠挖。若钢拱架背后与围岩不密贴,可采用同级混凝土垫块填塞密实或采用注浆保证初期支护钢拱架背后无空洞,有利于钢拱架和围岩形成联合支护体系共同受力。

(8)严格控制钢拱架的制作安装质量,严格控制钢拱架的加工和安装质量,使其线形圆顺避免应力集中。另外钢架拱间连接要牢固,必要时可加焊钢筋。

(9)仰拱、二衬紧跟,仰拱及回填混凝土要紧跟掌子面的距离控制在30 m以内,以利于尽早形成完整的封闭环。根据监控量测数据及时跟进二衬的施工,以利于尽早形成完整的隧道受力结构,一般距离控制在距掌子面60 m以内。

(10)加强对围岩的保护,机械开挖时预留30 cm由人工开挖,减少对围岩的扰动,保证岩面圆顺,同时及时初喷4 cm混凝土以封闭暴露围岩,增强岩体的整体性,为初期支护的后续工作争取安全时间。施工时初喷是在开挖的渣堆上进行的,待把未被渣堆覆盖的开挖面初喷完成后再出渣。

三、地表裂缝的处理措施

为了保证铁路长期的运营安全,需要对地表裂缝进行妥善处理,保证隧道的覆盖层密实,无潜在的空洞和裂缝,否则在雨水的长期侵蚀和冲刷下,容易在覆盖层深处沿着裂缝形成陷穴等,导致雨水能直接侵蚀隧道主体并降低了围岩的承载能力,影响隧道的长期稳定性。

(一)三七灰土换填

沿地表裂缝开挖深度50 cm,宽50 cm的沟槽,将挖出的黄土按体积比为7∶3的比例和石灰粉进行充分拌和，采用小型夯实机械或人工石锤进行分层夯实。机械夯实分层厚度不大于30 cm，人工石锤夯实分层厚度不大于20 cm，并且高出原地面10 cm。沟槽开挖完成后必须及时回填，避免雨水浸泡。

（二）水泥浆灌注

对于裂缝宽度2 cm以上的地表裂缝，在沿裂缝开挖沟槽以后，以10 m左右的间距采用漏斗自重法对裂缝直接灌注1∶1的水泥浆，待水泥浆灌满凝固后，再移位进行补灌。当灌注量较大时，应停止灌注，待灌进的水泥浆凝固后重新进行灌浆。

第七章 大断面黄土隧道建设管理

郑西铁路客运专线黄土隧道设计为双线，最大开挖断面164 m^2，所处地质多为Q_3新黄土，具有中高湿陷性，少数为Q_2老黄土，进出口段多为浅埋，个别隧道全长浅埋，最浅处覆盖层厚仅5.1 m。地表多有高速公路、铁路、厂区、村庄等构筑物，对沉降控制要求较高，施工中洞内、地表安全风险大。按照铁道部批复的“郑西铁路客运专线指导性施工组织设计”关于2009年12月28日全线开通运营的工期要求，隧道土建工程要求在2008年年底前完成。受工程建设前期准备工作的影响，隧道开工时间推后较多，造成建设工期很紧。面对大断面、地质差、浅埋、沉降控制要求高、工期紧等特点，如何在确保安全质量的前提下加快施工进度是摆在建设者面前的重大问题。为此，郑西铁路客运专线公司在建设之初和建设之中，进行了大量的调研、试验、交流、总结、推广工作，并制定了许多有针对性的建设管理制度，对大断面黄土隧道施工的安全、质量、进度控制，起到了积极作用。

第一节 工程特点及初期建设管理中的问题

一、工程特点分析及对策

（一）开挖断面大

由于设计为单洞双线，线间距为5 m，开挖最宽处为15 m，开挖断面积为164 m^2，为我国铁路黄土隧道施工中所罕见，由此而引出沉降量大、安全风险高等问题，为此，研究制定了一系列针对性的措施和规定，如试验先行制度，要求隧道开始掘进时设置50～100 m试验段，对沉降、支护参数和施工方法进行检验，及时调整和修正。

（二）湿陷性黄土地质

郑西铁路客运专线地处陕豫，为我国湿陷性黄土分布最广泛的区域，且湿陷性较高，湿陷深度最深可达地表下约50 m，由此而引起的隧道地基加固和雨后沉降量加大的问题，使地面湿陷黄土处理成熟技术受隧道洞内空间限界难以采用。为此联合科研、施工、设计、监理单位合作开发洞内小型挤密桩施工机具，保证洞内地基处理施工的进度和质量。针对雨后两天沉降量加大的特点，对浅埋及洞口段提出了洞内外结合、综合排水、地表全覆盖防水的指导意见，有效地控制了雨后沉降量。

（三）隧道进出口段或全隧浅埋

隧道进出口段基本为浅埋，有的隧道为全隧浅埋，如阌乡隧道，埋深为 25 ~ 45 m，最浅处洞顶距地表仅 11 m。为严格控制沉降和确保施工安全，多次的专家会论证研究提出了一系列针对性的方案，如加大拱脚、增加锁脚锚管、修正初支参数等，使开工初期的进洞地表就开裂、初期支护明显变形的现象得到了有效遏止。

（四）工　期　紧

由于前期线路走向、技术标准、征地拆迁、施工条件限制等原因影响，使有些隧道开工较晚，造成工期紧张。为在确保安全质量的前提下加快工程进度，开发并推出了三台阶七步开挖方法、CD 法、CRD 三机作业法和二台阶四步作业法等快速施工方法。

（五）许多隧道下穿公、铁路及地表构筑物，对沉降控制要求严格

根据以往经验，在浅埋段，洞内沉降 5 cm，则地表沉降一般为 4 cm 左右，而地表对构筑物无较大影响的沉降一般要求在 2 cm 以内。在充分调研的基础上引入了双层初期支护、超长管棚预支护、掌子面纤维锚杆、变形参数动态分析等先进技术，并对施工方法和初支参数进行了系统研究和调整，顺利完成了高桥隧道下穿南同蒲铁路、巩义隧道下穿 310 国道和厂区、函谷关隧道下穿连霍高速公路、盘东隧道下穿 310 国道、黄龙村隧道下穿张三公路、观音堂隧道下穿连霍高速公路、南山口隧道下穿巩义市水源地等工程项目，为隧道下穿地面构筑物积累了较丰富的经验。

二、重、难点工程梳理及对策

针对郑西铁路客运专线隧道工程的复杂性，建设单位将长隧、地质复杂、下穿施工和控制工期等隧道列为重、难点，如函谷关、张茅、秦东隧道均为 7 km 以上的长隧，高桥、巩义、观音堂、阌乡隧道下穿公铁路，金银山、南山口隧道地质复杂，余顶、大峪沟隧道位于先期铺轨标段控制工期等。

为此，制定了长隧先期开工，下穿技术要保证，地质复杂先制定预案，关键隧道加强配置的方针。在克服了许多困难后，强力推进函谷关、张茅、秦东隧道先期开工建设，先开工，早完成，确保了工期；对于下穿施工，经多次论证、分析，制定了超前长管棚、双层初期支护、单工序作业等技术方案，并实行沉降观测动态分析，根据动态分析，及时调整支护参数，确保了下穿施工安全和进度；对于地质复杂的隧道，在充分的施工方案论证的基础上，建立和完善了施工安全预案，针对有可能出现的不良地质类型，制定预案，备足安全防护设备和材料，以及相对应的抢险方案、组织等，并根据掘进情况及时调整和修正；对于控制工期的关键隧道，主要是在科学合理的技术方案基础上，从人、财、物、机等方面加强配置，确保工期。

三、初期建设管理中的技术难题

(一)洞口浅埋段及浅埋隧道沉降变形大

郑西铁路客运专线全线Ⅴ级围岩浅埋隧道总长度为19.9 km,占全线隧道76.703 km的25.9%。浅埋隧道分为两类,一类为隧道进出口浅埋,如秦东隧道进口、高桥隧道进口、贺家庄隧道进口等;另一类为全隧道浅埋,如吕家崖隧道和台村隧道等。浅埋隧道主要为Q_3和Q_4新黄土,竖向节理发育,土质松软,土壤颗粒间粘结性差。由于洞顶覆盖层较薄,黄土孔隙率较大,降雨后受雨水浸润,引起自身土体湿陷收缩,同时孔隙水下渗,引起围岩含水量增大。隧道开挖土体扰动后,围岩应力重分布易产生上部土体沿破裂面形成楔形漏斗,同时围岩土质松软会使钢拱架底部下沉,导致隧道变形大。

(二)地下水作用引起的初期支护变形较大

全线黄土隧道大多处在水位线以上,但是部分隧道由于隧道埋深大,土体含水量在18%以上,随着隧道开挖,土体孔隙间薄膜水、孔隙水在重力作用下,缓慢向临空面汇集形成自由水,至一定程度后即沿临空面渗出,出现渗水现象。部分隧道由于地表水沿陷穴、冲沟和施工地表裂缝下渗,致使地层含水率增加,软化后地层力学参数降低,引起地表下沉,洞顶下沉和隧道整体下沉。秦东隧道1号斜井进入正洞后,掌子面开挖时含水量达20%,开挖17~18 h后出现渗水,正洞渗水量约3.5 m^3/d,斜井底部渗水量达17~20 m^3/d。根据现场监控量测结果,拱顶最大下沉量为29.8 cm。

(三)明洞拉槽边坡易滑坍

黄土隧道大部分进、出口段采用明洞形式,一般明洞较长,拉槽边坡较高,如观音堂隧道进口最高边坡达到44.28 m,函谷关隧道出口明洞长度达450 m。进入雨季以后,受地表降雨影响,水渗透到边坡土体造成边坡不稳定。同时,由于基底处理水泥土换填过程中需采用振动压路机分层压实,频繁的振动引起边仰坡失稳坍塌。2006年7月17日函谷关隧道出口明洞施工中,线路右侧边坡发生坍塌,坍塌范围长约65 m,宽6 m,高10 m,坍塌方量800 m^3,坍塌体范围边坡高19 m。观音堂隧道进口明洞段紧临连霍高速公路,明洞底比高速公路路面低25 m,地质为第四系上更新Q_2〈3-2〉黏质黄土,垂直节理较发育,具有中等膨胀性,在开挖及支护施工过程中多次发生大小不等的坍塌,最大的滑动面长度达21 m,高度14 m左右,直接威胁连霍高速公路和施工安全。

(四)复杂地形和地貌易引发安全问题

隧道通过的黄土丘陵区及山前倾斜平原,一般冲沟发育,沟底分布大量陷穴和人为坑洞,受季节水冲刷,多处形成错落、滑坍等不良地质现象。

1. 地表冲沟

函谷关隧道进口段DK271+015处浅埋地段下穿一深切冲沟,深沟内存在大量

“珠串状”陷穴，部分陷穴已经侵入隧道界限，两侧山体已经出现大面积滑塌，地表自然排水通道完全堵塞。冲沟上游高速公路排水及山体地表水都通过冲沟、陷穴渗入隧道内，隧道在掘进至距冲水沟 70 m 时因含水量剧变，出现较大施工变形。

2. 隧道偏压

部分隧道存在地形偏压，部分隧道一侧冲沟深切。如贺家庄隧道郑州方向右侧有一深切沟，沟底位于隧道轨面标高 6 ~ 8 m，由于隧道出口段地表埋深较浅，加之地表有连霍高速公路三门峡服务区污水管道，管道平时起排污作用，下雨时兼做排洪渠道，大雨或暴雨时管道排水能力不足，易从检查井中外溢，从地表下渗到土体，造成局部地表下沉。

3. 洞口仰坡过高

由于冲沟深切，沟壑陡直，部分隧道进出口边仰坡很高，坡度很陡。函谷关隧道出口、盘西隧道进口段仰坡高度约 40 m，虽采取一些临时支护措施，效果不甚理想，存在安全隐患。

（五）隧道下穿高速公路的问题

郑西铁路客运专线地处郑州至西安交通走廊，地区人口稠密，国道、省道及县、乡道多，线路多次以隧道方式穿越高速公路、国道和其他既有道路。阌乡隧道 DK298 + 840 ~ DK299 + 000 段下穿连霍高速公路，斜交角度 24°，跨越长度 160 m，隧道外拱顶距离高速公路路面仅为 11.9 m，全部位于 V 级黄土地层中。观音堂隧道进口段 DK208 + 480 ~ + 580 段下穿连霍高速公路，路面影响宽度 65 m，下穿段覆盖层厚为 11 ~ 13.06 m，主要地质为辉石安山岩夹砂岩、泥岩、灰岩全风化至弱风化带层，具有中、弱膨胀性。函谷关隧道进口端 DK270 + 600 ~ + 700、出口端 DK277 + 200 ~ + 260 端下穿连霍高速公路，覆盖层厚 22 m 和 60 m，且下穿高速公路收费站及服务区等多处建筑。巩义隧道全长 3 360 m，全部位于黄土地层，大部分隧道下穿巩义市新区并与多条道路及建筑设施立体交叉，下穿 310 国道覆盖层厚度最小为 5.1 m。盘东隧道进口下穿 310 国道，覆盖层厚 7.9 m。根据黄土隧道施工经验，要确保这些重要的交通设施不裂、不坍十分困难。

第二节　大断面黄土隧道建设组织管理

黄土软弱围岩的特点决定了黄土隧道施工安全客观上具有相当大的难度。由于黄土隧道一般难以形成自然拱，含水率较大时自稳能力很差，一旦发生塌方，一般可达地表，后果十分严重。同时黄土隧道塌方前没有十分明显的变形先兆，塌方具有突然性，这更增加了黄土隧道施工安全的难度。如何预防和避免黄土隧道施工坍塌事故，是郑西铁路客运专线建设管理的关键课题之一。早在开工准备阶段，各级领导就对黄土隧道施工安全问题给予了高度重视，在繁杂的筹备工作中即着手隧道施工安全的技术准备工作。2005 年 9 月 25 日全线正式开工之后,郑西铁路客运专线有限公司组织国内外黄土隧道专家和参与本线建设的技术骨干先后进行了数十次的专题技术研讨和方案论证,研究制定了一整套行之有效的技术措施和管理措施,“以严格控制变形为目标,以严格规范施工为手段,以仰拱和二衬紧跟作为重要措施,加强黄土隧道施工安全质量管理”的施工指导原则和“短台阶、环开挖、早封闭、快成环、强支护、稳拱脚、严防水、勤量测”的指导方针,以及“细节决定成败”的管理理念,为郑西铁路客运专线隧道施工安全提供了强有力的技术保障和管理保障。

一、施工管理模式

确保大断面黄土隧道施工安全的关键是严格施工现场管理和规范施工,确保每项工序施工质量。郑西铁路客运专线公司推荐项目管理扁平化模式,局级指挥部下设多个隧道专业项目经理部,一般一个项目经理部分管一至两座长隧道或多个短隧道。长隧道每个洞口为一作业工区,短隧道每 2 ~ 3 座为一作业工区,作业工区要求采用本企业直属作业队或架子队施工。

黄土、浅埋隧道对沉降变形极其敏感,大量的技术、测量、洞内外地表安全巡查工作需要配置相对较多的专业人员。为此,专业技术人员实行限期配足、月月清点、缺岗重罚,保证了施工一线对技术人员的需要。

根据黄土隧道的设计及施工方法确定隧道施工队伍的个数,一般以每个进出口、每个斜井或每个横通道布置一个作业工区。每作业工区管理、技术、施工人员配置指导原则见表 7—2—1 和表 7—2—2。

表 7—2—1 工区管理、技术人员配置

序号	职名	人数	备注
1	工长	1	
2	技术主管	1	兼计量计价
3	技术人员	3	其中内业 1 人(斜井进入正洞后 6 人)
4	质检工程师	1	斜井进入正洞后 2 人
5	试验员	1	斜井进入正洞后 2 人
6	物资管理员	2	
7	机械管理员		由作业队综合班班长兼
8	现场值班领工员	3	斜井进入正洞后 6 人
9	工具车司机	1	
10	炊事员	1	
合计		14	斜井进入正洞后 20 人

表 7—2—2　工区施工人员配置

班组名称	数量(个)	每班人数(人)	备　　注
开挖班	5	9	每班安排班长 1 人,每班有工人 5 ~ 8 人
混凝土班	3	8	完成所有混凝土施工任务
喷浆班	3	15	完成喷浆任务
钢筋班	1	12	完成钢筋施工
型钢加工班	1	10	完成型钢加工
防排水班	1	5	完成防排水施工
电工班	1	5	工人 4 人
拌和站	1	6	全部是工人
测工班	2	4	全部是工人
其他	1	15	完成通风、管道、抽水、文明施工等
合　　计		89	

二、施工方法和进度指标计划

在设计推荐的施工方案的基础上,组织咨询、设计、施工、监理及相关专业的专家,对全线各种地质类型的施工方案进行了调研、分析和论证,研究提出了不同条件黄土隧道施工方法和进度指标计划指导意见,经过先期试验段的验证,最后修正为正式的施工方法和进度控制指标,并在实施过程中不断总结和修正。

(一)施工方法

Ⅲ级黄土地层:三台阶法。

Ⅳ级黄土地层:弧形导坑法、三台阶七步开挖法、二台阶四步开挖法。

Ⅴ级黄土地层(非砂性):CD 三机作业法。

Ⅴ级黄土地层(砂性):CRD 三机作业法。

下穿段:CRD 三机作业法、双侧壁导坑法配合长管棚预支护。

极浅埋下穿段(外拱顶距地表 5 ~ 11 m):双侧壁导坑法配合长管棚超前预支护及双层初期支护。

(二)施工进度控制指标

Ⅲ级黄土地层:三台阶法,90 m/月。

Ⅳ级黄土地层:弧形导坑法、三台阶七步开挖法、二台阶四步开挖法,60 m/月。

Ⅴ级黄土地层(非砂性):CD 三机作业法,45 m/月。

Ⅴ级黄土地层(砂性):CRD 三机作业法,36 m/月。

下穿段:CRD 三机作业法、双侧壁导坑法配合长管棚预支护,30 m/月。

极浅埋下穿段(外拱顶距地表 5 ~ 11 m):双侧壁导坑法配合长管棚超前预支护及双层初期支护,25 m/月。

三、机械设备配置

根据隧道不同施工方法,进行施工机械合理配置。以隧道单口正洞 CRD 三机作业法施工机械配置为例,见表 7—2—3。

表 7—2—3 CRD 三机作业法单口正洞施工机械配置

工 区	序 号	设备名称	规格及名称	数 量	备 注
正洞工区	1	挖掘机	PC55	3 台	
	2	风镐	Y6	2 台	
	3	装载机	ZLM40E	2 台	
	4	自卸车	15 t	4 台	
	5	模板台车	10.1 m	1 台	
	6	水平地质钻机	KQJ100	1 台	
	7	湿喷机	TK961	4 台	
	8	拌和站	1 500 L	1 套	
	9	混凝土输送车	8 m^3	3 台	
	10	混凝土输送泵	60 m^3/h	1 台	
	11	发电机	250 kVA	1 台	备用
	12	变压器	800 kVA	1 台	
	13	电动空压机	20 m^3/min	3 台	
	14	通风机	SDF(C)-NO12.5	1 台	
	15	液压地质钻机	GW-40	2 台	
	16	注浆机	YZB-80	3 台	备用 1 台
	17	抽水机		2 台	
	18	型钢冷弯机		1 台	
	19	等离子切割机		1 台	
	20	交流电焊机	HBX-500	5 台	
	21	直流电焊机		1 台	
	22	钢筋弯曲机		1 台	
	23	钢筋切断机		1 台	

四、施工技术指导总则

大断面黄土隧道施工指导总则是施工管理和作业的基本准则，必须严格遵守、认真执行。强化初期支护，尽早封闭成环，仰拱二衬紧跟，认真预报量测；严控工艺质量，落实预案备品，注重防排水系统，推行机械化施工。

（一）强化初期支护

Ⅴ级围岩，一般为Q_3新黄土或工程弃土地层，或含砂量较高，或含水率在18%以上，因此，适宜的初期支护参数：以I_{25}钢拱架（中隔壁钢架、横撑钢架），间距0.6～0.8 m，并用槽钢或混凝土垫块垫实钢架拱墙（中隔壁）脚；锁脚锚管每侧4根，ϕ 50，长3.5 m。长3～5 mϕ 50小导管超前，间距40 cm。

（二）支护尽早封闭成环

台阶法施工要注重缩短各开挖工序的距离，并注重仰拱部位初支闭合时各作业环节的施做顺序和质量。多分部的小导坑施工要注重临时仰拱或横撑的及时加设，并夯实钢架基础地基。仰拱支护闭合时，应先清除隧道底部的渣土，用挖槽法逐品安装仰拱支护钢架，边墙或中壁钢架与仰拱支护联结牢靠。禁止一次性开挖3～5 m，致使多品钢架同时悬空。

（三）仰拱、二衬紧跟

将掌子面距仰拱的距离控制在30 m以内，距二衬的距离控制在50～60 m。

（四）加强施工地质预报和监控量测

高度重视施工超前地质预报工作，黄土隧道的地质变化相对较小，主要采取地质描述、掌子面土质分析、地表变形分析的方法进行地质预报；在土石交界处要辅以物探、超前钻孔等方法，探明掌子面前方和掌子面处上下左右的地质变化情况，也应注意隧道顶部上伏地层的地质状况。

加强施工变形监控量测，推行无尺量测新技术。无围岩量测数据及反馈信息时，安质检人员不许放行下道工序。

（五）严控工艺质量

再好的设计和施工方法，如果没有高质量的工艺去保证，也会出问题。隧道事故的频发，工艺质量问题是重要原因之一。工艺质量问题有两个方面：

一是施工参数不标准，如钢架间距该是0.6 m，做成了0.8 m，喷混凝土厚度该是20 cm，喷成了15 cm，该是C30混凝土，打成了C25混凝土等。

二是施工程序不严谨，如应该是按照第一、第二、第三步……的程序及时间间隔，认为未出过什么事或不会出什么事，第一步做完就跳做第三步了，或把这道工序停下来，去做别的工序去了。

项目管理要对工艺质量高度重视，在狠抓隧道施工安全管理的同时，强调以加强工程质量来保证施工安全，对发现的质量通病和工艺控制问题坚决查处，可视情况采取返工处理、经济处罚、行政处罚等手段，力求彻底根治。

（六）落实预案与备品

隧道施工安全预案是开工报告的重要附件，无此不能获批开工。且应在开工之前，要对预案的实物备品情况进行检查，做到备品不到位不报开工。

加强洞内外通讯联系，宜在洞口设小型交换机，设防水明线接通洞内和掌子面调度电话，不宜用无线方式进行洞、内外调度通信。

（七）注重防排水系统

降雨对黄土隧道洞口和浅埋段施工影响很大，一般雨后两天洞内变形开始增大，一周后才逐渐稳定，所以地表及边仰坡的防排水系统应在施工前完善。有条件的地表，应临时征地，用厚雨布覆盖地表，用砖条或土条压实，覆盖的地表周围完善排水系统。

进洞施工时，洞内防排水系统要与洞外防排水系统有效连接，确保洞内积水的外排。

洞内防排水系统的施做质量要严格控制，特别是止水带的定位和焊接，防水板保护和气密性检查。

（八）推行机械化施工

在CD法、CRD法施工时，采用三机作业法，即左右半部上导坑各使用一台小型挖机作业（小松PC55），左右半部下导坑共用一台小型挖机作业，人工配合修边。在台阶法施工时，采用两机作业法，即上、下部各一台小型挖机作业，人工配合开挖弧形导坑和修边。

五、主要施工管理制度

（一）建立指导性施工组织设计和实施性施工组织设计审查制度

指导性施工组织设计一般在投标时完成，并邀请相关专家进行审查。实施性施工组织设计在中标后进行，并邀请设计、监理和相关专家进行审查。

（二）建立关键施工技术方案审查制度

对进洞、挑顶、下穿、拆除临时隔壁、施工方法变换等重要环节和富水、浅埋偏压、膨胀土、工程弃土等特殊地层段的施工技术方案，邀请设计、监理和相关专家进行审查，通过后方可实施。

（三）建立专家研讨制度

聘请相关专家组成专家组，对施工中遇到的技术难题，及时进行研讨分析，及时解决问题。建议组建参建的设计、施工和监理单位有关专家组成专家委员会，及时对施工中出现的问题进行会诊，提出解决方案。

(四)建立试验段先行制度

针对大断面黄土隧道施工国内经验少、国外无经验的状况，坚持试验先行。先期开工的隧道洞口段须设置 50 ~ 100 m 试验段，根据揭示的地质和支护受力变形情况，及时修正设计参数和施工方法。

(五)隧道施工现场封闭式管理

隧道洞口实行封闭式管理，与隧道施工无关的闲杂人员不准进入现场，与施工相关的非本单位人员须经批准方可进入现场，施工人员进洞须先在洞口挂牌方可进洞，以保证施工管理秩序。

(六)建立隧道施工现场三员带班制度

隧道作业面须领工员(工长)、技术员、安质检员三员带班，坚守现场组织施工，监督工艺实施过程，及时处理施工中遇到的问题。

(七)建立隧道施工现场巡查制度

每座隧道均须设立专职巡查员，24 h 进行洞内、地表巡查，对变形、裂缝、异响等进行监控检查，及时发现和消灭事故苗头，必要时可迅速将施工人员撤离现场。

(八)坚持审批程序制度化

施工方法的变更，要针对不同的地质情况和本单位的特长进行变更，但必须按程序履行变更审批手续，方可实施。

(九)适时开展观摩和交流活动

隧道施工中好的施工方法和先进的技术，应适时组织观摩和经验交流会的形式进行肯定和推广，达到作业工区共同提高的目的。

(十)项目部主要管理、技术负责人检查工地制度化

项目部主要管理、技术负责人应每周检查工地 2 ~ 3 次，采取个人检查和带领有关部门检查相结合的方法，即要看现场，又要查内业，这样可发现更多问题。

(十一)注重技术总结和积累

总结的过程也是提高的过程，及时总结可以指导后续工程的施工。

六、施工安全管理

(一)开展隧道施工全过程安全风险管理

开展隧道施工全过程安全风险管理，对隧道施工各阶段安全风险进行预测、分析、评估，并制定防范措施和施工安全应急预案。

(二)建全隧道施工安全风险管理体系

项目部设立专门安全管理机构，配置专职安全工程师，建立专门安全管理体系。提出并监督项目部对安全设施的投入，制定各种安全预案及安全技术交底，对工区定

期进行安全检查,对发现的安全隐患进行督促,并对工区下发安全检查通知单,工区针对项目部检查出的问题进行整改后项目部安全部门进行复查,消除安全隐患;项目部安质部们不定期对工地进行巡查,发现问题现场立即要求工区进行整改,保证工程施工安全。

(三)做好监控量测,确保隧道施工安全

黄土隧道地质条件差,为确保隧道施工顺利进行,认真进行监控量测,及时掌握围岩和支护在施工中的力学动态及稳定程度,确保施工及结构安全。

监控量测必测项目有地质与支护状态观察、周边水平收敛位移、拱顶下沉、底部上鼓、仰拱填充面高程测量以及洞口、浅埋段、下穿高速公路段地表沉降。选测项目有围岩压力、支护接触压力、支护结构应力、钢架应力等。

黄土隧道施工监测密度、频率和变形管理标准详见第五章。

(四)加强隧道施工地质工作

组建地质超前预报专业小组,进行超前地质探测预报,提前准备各种可能的不良地质条件的施工预案。由于黄土隧道地质的特殊性,目前常用的一些先进仪器效果并不明显,可采用常规的工程地质预测法。

工程地质预测法是工程地质技术人员根据设计地质图纸、现场地质记录,运用工程经验和地质知识进行分析、预报地质的一种方法。此法的关键在于工程地质工程师的丰富经验和现场详细的地质记录及物探资料。

施工前地质工作,要根据设计给出的隧道地质条件说明资料,认真分析隧道的地质断面图、平面图,掌握隧道的地质特点和水文特点。

施工中地质工作,要坚持施工中的地质素描,包括岩性、地质年代、结构面产状;围岩岩体结构类型、完整性、围岩的物理力学性能;地下水出露情况、水量大小等。地质素描采用图表形式形象记录。根据开挖面地质素描、围岩结构面调查记录,采用前推法预测前方地质情况,首先按1∶100的比例作出开挖面前方一定长度的展开图,逐一将开挖面地质素描和围岩结构面的记录资料,按其产状、节理轨迹线绘制到展示图上,最后按其节理走向和轨迹延伸,结合地质雷达预报成果和超前钻孔的钻芯地质资料画出前方地质情况。

(五)加强施工防火、防爆

工地内木工加工间、易燃易爆仓库内严禁烟火,操作人员必须持证上岗,乙炔和氧气两瓶使用时其间距在5 m以上,存放时必须封闭隔离木工加工间、油库、仓库、宿舍、伙房以及木料堆放场等场所,必须配全、备足各类相应有效的灭火器材。

(六)加强安全保卫工作

加强对施工人员的全面管理,所有施工人员要办理暂住证。严禁接收三无盲流人员。做好防盗窃工作,落实防范措施,各类违法行为和暴力行为要及时制止,同时报告公安部门，确保在施工地区内，施工人员无违法违纪现象发生。

七、施工安全抢险救援预案

郑西铁路客运专线隧道工程数量多、地质差、安全风险高，在完善技术方案、加强现场管理、注重工艺质量的前提下，做好安全施工预案非常重要。

（一）总　　则

坚持“以人为本，安全第一”的原则，对隧道施工可能发生的坍塌、涌水、爆炸等灾害提前作出安排，迅速有效开展隧道施工生产安全事故应急救援，最大限度地减少人员伤亡、财产损失，保障员工的生命安全和身体健康，维护社会稳定。

（二）应急救援组织机构和职责

1. 组织机构

郑西铁路客运专线公司成立应急委员会，全线各局指挥部成立应急小组。

各局指挥部指挥长为应急小组组长，副指挥长、总工为副组长。成员包括工程部、安质部、办公室、公安分处、物设部、计财部等部门负责人。应急小组下设办公室，办公室主任由安质部长担任。办公室设在安全质量部，负责承办应急小组交办的有关事项和对外信息发布工作。局指挥部下各项目部参照公司预案建立相应的组织机构。

2. 职　　责

(1)隧道发生坍塌等险情后，现场负责人应立即电话通知应急小组，应急小组组长视事件级别按规定要求报应急委员会，并视当时具体情况在第一时间，作出快速、准确、必要的反应，如先撤出人员、抢救伤员、设备等。

(2)应急小组组长(副组长)接到险情后(应急委员会成员按要求赶赴事故现场组成抢险救援指挥部，统一领导抢险救援工作)，分析紧急状态，确定相应报警级别，启动应急预案程序，应急抢险救援指挥系统立即投入运作，在现场设立指挥场所，相关人员到位，组织实施抢险工作。必要时采取措施防止事故的事态扩大，将人员和机械迅速撤出危险区。

(3)副组长协助组长组织应急所需资源满足现场应急需求，与企业外应急相应人员、部门、组织和机构进行联络。组织本单位的相关人员对危险源进行风险评估，定期检查日常工作和应急响应准备状态。

(4)危险源风险评估组职责。由指挥部、项目总工程师负责，相关部门人员参加，评估施工现场以及生产过程的危险源的风险，指导安全部门对安全措施落实和监控，减少和避免危险源的事故发生，完善危险源的风险评估资料信息，为应急响应的评估提供科学、合理、准确的依据，为应急响应提供及时的应急响应支援措施。应急委员会的相关成员应赶赴现场指导和配合。

(5)现场抢救组职责。由副组长负责，相关部门人员参加，根据现场情况，制定抢救方案,如有伤员要立即就近联系医疗单位设备、医务人员会同项目抢救人员,进行现场抢救处置工作。

(6)技术处理组职责。由项目总工程师负责相关人员参加,公司工程部协助提供技术支持,制定可操作性的施工应急响应方案,为事故现场提供有效的技术储备、图纸。应急预案启动后,根据事故现场的特点,及时向应急总指挥提供科学的工程技术方案和技术支持文件。必要时请专家到现场进行指导。

(7)被困人员营救组职责。由副组长负责,相关部门人员参加,根据被困情况,制定营救方案,进行事故现场的营救、转运等工作,联系就近医疗单位进行妥善的营救治疗工作。

(8)消防灭火组职责。消防灭火组由公安分处(现场派出所负责人)负责人担任组长,相关部门人员参加,制定灭火方案,组织施工现场人员,进行事故现场的灭火工作。

(9)后勤保障组职责。后勤保障组由指挥部、项目财务、物资设备管理部门负责人担任,制订物资计划,检查、监督、落实物资的储备情况。应急预案启动后,按应急总指挥的部署,有效地组织应急响应物资到施工现场。

(10)善后工作组职责。由副组长负责,项目相关部门人员参加。主要做好伤亡人员及家属的抚恤工作,确保事故发生后伤亡人员及家属思想能够稳定;做好受伤人员医疗救护的跟踪工作,协调处理医疗救护单位的相关事宜;与保险单位一起做好伤员及财产损失的理赔工作;慰问伤员及家属;协助上级部门做好事故调查等善后事宜。

(三)隧道救援物资和设备

(1)应急物资:圆木、工字钢、木板、填塞短木,格栅钢架、锚杆、钢筋网,应急灯、木工锯、大锤、撬棍等,消防器材,草袋等。

(2)应急设备:发电机、空压机、电焊机、气焊设备、水泵、喷射混凝土设备、有线电话、担架,挖掘机、装载机、运输车,指挥车。

(3)应急救治:可供临时处置的医药卫生设备即氧气呼吸机、清洗器具、急救箱、担架等。

(四)应急救援

1. 事故报告和现场保护

先用无线或有线通讯口头上报,随后按规定时限书面上报。上报内容:

(1)发生事故的单位及事故发生的时间、地点;

(2)事故的简要经过、遇险人数、直接经济损失的初步估计;

(3)事故原因、性质的初步判断;

(4)事故抢救处理的情况和采取的措施,并附示意图;

(5)需要有关部门单位协助事故抢救和处理的有关事宜;

(6)事故报告单位、签发人和报告时间。

2. 事故现场保护

事故单位应保护好事故现场。必要时用拍照、录像等方法留存现场实际情况。

3. 治安维护

事故发生后,公安分处和派出所迅速赶赴现场,负责维护治安秩序。

4. 应急启动

应急小组接到事故报告后,确定是否启动本预案,是否报告应急委员会。确需启动本预案的,由应急委员会或应急小组办公室,迅速通知救护队和相关单位,实施现场救援救护。

5. 现场指挥

成立现场抢险指挥部,一般事件由应急小组组长(副组长)任总指挥、项目部救援分组组长任副总指挥,负责制定实施抢险救灾方案和安全技术措施,全权负责现场抢险救灾工作。特、重大事件由应急委员会主任或副主任任总指挥,应急小组组长任副指挥,负责制定实施抢险救灾方案和安全技术措施,全权负责现场抢险救灾工作。

6. 事故处置

确定发生事故需启动本预案的,应急委员会或应急小组迅速启动应急预案,各部门在指挥部统一协调指挥下,迅速赶往出事地点。指挥(副指挥)依据现场情况,果断作出决定,调动必要的设备(吊车、装载机、挖掘机、载重车并装载需要物资、救护车等)到现场,指挥各组实施救援,并把现场情况迅速向有关部门报告。必要时马上协调请专家到场,在专家帮助下和相关人员共同制定抢险方案。

7. 救援经费

事故抢险发生的应急救援费用,由事故单位承担。

八、大断面黄土隧道施工作业指导书

为了高起点、高标准、高质量建设郑西铁路客运专线,确保郑西线大断面黄土隧道施工进度及安全质量,郑西铁路客运专线公司建立了施工作业指导书管理制度,并根据部颁有关标准、规范和设计文件组织编制了十二册隧道施工作业指导书,具有很强的实用性和指导性。按黄土隧道施工工艺,施工作业指导书分为隧道开挖作业指导书,喷射混凝土施工作业指导书,锚杆施工作业指导书,钢筋网施工作业指导书,钢架施工作业指导书,管棚施工作业指导书,超前小导管施工作业指导书,衬砌施工作业指导书,隧道防排水施工作业指导书,围岩监控量测施工作业指导书,斜井进正洞挑顶施工作业指导书,隧道内预埋接触网槽型滑道及综合接地施工作业指导书。这些作业指导书对规范隧道施工工艺、加强施工过程控制、确保施工安全和质量发挥了重要作用。

第三节　黄土隧道施工塌方案例

20世纪50年代末,英国一位隧道专家在其专著《隧道工程》绪言的第一句话就是“所有经验表明,对于隧道工程,如果有一件确定的事,那就是它的不确定性”。隧道工程是国内外公认风险较大的行业之一。我国隧道工程规模已稳居世界领先行列,正在从隧道大国向隧道强国大步迈进。我国在隧道建设中大量成功经验诚然宝贵,值得总结推广;一些失败教训价值亦很高,同样值得总结吸取,以警后人,不必回避。为此,本书在最后列出几个塌方案例、着重分析其原因,简述其处理措施。

一、某隧道进口塌方

(一)工程概况

该隧道设计为一座双线大跨度黄土隧道,全长7684 m。其中Ⅴ级围岩,长384 m,Ⅳ级围岩,长7300 m。该隧道为目前国内最大断面黄土隧道,开挖断面积为163 m^2,洞室最大宽度15.18 m、最大高度13.32 m。

隧道进口段位于黄河二级阶地上,第四系上更新统风积砂质黄土厚度10~18 m,坚硬~硬塑;冲积砂质黄土厚度大于15 m,硬塑,局部软塑。砂质黄土具Ⅲ~Ⅳ级(严重)自重湿陷性,湿陷性土层厚约22 m。DK333+430~DK333+545受错落体影响,为不良地质地段。

暗洞进洞在一组长30 m的ϕ108 mm超前管棚预支护下采用双侧壁导坑法开挖,其他洞口Ⅴ级围岩DK333+390~+465段,拱部120°范围内设ϕ42 mm超前小导管预支护,采用双侧壁导坑法开挖,循环进尺为0.6m。洞内Ⅴ级围岩拱部120°范围内采用超前小导管注浆预支护,CRD法施工。

(二)塌方经过

2006年8月12日晚上23:00左右,CRD法右洞DK333+470~487处发生坍塌,右洞塌方堆积体脚部里程DK333+463,洞顶漏顶里程DK333+467~+489,洞顶塌坑横向宽度最大16 m、深5.4 m。塌方后造成CRD法左洞DK333+465~+489.4(掌子面)段初期支护和中隔壁临时支护体DK333+474处喷射混凝土面开裂,部分钢支撑发生变形。

(三)塌方原因分析

(1)经过塌方段现场勘察和查阅设计资料,该隧道受黄土错落体影响,具有浅埋、偏压等不良地质特点。该段为砂质黄土,具有Ⅲ~Ⅳ级(严重)自重湿陷性,加之湿陷性黄土土体松散,湿陷性土层厚约22 m。土体结构和成分复杂,自稳能力差等特点是造成结构物不稳定的重要因素。

（2）通过查阅量测资料，围岩变形量在正常范围内。CRD 法右侧上导坑 DK333＋475 断面自 2006 年 8 月 4 日开挖至 8 月 12 日事故前累计水平收敛值为 14.7 mm，最大日变形量为 3.91 mm；累计拱顶下沉量为 19 mm。DK333＋470 断面地表下沉量累计值为 28 mm，日最大值为 3 mm。监控结果显示无明显坍塌前征兆。

（3）线路左侧地表有一冲沟，隧道穿过的黄土错落体位于隧道洞身上部，影响里程范围为 DK333＋430～＋545。DK333＋487 右侧距错落体中心为 2.4 m，错落体宽为 60 m，长110 m。DK333＋465 埋深为 16 m，DK333＋490 埋深为 19 m。错落体主要为表层风积砂质黄土，较为破碎，多呈散状，受降水的浸泡，滑动摩擦系数减小，并产生湿陷，在隧道暗挖通过错落体地段时对土体产生扰动，极易发生突然失稳，造成坍塌。

（4）隧道进口线路 DK333＋465 中心正上方上有当地村民干旱时用来灌溉所用的蓄水池（12 m×6 m×1.5 m），水池为土坑壁上直接用 1 cm 水泥砂浆抹面，长期渗漏，造成水池周边及其下方土体长期受水浸泡，部分湿陷性黄土在水的长期作用下形成悬空体，横竖向裂隙加大，极易造成围岩失稳。

（5）本区段为多年墓地群，而且在老墓地基础上曾经再次填土，部分墓穴没有暴露出来，上下墓穴重叠分布，部分墓穴连通，在雨水作用下，使湿陷性黄土产生湿陷，造成墓穴空洞加大，形成悬空体，在重力和洞内开挖后应力重新分布的共同作用下，土体平衡发生突变，造成上部土体垮塌，形成巨大冲击荷载，围岩失稳，隧道突然坍塌。

综上所述，该隧道进口工区为超大断面结构，CRD 法右线 DK333＋470～487 坍塌段局部出现地质条件异常现象，浅埋、偏压、错落体等不良地质构造，以及地表分布上下重叠墓穴，且受地表水池渗漏长期浸泡及降雨的影响，部分墓穴连通，形成悬空体，在洞身开挖时，发生突发性坍塌，是本次事故发生的直接原因和主要原因。

（四）塌方处理方案

（1）洞内右洞坍塌体反压及左洞支护加固。用装满砂土的编织袋对 CRD 法右洞 DK333＋460～＋470 段塌方土体进行封堵、反压。然后对左洞 DK333＋465～489.4 段内套型钢钢架，墙角打设锁脚锚管，确保钢架基础稳定，且能与既有支护体系组成整体受力结构，加固既有支护结构限制支护结构变形。

（2）地表加固处理。在地表塌陷坑范围及地表裂缝以外 5 m 范围，地表采用 ϕ42 mm钢花管对土体进行注浆加固。随后将地表塌陷坑内回填密实。

（3）洞内塌方体加固、超前支护保护下穿越塌方体、及时施做塌方段二次衬砌。

在 CRD 法右洞内对坍塌体采用超前管棚与小导管联合注浆预加固，然后进行塌方土体的清理及支护。

在塌方地段处理的同时首先进行 DK333＋380～＋390 段明洞二衬混凝土施工，同时安排 DK333＋390～＋460 段的仰拱及填充混凝土施工，然后按既定的双侧壁段临时支撑拆除方案进行临时支撑拆除，每次拆除长度为 5 m，随后二衬紧跟，每组二衬施工长度为 5 m。

2006 年 11 月 15 日，洞内按照正常断面及 CRD 法组织施工。

二、某隧道斜井工区正洞塌方

（一）工程概况

该隧道全长 4 220 m。隧道下穿该市某镇，地表建筑密集，隧道最大埋深近 110 m，洞身地段埋深一般为 75 ~ 100 m。

隧道设施工斜井一座，全隧道按进口工区、斜井工区和出口工区等三个工区组织施工。

隧道位于黄土丘陵区，其地层由上部第四系覆盖层和下部基岩组成。第四系覆盖层有砂质黄土层、粗圆砾土层和黏质黄土层，厚度变化大，最大厚度超过 60 m；下伏基岩为泥岩、泥质砂岩、粉砂岩等。泥岩，褐黄色、灰绿色为主，夹粉砂岩，多为强风化，局部为全风化。粉砂岩以褐黄色、灰白色、灰绿色为主，泥钙质胶结，局部长石石英含量较高，强风化 ~ 弱风化，局部地段见全风化，岩芯呈砂土状。泥质砂岩，紫红色，泥钙质胶结，强风化 ~ 弱风化。岩层倾向为 310° ~ 350°，倾角为 10° ~ 20°。总体上分析该段岩层岩性成分复杂、风化差异大、软硬不均且空间分布变化大。隧道区域地质构造也极其复杂，主要受青龙山断层的影响，隧道洞身范围内发育有两处规模较大断层和一些次一级的小断层。构造带宽 35 ~ 120 m不等。

本隧道原分别按Ⅲ级和Ⅴ级围岩进行开挖和支护设计。施工后发现地质情况与原设计不符，大部分Ⅲ级围岩地段改变为Ⅳ级围岩开挖和支护。

（二）塌方经过

隧道斜井工区正洞施工方法为台阶法，采用挖掘机结合弱爆破开挖。掌子面里程 DK69 +031.7 处，采用弱爆破开挖，出渣完毕后开始对拱墙进行初喷。初喷过程中掌子面左上角出现掉块，施工人员停止初喷后撤，约 8 h 后认为围岩稳定后继续进行喷混凝土，其间由于掉块原因时而中断喷混凝土。初喷完毕，喷射厚度约为 5 cm。后推运工作台架，准备打系统锚杆、架钢架，但发现拱顶初喷混凝土出现裂纹，并不断发展，人员、机械立即后撤。在向外撤工作台架时，拱顶左侧围岩塌落，带动掌子面滑塌。滑塌方量约为 20 m^3，坍塌土体为棕红色薄片状粉砂岩、泥岩，含水率较大，落地即破碎。其后零星掉块不断，靠近掌子面的 4 榀钢架被压垮。塌方不断发展后所掉落土体为粗圆砾土夹砂，个别大块圆砾土直径在 100 cm 左右，以后相邻的 6 榀钢架又被压垮。此后掉块不断，土体仍为粗圆砾土，施工单位随即对未塌方的部分进行竖向及斜向型钢支撑，以防止支护钢架继续被压垮。抢险支撑采用 I_{20a} 型钢、钢管，支撑部位为拱顶及两侧支护钢架的连接部位。此后开始掉块逐渐减少，塌方趋于稳定，数小时后基本稳定，但仍偶尔有掉块。

此后几天在此附近先后有几处初期支护破裂，支护型钢钢架被压垮，以致隧道上台阶全部被掩埋。稍后又逢大雨和小雨，又发生两次垮塌，后期已经垮塌到距衬砌5 m，趋于稳定。

（三）塌方原因分析

建设单位组织有关专家会议，就该段塌方的原因得出分析结果。

（1）正处于雨季，该地区连续强降雨。塌方发生前，7月上旬该地区平均降水量达312.8 mm，是往年同期降水量的6倍（过去30年该地区同期降水量为52.9 mm）。塌方地段位于断层破碎带附近，上覆有圆砾土层，所处地层具有较强透水性。强降雨致使掌子面附近岩层含水率增大，破坏了岩土层的粘结力，严重削弱了隧道围岩的整体稳定性。

（2）塌方地段地层岩性变化、成层空间变化均很复杂。隧道施工至DK69+031.7时地质情况发生变化，局部出现呈粗圆砾夹土状的泥岩砾岩；同时由于该处距离F_2断层（DK68+863～+984）较近，仅47.7 m，受构造影响，岩性完整性差，在爆破开挖过程中引起围岩岩体松动、落石、塌方。

（3）基于隧道该段地质条件复杂多变，设计会同监理、施工各方一直根据开挖揭示的地质情况对原设计的围岩级别和隧道施工支护措施进行确认、调整和加强。但由于该段地层变化很快，从而未能及时对隧道支护措施做进一步调整，初期支护措施偏弱。

（4）DK69+031.7～+141段洞内塌方的原因是，该段初期支护上方岩层受掌子面塌方体的牵连而失稳，导致该段已施工的支护体系失效破坏。

（四）塌方处理

1. 紧急采取的措施

（1）洞顶5户住户立即全部撤离，24 h派人值班检查。

（2）洞内及地表布设观测点，加强洞内沉降及地表沉降观测。地表调查范围为隧道中线两侧各100 m，纵向为200 m，密切监控地表结构物裂缝发展情况等。

（3）加强洞顶地表防排水措施，严防地表水通过地表裂缝渗入地层。

（4）加派现场监理，驻地监理由原有2人增加至3人，对洞内及地表进行监视。

（5）洞内塌方段附近的二次衬砌采用模板台车和钢拱架支撑加强；塌面采用C20喷混凝土封闭，并采用沙袋反压稳定坍面。

2. 塌方段补充勘察

为塌方处理提供准确资料，设计院利用浅层反射法和高密度电法等综合勘探手段在隧道塌方体范围（DK69+031.7～+177）的隧道顶部，对塌方体上方空洞及上覆层进行探查。

经过对浅层反射和高密度电法的综合解释分析，并进行反射时间的拾取，速度估算后求得各里程塌空界面的深度为 35 ~ 57 m 不等，界面下土体松散或有明显空洞。

3. 塌方处理方案

（1）塌方总体处理原则：为顺利完成隧道塌方体处理和塌方地段支护施工，确保安全、可靠、不留后患、经济合理和加快施工进度，塌方段处理遵循先加固后开挖的原则，主要加固方法为洞顶地表注浆为主、洞内辅以长管棚 + 小导管超前注浆预支护。

（2）洞顶注浆加固：DK69 + 170 ~ + 025 段采用地表注浆加固法固结塌体和隧道周围松散土体。

（3）洞顶坍腔充填：为确保洞顶地表长期稳定，要对塌方段可能存在的洞顶坍腔进行密实充填。利用注浆钻孔采用灌注水泥浆对坍腔进行充填。

（4）DK69 + 177 ~ + 173 段径向注浆加固：该段为现坍面未施做二次衬砌、初期支护已经破坏地段。该段首先采用内支撑加固，然后采用 $L = 5$ m、$\phi42$ mm 注浆小导管沿隧道周壁进行围岩注浆加固和空洞回填。注浆钢管间距为 1 m（环向）×1 m（纵向）。注浆材料采用1∶1水泥浆，注浆压力为 0.5 ~ 1 MPa。

（5）DK69 + 173 ~ + 028 段采用长管棚 + 小导管超前注浆预支护：塌方段开挖前采用长管棚 + 小导管超前双层注浆预支护。管棚采用 $L = 40$ m、$\phi108$ mm，外插角 5° ~ 10°，环向间距为 0.4 m，纵向间距 30 m。小导管采用 $L = 5$ m、$\phi50$ mm 钢管，外插角 10°，环向间距为 0.3 m，纵向间距 3 m。注浆材料采用1∶1水泥浆，注浆压力：管棚为 1 ~ 1.5 MPa，小导管为 0.5 ~ 1 MPa。

（6）塌方段施工开挖：遵循“短进尺、强支护、快封闭、早成环、勤量测、仰拱和二衬紧跟”的原则进行塌方段的开挖施工。开挖前判别注浆效果，如果注浆效果良好，基本能够达到Ⅳ级围岩程度，则采用三台阶临时仰拱法开挖；如注浆效果差，则采用短台阶六部开挖法。

（7）塌方段支护参数：拱、墙及仰拱全环采用 C25 喷纤维混凝土初期支护，喷混凝土厚 30 cm，拱墙喷混凝土中设置 $\phi8$ mm 钢筋网；初期支护拱部采用 $\phi25$ mm 中空注浆锚杆，边墙采用 $\phi22$ mm 砂浆锚杆，锚杆长 4 m，锚杆间距 1.0 m（环向）×1 m（纵向）；初期支护全环采用 I_{22a} 钢架加强，钢架间距为 0.5 m 一榀；二次衬砌采用厚 55 cm 的钢筋混凝土模筑衬砌（仰拱厚 65 cm）。

（8）监控量测：隧道开挖过程中的监控量测按照建设单位文件及设计院“隧参05”执行。监控量测的必测项目为：洞内、外观察；水平净空周边收敛的量测；拱顶下沉；地表下沉。

①洞内监控量测。洞内每 5 m 布设一个量测横断面。水平净空及拱顶下沉的测点布置如图 7—3—1 所示。

②地表监控量测。在洞顶地表每隔 20 m 设置一组沉降观测横断面，共 10 组。每组沉降观测横断面观测范围为隧道中线两侧各90 m，其中隧道中线处、距中线两侧各

8 m 处各应设置一个观测点，其余观测点间距为 20 ~ 30 m，测点的设置根据现场地形、地物情况予以调整。地表沉降观测一般为每日 1 次，若遇暴雨和沉降加剧等非常情况增加观测次数。

通过各方积极努力，克服重重困难，历时十个月，塌方段安全通过。

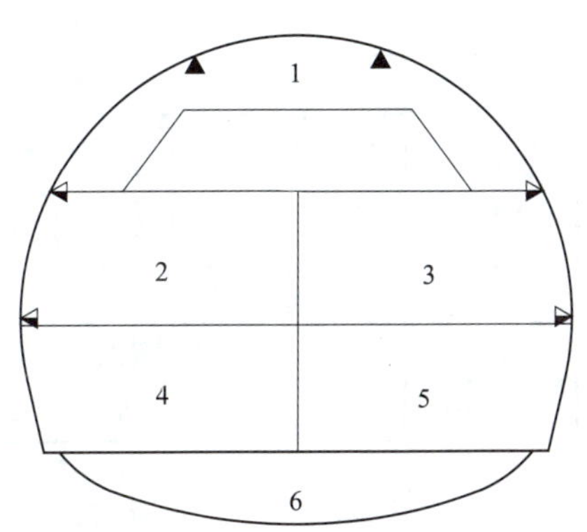

图 7—3—1　洞内测点布置

▲—拱顶下沉测点；◁—周边收敛测点

三、某隧道出口塌方

2008 年 1 月 20 日 11 点 45 分，某隧道出口工区发生坍塌事故。经现场勘查，坍塌体距离掌子面 22.8 m，坍塌体约 1 800 m^3，经分析认为掌子面与坍塌体之间尚有空间。

施工单位立即启动了应急救援预案，成立了救援抢险领导组，下设抢险组、技术组、保障组、综合组和生活组，动用救援人员 100 余人，调动管棚钻机、风钻、铲车等施工机具及方木、板材、工字钢、钢管等应急物资用于救援，同时制定了多套救援抢险方案。

（一）隧道工程概况

隧道全长 3 240 m，穿过黄河二级阶地，高程 408 ~ 506 m，最大埋深 104 m。隧道顶部地形较为平坦，隧道进口下穿 310 国道，埋深 21.2 m，出口位于枣香河河谷边的黄河二级阶地的台地上。洞身上部多为耕地及果园。

出口工区共完成了 6 个勘探孔，揭示地层稳定，无畸变，均为砂质黄土（Q_3^{eol+al}），灰黄、黄褐色，松散 ~ 稍密，黄土成分以粉粒为主，含少量钙质结核及蜗牛壳化石，质地均匀，结构疏松，孔隙比大，有肉眼可见的大孔隙，具高压缩性，遇水易崩解或湿陷，垂直节理发育，属Ⅱ级普通土，隧道围岩级别Ⅴ级。已施工地段揭露地层情况与勘探地质情况基本相符。

隧道出口段地表有一冲沟，冲沟与隧道正交，冲沟沟底至隧道拱顶 19 m。前方线路左侧另有一与隧道平行冲沟，冲沟沟心位置距隧道 40 m，冲沟底部高于隧道拱顶 14 m。

针对砂质黄土隧道特性，在支护参数和施工方法上进行了加强，以保证隧道施工安全。砂质黄土隧道和黏质黄土隧道初期支护参数见表 7—3—1。

隧道出口工区为砂质黄土Ⅴ级围岩地段，埋深较浅、地表有冲沟，设计采用了稳妥可靠的双侧壁导坑法施工（该施工方法在郑西铁路客运专线其他隧道中，仅用于阌乡隧道下穿高速公路等风险较大的隧道施工地段）。为控制初期支护下沉，设计有锁脚锚杆、大拱脚；为防止双侧壁临时支护横向变形，侧导坑设有临时横撑。

表 7—3—1　黏质黄土和砂质黄土隧道支护参数

地层类型	初期支护										
	喷层(cm)	系统锚杆								钢架	
		位置	锚杆类型	长度(m)	间距(m)	位置	锚杆类型	长度(m)	间距(m)	钢架类型	间距(m)
黏质黄土	30	拱部	药包	2.5	1×1	边墙	砂浆	3.5	1×1	I_{22a}	0.8
砂质黄土	35		药包	2.5	1×1		砂浆	4	1×1	I_{25a}	0.8

施工现场 5 m 一个断面按设计要求进行了监控量测，拱顶累计下沉量在 80 mm 左右，其中仰拱开挖以前产生 48 ~ 60 mm 的沉降，仰拱开挖产生 8 ~ 10 mm 的沉降，仰拱封闭后到衬砌施工前产生 10 mm 左右沉降，衬砌施工完成后沉降基本稳定。整个施工过程中的拱顶沉降量比较均衡，量测结果也没有任何异常情况。

隧道施工过程中，每 5 天取样做含水率检测，如现场土质发生变化，则增加取样次数，试验结果显示，出口段洞身穿过土层土的含水率近期没有明显变化，含水率基本在 8.0% ~9.1% 。

由于从 2008 年 1 月 11 日开始连续降雪，交通受阻，洞内于 1 月 17 日停工待料。停工前，开挖工作面距仰拱封闭成环的距离为 28.4 m，距衬砌工作面的距离为 54 m，均符合相关规范和规定的要求。

（二）塌方情况及原因分析

2008 年 1 月 20 日上午 11 时 45 分，洞内开始发生塌方，塌方数量约 1 800 m^3。塌方段隧道埋深 38 m。

此次事故的原因为：

（1）隧道所处地质为湿陷性粉砂质黄土，土质松散，孔隙比大，具有肉眼可见的大孔隙，具有高压缩性；洞身穿过土层和表层土也有差异，表层土比洞身土层空隙率大，比洞身土层容重小。塌方段地表地形为一洼地，连续降雪使该处大量积雪。由于塌方段地表位于阳面坡且地温较高，积雪消融较快，雪水渗入地层。

（2）隧道为浅埋隧道，塌方地段位于平地与山坡陡坎的变坡点位置（地面土台相错高差 10 m），形成偏压，造成隧道上方土体荷载不对称。

（3）湿陷性粉砂质黄土地段隧道施工要求快挖、快支、快衬砌，由于当时连续降雪，交通受阻，施工需要的散装水泥无法运到现场，导致现场停工待料。

（三）塌方处理情况

建设单位于 2008 年 1 月 25 日在现场召开了隧道出口塌方原因分析和处理方案会议，制定了具体的塌方处理方案。

(1)坍塌段施工采用双侧壁导坑法开挖,钢架间距由0.8 m调整为0.4 m,临时横撑满喷混凝土,临时支护钢架采用I_{25a}型钢。

(2)顶部采用大管棚超前支护,管棚长度超过塌方体,刚架侧壁外侧采用超前小导管注浆支护;侧壁导坑的上下台阶开挖进尺要短。

(3)掌子面采用喷射混凝土封闭,塌体坡脚采用编织袋码砌反压,然后施做拱部(最大跨度以上)超前ϕ108 mm大管棚,管棚长度30~35 m,以超过双侧壁导坑法中心上部掌子面为宜。管棚环向间距20 cm,注水泥浆,管棚起点5 m段下部设6榀钢架连接于边墙初期支护;坍塌段开挖时,在管棚之间再施做超前小导管注水玻璃浆加固土体;必要时对掌子面进行超前预加固。

(4)坍塌段二次衬砌适当加强。

(5)坍塌段两端二次衬砌施做完成并达到设计强度后,再处理中间侵限地段。

(6)处理期间地表陷坑应采取措施防止地表雨雪水下渗;坍塌段二次衬砌全部施做完成后采用素土夯实回填陷坑。

(7)要认真做好洞内监控量测和地表观测,以策安全。

从1月30日开始施做塌方段大管棚,进行塌方段处理,到4月15日,塌方段仰拱全部施工完成,洞内回复正常开挖施工,历时75天。

参 考 文 献

[1] 铁道部第一勘察设计院等．郑西铁路客运专线大断面黄土隧道施工方法与监控技术研究阶段成果报告[R],2007.

[2] 铁道部第二勘察设计院．郑西铁路客运专线大断面黄土隧道合理支护参数及地表沉降控制技术研究第二阶段成果报告[R],2007.

[3] 石家庄铁道学院等．郑西铁路客运专线大断面黄土隧道地表裂缝控制措施研究阶段报告[R],2007.

[4] 铁道部第二勘察设计院．铁路隧道设计规范(TBJ10003—2001)[S]．北京:中国铁道出版社,2001.

[5] 重庆交通科研设计院．公路隧道设计规范(JTG D70—2004)[S]．北京:人民交通出版社,2004.

[6] 中铁二局集团有限公司．铁路隧道施工规范(TB 10204—2002)[S]．中国铁道出版社,2002.

[7] 交通部重庆公路科学研究所．公路隧道施工规范(JTJ042—94)[S]．北京:人民交通出版社,1995.

[8] 铁道专业设计院．铁路隧道喷锚构筑法技术规范(TB10108—2002)[S]．北京:中国铁道出版社,2003.

[9] 中铁二局集团有限公司.不良地质隧道的开挖及支护技术研究[M]．中铁二局集团有限公司,2001.

[10] 铁道部第二勘测设计院．铁路工程设计技术手册·隧道[M]．北京:中国铁道出版社,1995.

[11] 铁道部第二工程局．铁路工程施工技术手册·隧道[M]．北京:中国铁道出版社,1995.

[12] 朱永全,宋玉香．隧道工程 [M]．北京:中国铁道出版社,2005.

[13] 铁道部工程设计鉴定中心．高速铁路隧道[M]．北京:中国铁道出版社,2006.

[14] 铁道部隧道工程局．铁路隧道施工技术安全规则[M]．北京:中国铁道出版社,1992.

[15] 关宝树．隧道工程维修要点集[M]．北京:人民交通出版社,2004.

[16] 王建宇．隧道工程监测和信息化设计原理[M]．北京:中国铁道出版社,1990.

[17] 杜永昌．高速与客运专线铁路施工工艺手册[M]．北京:科学技术文献出版社,2006.

[18] 李晓红．隧道新奥法及其量测技术[M]．北京:科学出版社,2002.

[19] 王晓州,赵永明等．大断面湿陷性黄土隧道施工技术[J]．中国高速铁路隧道国际技术交流会论文集．北京:中国铁道出版社,2006.

[20] 王晓州,丁维利等．浅埋大断面黄土隧道下穿既有铁路施工技术[J]．铁道标准设计, 2007 年增刊.

[21] 丁维利．大断面黄土隧道二台阶四步开挖施工技术[J]．铁道标准设计,2007 年增刊.